L-TAB
롯데그룹
조직·직무적합도검사

PREFACE

우리나라 기업들은 1960년대 이후 현재까지 비약적인 발전을 이루었다. 이렇게 급속한 성장을 이룰 수 있었던 배경에는 우리나라 국민들의 근면성 및 도전정신이 있었다. 그러나 빠르게 변화하는 세계 경제의 환경에 적응하기 위해서는 근면성과 도전정신 이외에 또 다른 성장 요인이 필요하다.

한국기업들이 지속가능한 성장을 하기 위해서는 혁신적인 제품 및 서비스 개발, 선도 기술을 위한 R&D, 새로운 비즈니스 모델 개발, 효율적인 기업의 합병·인수, 신 사업 진출 및 새로운 시장 개발 등 다양한 대안을 구축해 볼 수 있다. 하지만, 이러한 대안들 역시 훌륭한 인적자원을 바탕으로 할 때에 가능하다. 최근으로 올수록 기업체들은 자신의 기업에 적합한 인재를 선발하기 위해 기존의 학벌 위주의 채용을 탈피하고 기업 고유의 인·적성검사 제도를 도입하고 있는 추세이다.

롯데그룹에서도 업무에 필요한 역량 및 책임감과 적응력 등을 구비한 인재를 선발하기 위하여 고유의 인적성검사를 치르고 있다. 본서는 롯데그룹 채용 대비를 위한 필독서로 롯데그룹 인적성검사의 출제경향을 철저히 분석하여 응시자들이 보다 쉽게 시험유형을 파악하고 효율적으로 대비할 수 있도록 구성하였다.

신념을 가지고 도전하는 사람은 반드시 그 꿈을 이룰 수 있습니다. 처음에 품은 신념과 열정이 취업 성공의 그 날까지 빛바래지 않도록 서원각이 수험생 여러분을 응원합니다.

01 언어이해

1 다음 중 밑줄 친 외래어 표기가 올바르게 쓰인 것은?

> 해석 수준 이론에서는 현상이나 대상에 대한 시간적 거리도 중요하게 고려할 수 있다. 동일한 대상일에도 불구하고 시간적 거리가 길어질수록 사람들은 바람직함과 중심적 · 핵심적 속성에 초점을 맞추어 선택하고, 시간적 거리가 가까워질수록 실행 가능성과 주변적 · 비본질적 속성에 더욱 가중치를 높고 선택한다. 이러한 효과는 시간적 거리가 멀수록 상위 수준 해석에 근접하게 되고 시간적 거리가 가까워수록 하위 수준해석에 근접하게 된다는 것을 보여 준다.

① 식중을 필요 이상으로 고온에 둥지 마라.
② 소화기는 눈에 잘 띄는 곳에 둬야야 한다.
③ 국회는 여러 분야에 자문 위원회를 두고 있다.
④ 우리 동아리는 부원들 사이의 단합에 최고의 가치를 둔다.

01 인성검사의 개요

1 인성(성격)검사의 개념과 목적

인성(성격)이란 개인을 특징짓는 평범하고 일상적인 사회적 이미지, 즉 지속적이고 일관된 공적 성격(Public - personality)이며, 환경에 대응함으로써 선천적 · 후천적 요소의 상호작용으로 결정화된 심리적 · 사회적 특성 및 경향을 의미한다.

인성검사는 직무적성검사를 실시하는 대부분의 기업에서 병행하여 실시하고 있으며, 인성검사만 독자적으로 실시하는 기업도 있다.

기업체에서는 인성검사를 통하여 각 개인이 어떠한 성격 특질이 반단되어 있고, 어떤 특성이 얼마나 부족한지, 그것이 해당 직무의 특성 및 조직문화와 얼마나 맞는지를 알아보고 이에 적합한 인재를 선발하고자 한다. 또한 개인에게 적절한 직무 배분과 부족한 부분을 교육을 통해 보완하도록 할 수 있다.

인성검사의 측정요소는 검사방법에 따라 차이가 있다. 또한 각 기업체들이 사용하고 있는 인성검사는 기존에 개발된 인성검사방법에 각 기업체의 인재상을 적용하여 자신들에게 적합하게 재개발하여 사용하는 경우가 많다. 그러므로 기업체에서 요구하는 인재상을 파악하여 그에 따른 대비책을 준비하는 것이 바람직하다. 본 서에서 제시된 인성검사는 크게 '특성'과 '유형'의 측면에서 측정하게 된다.

인성(성격)검사의 개념과 목

인성(성격)이란 개인을 특징짓는 평범한 공적 성격(Public - personality)이며, 환경에 으로 결정화된 심리적 · 사회적 특성 및 경향

인성검사는 직무적성검사를 실시하는 대부 검사만 독자적으로 실시하는 기업도 있다.

기업체에서는 인성검사를 통하여 각 개인이 이 얼마나 부족한지, 그것이 해당 직무의 한 인재를 선발하고자 한다. 또한 도록 할 수 있다.

다음 중 밑줄 친 외래어 표기가 올바르

> 해석 수준 이론에서는 현상이나 대 다. 동일한 대상임에도 불구하고 시간 적 · 핵심적 속성에 초점을 맞추어 선택하 주변적 · 비본질적 속성에 더욱 가중치를 멀수록 상위 수준 해석에 근접하게 되고 접하게 된다는 것을 보여 준다.

① 식품을 필요 이상으로 고온에 둥지
② 소화기는 눈에 잘 띄는 곳에
③ 는 여러 분야에 자문

직무적합도검사

적중률 높은 영역별 출제예상문제를 상세한 해설과 함께 수록하여 학습효율을 확실하게 높였습니다.

조직적합도검사 및 면접

성공취업을 위한 인성검사 및 면접기출을 수록하여 취업의 마무리까지 깔끔하게 책임집니다.

CONTENTS

PART I 롯데그룹 소개

01 기업소개 및 채용안내 ·· 8

02 관련기사 ·· 14

PART II 직무적합도검사

01 언어이해 ·· 18

02 문제해결 ·· 72

03 자료해석 ·· 120

04 언어논리(인문 · 상경계) ······································ 165

05 수리공간(이공계) ··· 199

PART III 조직적합도검사

01 인성검사의 개요 ··· 248

02 실전 인성검사 ··· 271

PART IV 면접

01 면접의 기본 ··· 284

02 롯데그룹 계열사 면접기출 ································· 302

PART

I

롯데그룹 소개

01 기업소개 및 채용안내

02 관련기사

01 기업소개 및 채용안내

1 기업소개

(1) 미션

사랑과 신뢰를 받는 제품과 서비스를 제공하여 인류의 풍요로운 삶에 기여한다. 롯데의 미션은 경영활동의 기본이자 출발점이 되는 개념으로서, 내부 구성원들의 조직에 대한 자부심과 결속력을 다지고 업무에 대한 동기를 창출하는 데에 다음과 같이 중요한 역할을 한다.

① 풍요 … 롯데가 실립 이래 지속적으로 고객에게 제공해온 '풍요'라는 가치를 강조해 타 그룹과의 차별성을 나타낸다.

② 기여 … '고객의 사랑과 신뢰를 받고 인류의 삶에 기여'하기 위한 끊임없는 노력의 동기를 제공한다.

③ 확장 … '제품과 서비스' 그리고 '인류'라는 포괄적인 표현으로 신규 사업영역 확장의 의지를 피력한다.

(2) 그룹비전

Lifetime Value Creator '새로운 50년을 향한 다짐'

① 롯데는 미래 50년 동안에도 지속가능한 성장을 이룰 수 있도록 그룹의 성장 방향을 질적 성장으로 전환하고, 이에 맞춰 새로운 비전을 선포하였다.

② 「Lifetime Value Creator」에는 롯데의 브랜드를 통해 고객에게 전 생애주기에 걸쳐 최고의 가치를 선사하겠다는 의미가 담겨져 있다.

(3) 질적성장 가이드라인

지속가능한 성장률 확보	'미래생존을 담보한 수준의 규모 성장' – 해당 산업 성장률을 상회하는 수준의 성장률 확보
경제적 부가가치 창출	'근원적 경쟁력에 기반한 수익 가치 창출' – 주주와 채권자의 기대수익을 뛰어넘는 부가가치 창출
미래가치 창출	'미래를 위한 선제적 활동과 투자' – 미래성장이 담보되는 수준의 현재와 미래의 균형 있는 투자
사회적 가치 지향	'사회 모범적 성장 및 가치 창출' – 사회와 함께 성장하며, 함께 가치를 창출

(4) 경영방침

투명 경영	투명하고 정직한 경영, 사회에 대한 충실한 의무와 책임 수행
핵심 역량 강화	주력 사업 분야에서 최고의 경쟁력 확보 및 연관 사업으로서의 사업확대
가치 경영	고객 가치 제고, 지속적 수익성과 가치창출
현장 경영	현장 경영을 통한 정확한 상황진단 및 신속한 의사결정

(5) 핵심가치

롯데 핵심가치는 롯데인들이 미션과 비전을 달성하기 위해 갖추어야 할 사고와 행동 방식의 기준이다.

Challenge	정의	우리는 업무의 본질에 집중하며 끊임없는 도전을 통해 더 높은 수준의 목표를 달성해 나간다.
	출발	업무의 본질을 파악하고 조직 전체의 성과와 연계되는 목표를 설정한다.
	발전	목표 달성을 위해 자발적으로 업무 개선을 끊임없이 시도한다.
	성과	보다 높은 수준의 목표를 설정하고, 포기하지 않고 달성해낸다.
Respect	정의	우리는 다양한 의견을 존중하며 소통하고, 원칙을 준수함으로써 신뢰에 기반한 공동체를 지향한다.
	출발	구성원과 이해관계자들의 다양한 의견을 존중하며 적극적으로 소통한다.
	발전	원칙을 준수하고 이해관계자들의 요구에 적극적으로 대응한다.
	성과	행동의 영향력을 고려하여 신중하게 행동함으로써, 우리를 둘러싼 공동체와 신뢰를 구축한다.
Originality	정의	우리는 변화에 민첩하게 대응하고, 경계를 뛰어넘는 협업과 틀을 깨는 혁신을 통해 쉽게 모방할 수 없는 독창성을 만든다.
	출발	환경변화의 속도와 방향성에 맞추어 민첩하게 대응한다.
	발전	다양한 분야에 적극적인 관심을 가지고 더 나은 가치를 창출하기 위해 경계를 뛰어넘는 협업을 추구한다.
	성과	독창적인 시각과 혁신적인 활동으로 쉽게 모방할 수 없는 제품과 서비스를 제공한다.
Beyond Customer Expectation	정의	우리는 고객의 요구를 충족하는데 머무르지 않고, 고객의 기대를 뛰어넘는 가치를 창출해낸다.

(6) 브랜드가치

TRUST	• 상품/서비스의 품질이 우수하다. • 제품/서비스를 끝까지 책임지고 관리한다. • 제공 정보가 정확하고 정직하다. • 환경, 시설, 설비 등이 안전하다. • 기업의 사회적 책임을 다한다.
ORIGINALITY	• 분명한 차별성을 가진다. • 새롭고 색다른 경험을 하게 한다. • 유행을 선도하고 시대를 앞서 나간다. • 고객의 숨겨진 unmet needs까지 해결한다.
PLEASURE	• 구매 및 사용 과정에서 오감의 즐거움이 있다. • 소중한 사람들과 함께한다. • 시공간적으로 편안함과 여유로움이 있다. • 더 나은 삶의 질을 누린다.

(7) BUSINESS

① **식품** … 1967년 롯데제과의 창업으로 시작된 롯데의 식품 부문은 제과와 음료, 주류, 식품 소재와 가공식품, 외식을 아우르는 국내 최대의 식품기업군으로 성장했다. 롯데의 식품 부문은 국내를 넘어 확고한 글로벌 경쟁력을 기반으로 핵심 브랜드 강화와 해외 영업수익 확대, 해외 원물 시장에서의 신성장동력 확보 등을 추진하여 세계에서 사랑받는 식품 브랜드로 자리매김 할 것이다.

② **유통** … 롯데의 유통 부문은 1970년대부터 유통 산업의 변화와 유통 문화의 혁신을 이끌며 업계 1위의 역량을 발휘해 왔다. 롯데 유통 부문은 성장 채널인 모바일 사업을 확대하고 유통 채널 혁신과 점포 포맷 다변화를 적극 추진하여 세계 속에서도 확고한 성장 기반을 갖춤으로써 아시아를 대표 하는 초우량 글로벌 유통기업으로 도약해 나갈 것이다.

③ **화학/건설/제조** … 롯데 화학 부문은 1970년대부터 지속적인 기술 개발과 품질 혁신, 생산 능력 향상을 통해 국내 기간 산업 발전에 기여하며 성장해 글로벌 화학기업으로 도약하고 있다. 건설 부문은 수십 년 동안 축적해온 독보적인 기술과 풍부한 경험, 남다른 노하우를 바탕으로 글로벌 종합 건설회사로 인정받고 있다. 제조 부문에서도 핵심 기술을 보유한 각 분야 전문기업들이 고품질의 산업재와 소비재를 생산, 공급하며 국내 시장을 선도하는 리더로 활약하고 있다.

④ 관광/서비스/금융 … 국내 관광/서비스 산업을 선도해온 롯데는 최고의 시설과 서비스로 즐거운 경험과 남다른 행복을 선사한다. 풍부한 인프라와 광범위한 네트워크, 전문적인 기술, 우수한 인재를 기반으로 글로벌 기업의 비전을 함께 이뤄가고 있다. 롯데의 금융 부문은 신용카드, 손해보험, 여신금융, 결제 · 정산 시스템 등 다양한 금융 서비스를 제공하며, 신뢰받는 금융기업으로 성장하고 있다.

(8) 기업문화

SHARED HEARTS CREATE VALUE		
가치창조문화		
직원행복 창조	**기업가치 창조**	**사회적 가치 창조**
일, 동료, 조직과의 긍정적 관계 형성을 통한 행복 추구	효율과 혁신에 기반하여 실질적인 성과창출	사회적 책임 준수를 통해 다양한 이해관계자와의 상생 구현
⇧		
Beyond Customer Expectation		
Challenge	Respect	Originality
⇧		
조직/집단		**개인**
신뢰와 협력		다양성

채용안내

(1) 인재상

롯데는 현재의 모습이 아닌 미래를 만들어 가는 가능성에 더 높은 가치를 두고 있으며, 자신의 성장과 함께 우리 사회를 보다 성숙시켜 나갈 열정과 책임감을 갖춘 글로벌 인재를 찾는다. '사랑(LOVE)이 넘치는 세상', '자유(LIBERTY)가 숨 쉬는 사회', '풍요로운 삶(LIFE)'을 누릴 수 있는 미래를 만들어 가는 롯데의 꿈에 동참할 다음과 같은 젊은이를 초대한다.

① **실패를 두려워하지 않는 젊은이** … 실패에 두려워하지 않고, 성공을 위해 도전하는 패기와 투지를 가진 젊은이를 초대한다. 창조적 실패는 젊음의 특권이다. 실패가 두려워 도전하지 않는 안정보다는 실패에서도 성공의 가능성을 찾을 수 있는 능동적이고 적극적인 도전정신을 보다 가치 있게 여기고 있다.

② **실력을 키우기 위해 끊임없이 노력하는 젊은이** … 젊음의 무모함이 아닌 진정한 실력으로 성공을 쟁취하기 위해 지식과 능력을 단련시키는 젊은이를 초대한다. 끊임없이 노력하고 준비하는 사람에게 이길 수 있는 이는 없다. 언제나 자신의 발전과 조직의 발전을 위해 끊임없이 노력하는 젊은이를 롯데는 기다린다.

③ **협력과 상생을 아는 젊은이** … 진정한 실력자는 협력하고 양보할 줄 아는 미덕을 가져야 한다. 함께 사는 사람들과 사회에 대한 감사한 마음이 모여 이 사회를 따뜻하게 만들 수 있다고 생각한다. 각자의 능력과 실력을 키우는 일도 개인과 기업이 해야 할 일이지만 사회적 존재로서 자신의 역할을 이해하는 젊은이를 롯데는 기다린다.

(2) 채용절차

① **채용시기** … 신입사원 채용은, 매년 상·하반기 2회로 상반기는 3월~5월, 하반기는 9월~11월에 정기적으로 공개모집·채용을 진행한다. 채용의 기본일정 및 모집 공고는 그룹 공동으로 진행하며, 이후 면접전형과 합격자 선발은 관계사별로 진행한다. 지원자의 기본 역량 및 발전 가능성을 심도 있게 평가하기 위한 다양한 면접 방식을 도입하여 실시하고 있다.

② 선발절차

step1 지원서접수 ⇒ step2 서류심사 ⇒ step3 L-TAB ⇒ step4 면접전형 (역량, 임원) ⇒ step5 최종 합격자 발표

- ㉠ 지원서 접수
- ㉡ **서류심사** : 롯데가 추구하는 인재상에 적합한 지원자를 선발하기 위한 기본적 자질 및 가치관을 다양한 측면에서 심사하며, 입사지원서의 기재사항에 대한 사실 여부를 확인한다.
- ㉢ **L-TAB**(롯데그룹 조직·직무적합도검사) : 지원자의 기본적인 조직적응 및 직무적합성을 평가하기 위한 기초능력검사
- ㉣ **면접전형** : 지원자의 역량, 가치관 및 발전 가능성을 종합적으로 심사하며, 다양한 방식의 One-Stop 면접(실무면접과 임원면접 1일 통합 시행)을 진행한다. 지원 직무에 따른 별도 면접 전형 방식이 추가될 수 있다.
- ㉤ **최종합격자 발표** : 롯데그룹 채용홈페이지, 개별 유선통화 및 E-Mail, SMS를 통한 결과 안내발송을 통해 결과를 확인할 수 있다.

③ 채용일정 및 세부사항

구분	상반기	하반기
모집공고	3월 말	9월 말
지원서 접수	3월 말~4월 초	9월 말~10월 초
L-TAB 및 면접전형	4월 중순~5월 초	10월 중순~11월 초
합격통지	5월 말	11월 말

④ 응시자격
- ㉠ 세부 응시자격은 모집회사별, 모집분야별로 다름
- ㉡ 해외여행에 결격 사유가 없고, 남자의 경우 병역을 필한 자
- ㉢ 보훈대상 및 장애인 지원자의 경우 관련법에 의거 채용 전형 시 우대

02 관련기사

롯데알미늄 '2차전지용 양극박' 생산공장 헝가리에 건설

헝가리 터터바녀 산업단지에 1,100억 투자 결정

롯데알미늄은 헝가리 터터바녀(Tatabánya)산업단지 내 1,100억을 투자해 친환경 전기차에 사용하는 2차전지용 양극박을 생산하는 공장을 2021년 상반기에 완공할 예정이다.

롯데알미늄은 국내 최대의 종합 포장 소재기업으로 알루미늄박 및 약/식품 포장재, CAN · PET 등 다양한 제품을 생신하고 있으며 최근 롯데그룹의 친환경정책에 발맞춰 2차전지용 양극박 등 친환경 소재 기업으로 사업영역을 확장하고 있다.

세계적인 친환경 정책으로 자동차 CO2 배출량 감축을 위한 규제가 보다 강화되고 특히 EU의 CO2 배출 규제가 2025년에는 81g CO2/km로 강화되어 대부분의 내연기관자동차가 규제 대상이 된다. 이에 따라 전기차 시장이 빠른 속도로 성장할 것으로 예상되며 전기차의 핵심부품인 2차전지 배터리의 수요도 또한 증가할 것으로 예상되고 있다.

이에 따라 롯데알미늄은 세계적인 친환경 정책을 중심으로 증가하는 전기차 배터리 수요의 대응을 위해, 친환경 자동차 인프라가 구축되어 있는 헝가리 터터바녀(Tatabánya)산업단지 내 6만m^2 부지에 공장 건설을 준비하고 있다.

올해 4월부터 착공을 시작하여 2021년 상반기 완공 예정이다. 롯데알미늄은 해당 공장에서 매년 1만 8000톤에 이르는 '전기차용 2차전지 양극박'을 생산해 유럽지역 수요업체에 양극박을 공급할 예정이다.

지난 2월 24일 헝가리 외교부에서 진행한 투자발표회에는 미쟈르 레벤테(Magyar Levente) 외교통상부 차관, 에쉭 로베트르(ÉSIK Róbert) 투자청장, 최규식 주헝가리 대사, 박기원 KOTRA 부다페스트 관장 등이 참석했다. 롯데알미늄 측은 "이번 발표회는 양극박 생산 공장에 대한 헝가리 정부와 롯데알미늄과의 협력관계를 확인하고, 유럽지역에 있는 주요 전지 제조사에 차별화된 가치를 제공할 수 있는 기회가 될 것"이라고 밝혔다.

롯데알미늄 조현철 대표이사는 "전기자동차산업의 요충지인 헝가리에 새로운 공장을 세워 유럽의 급성장하는 친환경 전기차 시장을 선점하고 대응할 수 있게 되었다"며 "고품질, 고효율의 안정적인 양극박을 생산하여 배터리 사가 더욱 안전하고 효율성이 높은 배터리를 생산할 수 있도록 노력을 다하겠다"고 말했다.

– 2020. 2. 27

면접질문 ＊2차전지용 양극박이 무엇인지 설명해 보시오.

롯데, 어린이 위한 '나다움 책장' 개소

여성가족부, 초록우산어린이재단과 함께 하는 '나다움 어린이책 지원사업' 일환
2019년 총 5개 초등학교에 '나다움 책장' 설치

롯데는 12일 용인 서원초등학교에서 '나다움 책장' 개소식을 갖는다고 밝혔다. 개소식에는 여성가족부 이정옥 장관, 초록우산어린이재단 이제훈 회장, 롯데지주 커뮤니케이션실 오성엽 사장, 서원초등학교 오춘옥 교장 등이 참석한다.

롯데는 여성가족부, 초록우산어린이재단과 함께 어린이들이 책을 통해 성별 고정관념과 편견에서 벗어나 '나다움'을 배우고 궁극적으로 다양성을 존중할 수 있도록 돕는 '나다움 어린이책 지원사업'을 진행하고 있다. 이 사업의 일환인 '나다움 책장'은 어린이들이 일상 속에서 나다움 어린이책을 쉽게 만날 수 있는 교육문화 환경을 조성하기 위해 초등학교에 관련 시설과 도서, 독서프로그램을 지원해주는 프로젝트다.

2019년에는 총 5개의 초등학교에 '나다움 책장'을 개소하고 시범운영하기로 하였다. 시범운영 대상은 부주초등학교(전남 목포), 상천초등학교(서울), 서원초등학교(용인), 임당초등학교(강원 양구), 태화초등학교(울산)이다.

각 학교에는 나다움 어린이책 선정 도서 2세트(총 268권)와 각 학교의 도서관 환경에 맞게 맞춤 제작한 책장, 책놀이 세트가 지급되며, 성인지 감수성을 담은 독서프로그램도 운영된다. 이 날 개소식에서는 나다움 어린이책을 활용한 수업이 함께 진행될 예정이다.

롯데는 지난해 말 여성가족부, 초록우산어린이재단과 MOU를 맺고 '나다움 어린이책 지원사업'에 2021년까지 총 9억 원을 지원하기로 했다. 3개 기관은 올해 1월부터 학계, 출판계, 교육계 등 전문가로 도서위원회를 구성해 '나다움 어린이책' 정의와 기준 마련을 위한 연구를 추진했으며, 그 결과 올해 7월 총 134개 작품이 '나다움 어린이책' 목록으로 선정됐다. 그리고 '나다움 책장' 지원을 통해 어린이들이 나다움 어린이책을 쉽게 접할 수 있도록 돕고 있다.

나다움 어린이책의 창작과 출간을 지원하는 창작공모전 사업도 진행한다. 올해 처음 진행된 '나다움 어린이책 창작공모전'에는 관련 분야에 대한 높은 관심에 힘입어 총 274편이 응모되었다. 대상으로는 김다노씨의 '텔레비전에 우리가 나온다면'이 선정됐다. 이 책은 나다움 어린이책이 지향하는 자기 존중, 다양성의 가치를 선명하고 풍부하게 드러냈다는 평가를 받았다. 지난 12월 3일 롯데월드타워에서 시상식이 진행되었으며, 당선작은 2020년 출간 예정이다.

한편, 어린이와 여성을 위한 나눔 활동을 적극적으로 진행하고 있는 롯데는 여성가족부, 국방부와 함께 'mom편한 공동육아나눔터' 사업도 하고 있다. 보육시설이 부족한 전방 지역 군인 가족들을 위해 군 관사에 육아나눔터를 설치하는 프로젝트다. 지난 11일에는 강원도 인제군에 있는 육군 3군단에서 'mom편한 공동육아나눔터' 개소식을 가졌다. 롯데는 2020년까지 mom편한 공동육아나눔터를 25호점까지 늘린다는 계획이다.

-2019. 12. 13

연접질문 • 롯데그룹의 사회적 가치 지향 사업에 대해 설명해 보시오.

PART II

직무적합도검사

01 언어이해

02 문제해결

03 자료해석

04 언어논리(인문 · 상경계)

05 수리공간(이공계)

01 언어이해

1 다음 중 밑줄 친 외래어 표기가 올바르게 쓰인 것은?

> 해석 수준 이론에서는 현상이나 대상에 대한 시간적 거리도 중요하게 고려될 수 있다. 동일한 대상임에도 불구하고 시간적 거리가 멀어질수록 사람들은 바람직함과 중심적·핵심적 속성에 초점을 맞추어 선택하고, 시간적 거리가 가까워질수록 실행 가능성과 주변직·비본질적 속성에 더욱 가중치를 <u>두고</u> 선택한다. 이러한 결과는 시간적 거리가 멀수록 상위 수준 해석에 근접하게 되고 시간적 거리가 가까울수록 하위 수준해석에 근접하게 된다는 것을 보여 준다.

① 식품을 필요 이상으로 고온에 <u>두지</u> 마라.

② 소화기는 눈에 잘 띄는 곳에 <u>두어야</u> 한다.

③ 국회는 여러 분야에 자문 위원회를 <u>두고</u> 있다.

④ 우리 동아리는 부원들 사이의 단합에 최고의 가치를 <u>둔다</u>.

 제시된 문장의 '두다'는 '중요성이나 가치 따위를 부여하다.'라는 뜻이다.
　① 어떤 상황이나 상태 속에 놓다.
　② 일정한 곳에 놓다.
　③ 직책이나 조직, 기구 따위를 설치하다.

2 다음 글을 참고로 할 때, 출력을 결정하는 방법이 다른 하나는?

> 디지털 회로는 출력을 결정하는 방법에 따라 조합 논리 회로와 순차 논리 회로로 나눌 수 있다. 조합 논리 회로는 현재의 입력 값들만 이용하여 출력 값을 결정한다. 즉 회로를 구성하는 논리 게이트들이 입력 신호들을 받는 즉시 그것들을 조합하여 출력 신호를 발생시킨다. 반면 순차 논리 회로는 과거의 출력 값이 현재의 출력에 영향을 미친다. 출력 값이 그 시점의 입력 값뿐만 아니라 이전 상태의 출력 값에 의해서도 결정되는 것이다. 가령 디지털 장치에서 수를 셀 때, 이전 상태의 출력 값과 현재의 값을 논리 연산하여 출력하므로 다음 상태로 변화할 때까지 현 상태를 기억하는 기능이 필요하다. 이러한 특성 때문에 순차 논리 회로는 조합 논리 회로와 달리 기억 기능을 가지고 있다. 이전 상태의 출력 값은 다음 단계의 순차 논리 회로 동작을 위해 피드백 경로를 통해 다시 순차 논리 회로의 입력으로 들어가게 된다.

① 자동차의 문이 열리면 경고음이 울리는 경우
② 현관에 사람이 들어왔을 때 전등이 켜지는 경우
③ 사람이 다가가야만 움직이기 시작하는 에스컬레이터의 경우
④ 은행에서 지폐를 세는 기계가 만 원권의 개수를 세어 총액을 나타내는 경우

 ④ 순차 논리 회로와 출력을 결정하는 방법이 같다.
①②③ 조합 논리 회로와 출력을 결정하는 방법이 같다.

Answer ⏎ 1.④ 2.④

3 다음 글을 순서대로 바르게 나열한 것은?

> 시장에서 독점적 지위를 가지고 있는 판매자가 동일한 상품에 대해 소비자에 따라 다른 가격을 책정하여 판매하기도 하는데, 이를 '가격 차별'이라 한다.
>
> ㉠ 둘째, 시장이 분리 가능해야 한다. 즉, 상품의 판매 단위나 구매자의 특성에 따라 시장을 구분할 수 있어야 한다.
> ㉡ 가격 차별이 성립하기 위해서는 첫째, 판매자가 시장 지배력을 가지고 있어야 한다.
> ㉢ 시장 지배력이란 판매자가 시장 가격을 임의의 수준으로 결정할 수 있는 힘을 말한다.
> ㉣ 만약 가격이 낮은 시장에서 상품을 구입하여 가격이 높은 시장에 되팔 수 있다면 매매 차익을 노리는 구매자들로 인해 가격 차별이 이루어지기 어렵기 때문이다.
> ㉤ 셋째, 시장 간에 상품의 재판매가 불가능해야 한다.

① ㉠㉢㉡㉣㉤
② ㉡㉢㉠㉤㉣
③ ㉡㉢㉤㉣㉠
④ ㉢㉤㉣㉠㉡

 ㉡ 가격 차별이 성립하기 위한 첫 번째 조건 – ㉢ ㉡에서 언급된 시장 지배력에 관한 설명 – ㉠ 가격 차별이 성립하기 위한 두 번째 조건 – ㉤ 가격 차별이 성립하기 위한 세 번째 조건 – ㉣ 시장 간에 상품의 재판매가 불가능해야 하는 이유

4 ㉠, ㉡에 대한 이해로 적절하지 않은 것은?

> 　　재산을 무상으로 타인에게 이전하는 것에는 '상속'과 '증여'가 있다. 상속은 재산을 주는 이가 사망했을 때, 증여는 재산을 주는 이가 생존해 있을 때 이루어진다. 상속과 증여에는 세금을 부과하는데 이를 각각 ㉠상속세, ㉡증여세라 한다. 이는 부의 세습을 통한 부익부 빈익빈 현상의 심화를 막고, 부를 사회적으로 재분배하기 위해서이다.
>
> 　　상속과 증여는 모두 재산을 주는 이의 의지에 따라 재산을 받는 이가 결정되고, 재산을 받는 이가 세금 납부 의무자가 된다. 그런데 상속의 경우 재산을 물려주는 이가 유언 없이 사망하였을 때, 그의 상속 의지를 알 수 없다. 이에 대비하여 상속인의 범위를 민법에 명확히 규정하고 있다. 민법에 따르면 상속 1순위는 자녀, 손자와 같은 직계비속이고, 2순위는 부모, 조부모와 같은 직계존속, 3순위는 형제자매, 4순위는 조카, 백부모, 숙부모와 같은 4촌 이내의 방계혈족이다. 배우자의 경우는 따로 규정을 두고 있다. 배우자는 1, 2순위자가 있는 경우에 그 상속인과 동순위로 공동 상속인이 되고 1, 2순위자가 없는 때에는 단독 상속인이 된다. 단, 임신한 배우자의 경우에는 태아를 이미 출생한 것으로 보아, 태아의 상속권을 인정한다.
>
> 　　상속과 증여에 항상 세금이 부과되는 것은 아니다. 일정 금액을 제외하고 세금을 부과하는 공제 제도가 있어서 상속과 증여가 그 금액 이하에서 이루어지면 세금이 부과되지 않는다. 공제 금액은 상속과 증여가 이루어지는 상황과 조건에 따라 달라진다. 상속세와 증여세는 모두 공제 후 남은 금액에 대해 금액이 클수록 세율이 높아지는 누진 세율이 동일하게 적용된다. 따라서 공제 후에 남은 총액이 같으면 상속세와 증여세가 같다고 생각하기 쉽다. 하지만 그렇지 않은 경우가 있다. 상속세는 사망자의 상속 재산 총액에 대해 세율이 적용되지만, 증여세는 증여받는 사람 각자를 기준으로 세금이 부과되므로 재산을 나누어 증여하면 상속세보다 더 낮은 세율을 적용받을 수 있다.

① ㉠은 ㉡과 달리 재산을 주는 이가 사망한 이후 부과된다.
② ㉡은 ㉠과 달리 납부 의무자의 우선순위가 법으로 정해져 있다.
③ ㉠, ㉡ 모두 세금을 납부해야 하는 이는 재산을 받는 사람이다.
④ ㉠, ㉡ 모두 적용된 세율이 높으면 공제 후 남은 금액이 크다는 의미이다.

 2문단에서 재산을 물려주는 이가 유언 없이 사망한 경우를 대비하여 상속인의 범위를 민법에 규정하고 있다는 내용만 있을 뿐, 증여세 납부 의무자의 우선순위가 법으로 정해져 있다는 내용은 없다.

Answer ↪ 3.② 4.②

5 문맥적 의미가 밑줄 친 부분과 가장 유사한 것은?

> 고고학에서 유추를 어떻게 이용하며 그것이 과연 과거 인간 행위를 이해하는 데 적합한 방법인지를 둘러싸고 계속 논란이 있어 왔다. 앨리슨 와일리와 이언 호더는 유추를 '형식 유추'와 '관계 유추'라는 두 가지로 나누어 설명한다. 형식 유추는 간단히 말해 두 상황 사이의 몇 가지 요소가 유사하면 다른 요소들 또한 유사하다고 추론하는 것이다. 관계 유추는 두 상황 사이에 존재하는 역사적이거나 문화적인, 혹은 자연적인 계속성에 기초하여 직접적 연관 관계가 관찰될 수 있는 경우에 한해 두 상황 사이의 유사성을 추론하는 것이다. 두 학자는 고고학에 있어 형식 유추보다 관계 유추가 더 강력한 것이라고 주장하였다. 예컨대 알래스카에서 초승달 모양의 석제 유물이 출토되었다. 그리고 오늘날 북극 지방에 사는 이누이트 족이 그와 거의 똑같은 형태이되 쇠로 된 물건을 고기를 자르는 데 쓰고 있다는 민족지 보고서가 있다. 고고학자들은 이를 통해 그 유물이 칼이라고 확신을 <u>가지고</u> 주장할 수 있는데, 그 이유는 단순히 두 대상의 모양이 유사하기 때문이 아니라 그 칼이 사용되는 문화적이고 자연적인 계속성을 바탕으로 두 대상 사이의 직접적 관계를 추론할 수 있기 때문이다.

① 아버지는 빈 깡통을 <u>가지고</u> 연필꽂이를 만들어 주었다.

② 그렇게 놀아 <u>가지고</u> 어떻게 목표한 바를 이룰 수 있겠니?

③ 꿈을 <u>가지고</u> 있는 사람과 그렇지 않은 사람의 삶은 다르다

④ 이 고장에는 해마다 10월이면 민속 행사를 <u>가지는</u> 전통이 있다.

 제시된 문장의 '가지다'는 '생각, 태도, 사상 따위를 마음에 품다.'라는 뜻이다.
① 앞에 오는 말이 수단이나 방법이 됨을 강조하여 나타낸다.
② 앞말이 뜻하는 행동의 결과나 상태가 그대로 유지되거나, 또는 그럼으로써 뒷말의 행동이나 상태가 유발되거나 가능하게 됨을 나타내는 말이다.
④ 모임을 치르다.

6　다음 글을 순서대로 바르게 나열한 것은?

> 　현재의 지평 형성에는 '현전화' 작용도 영향을 미친다.
> ㉠ 또한 미래의 일을 현재에 떠올리기도 하는데 이를 기대라고 한다.
> ㉡ 다만 현재화가 원인상과의 감각적 연속성이 있는 것과 달리, 현전화는 원인상과의 감각적 연속성이 없어 생생함이 사라진다.
> ㉢ 현재화가 자아의 의지와 무관하게 자동적으로 진행되는 것이라면 현전화는 자아의 능동적 작용으로 일어난다.
> ㉣ 현전화에는 우선 회상이 있다. 파지된 것은 시간이 흐르면서 의식에서 사라지기 마련인데, 이렇게 사라진 것을 현재에 불러오는 것이 회상이다.
> ㉤ 현전화는 현재화를 기반으로 일어나며, 현재화와 융합되어 현재의 지평을 새롭게 할 수 있는 것이다

① ㉠㉡㉣㉢㉤
② ㉡㉢㉣㉠㉤
③ ㉡㉠㉤㉢㉣
④ ㉢㉣㉠㉤㉡

> (Tip) ㉢ 현재화와 현전화의 비교 − ㉣ 현전화의 종류(회상) − ㉠ 현전화의 종류(기대) − ㉤ 현재화를 기반으로 일어나는 현전화 − ㉡ 현재화와 현전화의 차이

7   다음 글과 관련 깊은 속담은?

> 철수는 5남매의 셋째로 어렸을 때부터 가족들로부터 온갖 구박을 받고 자랐다. 생긴 것도 그렇지만 말이 어눌하고 행동이 느려서 무엇 하나 제대로 하는 것이 없었다. 다른 형제들은 좋은 대학을 나와 좋은 직장을 잡아서 모두 서울로 떠났다. 그러나 철수는 배운 것이 없고 재주자 없어서 부모의 농사일을 도우며 부모와 함께 살았다. 부모의 나이가 많아지고, 다른 형제들은 바쁘다는 핑계로 소식도 뜸하고 고향에 오지도 않지만 철수는 부모를 지극한 마음으로 보살피며 살고 있다.

① 궁둥이에서 비파 소리가 난다.

② 나무도 쓸 만한 것 먼저 베인다.

③ 먼 사촌보다 가까운 이웃이 낫다.

④ 굽은 나무가 선산을 지킨다.

 ① 아주 바쁘게 싸대어 조금도 앉아 있을 겨를이 없음을 비유적으로 이르는 말이다.
② 능력 있는 사람이 먼저 뽑혀 쓰임을 비유적으로 이르는 말이다.
③ 가까운 남이 먼 일가보다 낫다.
④ 겉으로 볼 때 쓸모없어 보이는 것이 오히려 제 구실을 한다.

8 다음 글의 (   )에 들어갈 말이 순서대로 바르게 들어간 것은?

> 한옥에서 남자 어른이 주로 기거하는 공간은 사랑채이다. 사랑채는 대문과 바로 인접해 있기 때문에 집 안팎의 이동 상황을 효과적으로 점검할 수 있다. (㉠) 여성들은 주로 안채에 기거한다. 이런 구도는 얼핏 남성들이 여성들을 용이하게 보호하고, 여성들의 프라이버시를 최대한 보장하는 목적으로 설계된 듯 보인다. (㉡) 뒤집어서 생각해 보면, 이와 같은 한옥 구조는 여성들의 출입을 남성들이 철저하게 통제, 감시할 수 있다는 데에 중점이 놓인다. (㉢) 안채에서도 여성들의 위계질서는 공간적으로 구현된다. 즉, 안방의 시어머니는 장지문을 통해 얼마든지 부엌에서 벌어지는 며느리의 행동을 통제할 수 있다.

① 반면 – 그러나 – 또한

② 그러나 – 그런데 – 그러므로

③ 그러나 – 그리하여 – 또한

④ 반면 – 그런데 – 그래서

 ㉠ 남성들은 사랑채에 기거하는 반면, 여성들은 안채에 기거한다고 했으므로 '반면'이 들어가야 한다.
㉡ 대조되는 내용이므로 '그러나'가 들어가야 한다.
㉢ 남성들이 여성들의 출입을 감시할 뿐만 아니라, 안채에서도 위계질서가 구현되어 있으므로 '또한'으로 들어가야 한다.

9 밑줄 친 부분의 의미에 대한 설명으로 적절하지 않은 것은?

① 부모님들은 <u>주야장천</u> 자식 걱정뿐이다. – 밤낮으로 쉬지 아니하고 연달아

② <u>사위스러운</u> 예감에 갑자기 소름이 돋았다. – 마음에 불길한 느낌이 들고 꺼림칙한

③ 그가 <u>뒷배</u>를 봐줄 땐 장사 참 잘됐다. – 겉으로 나서지 않고 뒤에서 보살펴 주는 일

④ '주걱턱'이란 대개 턱이 <u>빨고</u> 끝이 밖으로 굽은 것을 말한다. – 서두르지 않고 천천히

(Tip) ④ 끝이 차차 가늘어져 뾰족하다.

Answer⤷ 7.④ 8.① 9.④

10 문맥을 고려할 때 (   )의 말이 모두 활용될 수 있는 경우가 아닌 것은?

① 혹시 모르니 전화번호를 알아(두다/놓다)

② 잠깐 사이에 물건을 다 팔아(버리다/치우다)

③ 지금 시간이라면 그가 이미 와 있을 (법하다/만하다)

④ 소중하게 다루는 것을 보니 귀한 물건인 (척하다/양하다).

> (Tip) ④ '척하다'는 '앞말이 뜻하는 행동이나 상태를 거짓으로 그럴듯하게 꾸밈을 나타내는 말로 앞말과 호응하지 않는다.

11 다음의 맞춤법 띄어쓰기 규정을 참고할 때 띄어쓰기가 바르지 않은 것은?

> 제41항 조사는 그 앞말에 붙여 쓴다.
> 제42항 의존 명사는 띄어 쓴다.
> 제43항 단위를 나타내는 명사는 띄어 쓴다.
> 제44항 수(數)를 적을 때는 '만(萬)' 단위로 띄어 쓴다.
> 제45항 두 말을 이어 주거나 열거할 적에 쓰이는 말은 띄어 쓴다.
> 제46항 단음절로 된 단어가 연이어 나타날 적에는 붙여 쓸 수 있다.

① 오늘은 여기까지만 하자.

② 노력한만큼 대가를 얻을 수 있을 것이다.

③ 북어 한 쾌는 북어 스무 마리를 말한다.

④ 날씨가 추워지자 꽃잎이 한잎 두잎 떨어진다.

> (Tip) ② 의존 명사는 띄어 쓰므로, '노력한 만큼'으로 써야 한다.

12 다음 (   )에 들어갈 말이 바르게 연결 된 것은?

> • 아내가 마늘 한 (   )을/를 들고 왔다.
> • 주어진 항에서 북어 한 (   )을/를 샀다.
> • 지친 남편을 위해 20일간 먹을 한약 한 (   )을/를 지었다.

① 고리 – 태 – 연

② 접 – 손 – 첩

③ 거리 – 쾌 – 필

④ 접 – 쾌 – 제

 • 접 : 채소나 과일 따위를 묶어 세는 단위. 한 접은 채소나 과일 백 개를 이른다.
• 쾌 : 북어를 묶어 세는 단위. 한 쾌는 북어 스무 마리를 이른다.
• 제 : 한약의 분량을 나타내는 단위. 한 제는 탕약 스무 첩을 이른다.

13 다음 밑줄 친 부분의 쓰임이 바르지 않은 것은?

① 명절이 되면 임진강 <u>넘어</u> 고향땅을 보기 위해 임진각을 찾는 실향민이 많다.

② 귀성객들은 저마다 고향으로 향하는 푸근한 마음을 차 안에 가득 <u>싣고</u> 떠났다.

③ 명절날 오후 서울 시내의 극장가는 밀려드는 손님으로 <u>한창</u> 바빠지고 있었다.

④ 시골에 계신 할머니와 할아버지들은 만면에 웃음을 <u>띠고</u> 손자들을 얼싸안았다.

 ① '넘어'는 동사 '넘–'의 의미가 그대로 살아 있는 경우에 적는다. '임진강 너머'는 동작이 들어 있지 않고 강 건너 뒤에 있는 공간을 가리킨다. 그러므로 '임진강 너머'로 적어야 한다.

14 다음 글을 읽고 추론한 것으로 옳지 않은 것을 보기에서 모두 고르면?

> 인공강우는 구름을 이루는 작은 수증기 입자들이 서로 잘 뭉쳐 물방울로 떨어지도록 구름씨(응결핵)를 뿌려주는 것을 말한다. 자연적으로는 작은 얼음 결정이 구름씨 역할을 하는데 인공강우의 경우 항공기로 구름에 요오드화은(AgI)이나 드라이아이스(CO_2) 입자를 살포하는 방법이 가장 일반적이다.
>
> 문제는 인공강우를 내리려면 비를 내릴 수 있을 정도의 수분을 가진 구름이 있어야 한다는 점이다. 일반적으로 고농도 미세먼지는 한반도가 고기압 영향권에 들어가 대기가 정체될 때 오염물질이 쌓이면서 발생하는데, 이런 고기압 상태에서는 구름이 없고 날씨가 맑다. 이와 같이 구름이 없으면 아무리 많은 구름씨를 뿌려줘도 비를 내릴 수 없다. 구름이 있다 해도 인공강우로 내릴 수 있는 비의 양은 시간당 $0.1 \sim 1mm$에 불과하다. 미세먼지를 쓸어내리기에는 부족한 양이다. 기존에도 국립기상과학원은 가뭄 해소를 위한 대안으로 인공강우 실험을 해왔는데 9차례의 시도 중 4차례 비를 만드는 데 성공하긴 했지만 비의 양이 매우 적은 것으로 확인했다.
>
> 또한 인공강우를 활용한 미세먼지 저감은 효과가 있다고 하더라도 일시적일 뿐이다. A교수는 "대기오염물질의 배출량을 근본적으로 줄이지 않으면, 비가 온 뒤 잠깐 깨끗해질 순 있어도 곧 미세먼지는 다시 생성될 것"이라며 "인공강우 실험은 미세먼지 문제의 근본적인 해결 방안이 될 수 없다."라고 지적했다.
>
> 인공강우의 부작용도 고려해야 한다. 자연적으로는 구름이 이동하면서 비를 내리는데 특정 지역에서 구름의 수분을 인위적으로 다 써버리면 다른 지역에 비가 덜 내리게 된다. 또 대기 질 개선을 위해 대량으로 요오드화은을 살포할 경우 떨어진 비가 토양을 오염시키거나 생태계에 악영향을 줄 수도 있다.
>
> 국립기상과학원 관계자는 "해외에서 인공강우의 주목적은 비를 내릴 수 있는 구름이 있을 때 강우량을 늘리는 데 있다."라고 설명했다. A 교수는 "주류 과학계에서는 오랜 기간에 걸쳐 가뭄 해소를 위해 인공강우 연구를 해왔지만 그 효과에 대해 회의적인 결론을 내렸다."라며 "마치 인공강우가 미세먼지를 해결해 줄 수 있는 것처럼 홍보하는 것은 바람직하지 않다."라고 말했다.

〈보기〉
ⓞ 최초의 인공강우 실험은 항공기로 구름에 요오드화은(AgI)이나 드라이아이스(CO_2) 입자를 살포하는 방법을 사용하였다.
ⓛ 국립기상과학원의 인공강우 실험이 성공하였을 때 내린 비의 양은 $0.1 \sim 1mm$ 정도였을 것이다.
ⓒ 미세먼지 문제를 해결하기 위해서는 대기오염물질의 배출량을 줄여야 한다.
ⓔ 주류 과학계에서는 미세먼지 해소를 위해 장기간 인공강우 연구를 해왔으나, 효과가 미미하다는 결론을 도출하였다.

① ㉠㉡　　　　　　　　　　　　② ㉠㉡㉢

③ ㉠㉡㉣　　　　　　　　　　　④ ㉢㉣

 ㉠ 인공강우의 경우 항공기로 구름에 요오드화은(AgI)이나 드라이아이스(CO_2) 입자를 살포
하는 방법이 가장 일반적이라고 제시되어 있지만 이 글을 통해 최초의 인공강우 실험을
어떤 방식으로 무엇을 가지고 했는지는 알 수 없다. (×)
㉡ 0.1~1mm는 시간당 강우량으로, 인공강우 실험이 성공했을 때 얼마나 비가 왔는지는
알 수 없다. (×)
㉢ 대기오염물질의 배출량을 근본적으로 줄이지 않으면, 비가 온 뒤 잠깐 깨끗해질 순 있
어도 곧 미세먼지는 다시 생성될 것이라는 내용을 통해 추론할 수 있다. (○)
㉣ 주류 과학계에서는 오랜 기간에 걸쳐 가뭄 해소를 위해 인공강우 연구를 해왔다는 내용
을 통해 미세먼지 해소를 위해서 연구한 것이 아님을 알 수 있다. (×)

15 다음 밑줄 친 부분과 같은 의미로 사용된 것은?

> 　아닌 게 아니라 날이라도 좀 밝은 다음이었으면 좋았겠는데, 날이 밝기를 기다려 동
> 네를 나서는 건 노인이나 나나 생각을 않았다. 그나마 그 어둠을 <u>타고</u> 마을을 나서는 것
> 이 노인이나 나나 마음이 편했다.

① 소매치기는 사람들이 복닥거리는 틈을 <u>타</u> 여자의 가방에서 지갑을 훔쳤다.

② 철호 가족의 가슴 아픈 사연이 방송을 <u>타면서</u> 수많은 독지가들이 성금을 보내 왔다.

③ 꽃가루는 바람을 <u>타고</u> 이곳저곳으로 퍼진다.

④ 원숭이는 야자열매를 따기 위해 나무를 <u>탔다</u>.

 ① 어떤 조건이나 시간, 기회 등을 이용하다.
②③ 바람이나 물결, 전파 따위에 실려 퍼지다.
④ 도로, 줄, 산, 나무, 바위 따위를 밟고 오르거나 그것을 따라 지나가다.

16 다음 글에서 아래의 주어진 문장이 들어가기에 가장 알맞은 곳은?

> ㈎ 세계화와 정보화로 대표되는 현대사회에서 사람들은 다양한 기호, 이미지, 상징들이 결합된 상품들의 홍수 속에서, 그리고 진실과 경계를 구분할 수 없는 정보와 이미지의 바다 속에서 살아가고 있다.
>
> ㈏ 이러한 사회적 조건들은 개인들의 정체성 형성에 커다란 변화를 가져다주었다.
>
> ㈐ 절약, 검소, 협동, 양보, 배려, 공생 등과 같은 전통적인 가치와 규범은 이제 쾌락, 소비, 개인적 만족과 같은 새로운 가치와 규범들로 대체되고 있다.
>
> ㈑ 그래서 개인적 경험의 장이 넓어지는 만큼 역설적으로 사람들 간의 공유된 경험과 의사소통의 가능성은 점차 줄어들고 있다. 파편화된 경험 속에서 사람들이 세계에 대한 '인식적 지도'를 그리기란 더 이상 불가능해진 것이다.

> 개인들의 다양한 삶과 경험은 사고와 행위의 기준들을 다양화했으며, 이로 인해 전통적인 정체성은 해체되었다.

① ㈎   ② ㈏

③ ㈐   ④ ㈑

 주어진 문장은 ㈐에 들어가서 ㈐ 앞의 '개인들의 정체성 형성'과 ㈐ 뒤의 '전통적인 가치와 규범'이 대체되고 있다는 사실의 인과관계를 연결하는 것이 적절하다.

17 다음 중 밑줄 친 관용 표현의 쓰임이 옳지 않은 것은?

① <u>손이 싸서</u> 일찍 끝냈구나.

② 그렇게 <u>변죽을 치지</u> 말고 바른대로 말해.

③ 그는 <u>반죽이 좋아</u> 웬만한 일에는 성을 내지 않는다.

④ 그녀는 <u>절에 간 색시</u>같이 참지 않고 나선다.

 ④ 남이 시키는 대로 따라 하는 사람을 말하거나 아무리 싫어도 남이 시키는 대로 따라 하지 아니할 수 없는 처지에 있는 사람을 말한다.
① 일 처리가 빠르다.
② 바로 집어 말을 하지 않고 둘러서 말을 하다.
③ 노여움이나 부끄러움을 타지 아니하다.

┃18~19 ┃ 다음 글을 읽고 물음에 답하시오.

(가) 우리는 학교에서 한글맞춤법이나 표준어규정과 같은 어문 규범을 교육받고 학습한다. 어문 규범은 언중들의 원활한 의사소통을 위해 만든 공통된 기준이며 사회적으로 정한 약속이기 때문이다. 그러나 문제는 급변하는 환경에 따라 변화하는 언어 현실에서 언중들이 이와 같은 어문 규범을 철저하게 지키며 언어생활을 하기란 쉽지 않다는 것이다. 그래서 이러한 언어 현실과 어문 규범과의 괴리를 줄이고자 하는 여러 주장과 노력이 우리 사회에 나타나고 있다.

(나) 최근, 어문 규범이 언어 현실을 따라오기에는 한계가 있기 때문에 어문 규범을 폐지하고 아예 언중의 자율에 맡기자는 주장이 있다. 또한 어문 규범의 총칙이나 원칙과 같은 큰 틀만을 유지하되, 세부적인 항목 등은 사전에 맡기자는 주장도 있다. 그러나 어문 규범을 부정하는 주장이나 사전으로 어문 규범을 대신하자는 주장에는 문제점이 있다. 전자의 경우, 언어의 생성이나 변화가 언중 각각의 자율에 의해 이루어져 오히려 의사소통의 불편함을 야기할 수 있다. 후자는 우리나라의 사전 편찬 역사가 짧기 때문에 어문 규범의 모든 역할을 사전이 담당하기에는 무리가 있으며, 언어 현실의 다양한 변화를 사전에 전부 반영하기 어렵다는 문제점이 있다.

(다) 그렇다면 현실의 언어 변화를 최대한 수용하면서 언어 현실과 어문 규범의 괴리를 최소화하는 방안에는 어떤 것이 있을까? 지난 번 '국립국어원'의 복수 표준어 확대가 하나의 방안이 될 수 있다. 복수 표준어란 한 가지 의미를 나타내는 단어 몇 가지가 언중들 사이에서 널리 함께 쓰이고 표준어 규정에 맞으면, 그 모두를 표준어로 인정한 것을 말한다. 여기에는 널리 함께 쓰이는 단어, 어감의 차이를 나타내는 단어, 발음이 비슷한 단어 등이 있다.

(라) 이것은 어문 규범을 유지하면서 일상생활에서 널리 쓰이는 비표준어를 복수 표준어로 인정하여 언어 현실과 어문규범의 괴리를 해소하고자 노력한 것이다. 가령, 표준어 '간질이다'와 같은 뜻으로 널리 함께 쓰이는 비표준어 '간지럽히다'를 표준어로 인정한 것, ㉠'오순도순'과 어감 차이가 나지만 '오손도손'을 표준어로 인정한 것, '자장면'을 '짜장면'으로 소리 내는 언어 현실을 반영하여 두 가지 표기를 모두 표준어로 인정한 것이 그 사례이다. 이는 어문 규범 자체를 부정하거나 사전에 맡기기보다는 현행 어문 규범을 유지하면서 언중의 실제 언어생활을 반영한 점에서 의의를 찾을 수 있다.

18 〈보기〉를 이용하여 위 글의 논지 전개 과정을 순서대로 올바르게 배열한 것은?

〈보기〉

㉠ 사례와 의의　　　　　　　　　　㉡ 문제 제기
㉢ 주장들과 그 한계　　　　　　　　㉣ 새로운 대안

① ㉠㉡㉢㉣　　　　　　　　　　　② ㉠㉢㉣㉡
③ ㉡㉢㉣㉠　　　　　　　　　　　④ ㉡㉣㉢㉠

Answer⌐→ 16.③　17.④　18.③

(가)에서는 언어 현실과 어문 규범과의 괴리에서 발생하는 문제점을 제시했다. (나)에서는 이를 해결하기 위한 두 가지 주장을 들고 그 한계를 제시하고 있다. (다)에서는 복수 표준어 개념을 설명하며 복수 표준어 확대가 새로운 대안임을 제시하고 있다. (라)에서는 복수 표준어 인정 사례와 그 의의를 들고 있다.

19 다음을 참고할 때, ㉠과 유사한 사례로 적절한 것은?

> 어감(語感)이란 말소리나 말투의 차이에 따른 느낌 등을 말한다. 어떤 단어들이 이러한 어감의 차이가 있을 경우, 표준어 규정에 맞으면 이들을 모두 표준어로 인정하는데, 가령 아이들의 옷인 '고까옷'과 '꼬까옷'이 그것이다. 두 단어의 첫소리인 'ㄱ'과 'ㄲ'은 어감의 차이가 있어 엄밀히는 별개의 두 단어이지만, 그 어감의 차이가 미미한 깃이어서 이 둘을 모두 복수 표준어로 인정한 것이다.

① 수수깡 / 수숫대
② 복사뼈 / 복숭아뼈
③ 아웅다웅 / 아옹다옹
④ 변덕스럽다 / 변덕맞다

 주어진 글에서는 어감(語感)의 차이를 설명하면서 복수 표준어로 인정한 단어의 사례를 들고 있다. ㉠에서 '오순도순'과 어감 차이가 나는 '오손도손'을 표준어로 인정한 것은 음성상 징어에서 양성모음과 음성모음의 어감 차이를 나타낸 단어를 모두 표준어로 인정한 사례이다. '아웅다웅'과 '아옹다옹'도 같은 경우의 사례이다.

▌20~21 ▌ 다음 글을 읽고 물음에 답하시오.

19세기 일부 인류학자들은 결혼이나 가족 등 문화의 일부에 주목하여 문화 현상을 이해하고자 하였다. 그들은 모든 문화가 '야만→미개→문명' 이라는 단계적 순서로 발전한다고 설명하였다. 그러나 이 입장은 20세기에 들어서면서 어떤 문화도 부분만으로는 총체를 파악할 수 없다는 비판을 받았다. 문화를 이루는 인간 생활의 거의 모든 측면은 서로 관련을 맺고 있기 때문이다.

20세기 인류학자들은 이러한 사실에 주목하여 문화 현상을 바라보았다. 어떤 민족이나 인간 집단을 연구할 때에는 그들의 역사와 지리, 자연환경은 물론, 사람들의 체질적 특성과 가족제도, 경제체제, 인간 심성 등 모든 측면을 서로 관련지어서 고찰해야 한다는 것이다. 이를 총체적 관점이라고 한다. 오스트레일리아의 여요론트 부족의 이야기는 총체적 관점에서 인간과 문화를 이해해야 하는 이유를 잘 보여준다. 20세기 초까지 수렵과 채집 생활을 하던 여요론트 부족사회에서 돌도끼는 성인 남성만이 소유할 수 있는 가장 중요한 도구였다. 돌도끼의 제작과 소유는 남녀의 역할 구분, 사회의 위계질서 유지, 부족 경제의 활성화에 큰 영향을 미쳤다. 그런데 백인 신부들이 여성과 아이에게 선교를 위해 선물한 쇠도끼는 성(性) 역할, 연령에 따른 위계와 권위, 부족 간의 교역에 혼란을 초래하였다. 이로 인해 여요론트 부족사회는 엄청난 문화 해체를 겪게 되었다.

쇠도끼로 인한 여요론트 부족사회의 문화 해체 현상은 인간생활의 모든 측면이 서로 밀접한 관계가 있음을 잘 보여준다. 만약 문화의 발전이 단계적으로 이루어진다는 관점에서 본다면 쇠도끼의 유입은 미개사회에 도입된 문명사회의 도구이며, 문화 해체는 (   ) 하지만 이러한 관점으로는 쇠도끼의 유입이 여요론트 부족에게 가지는 의미와 그들이 겪은 문화 해체를 제대로 이해하고 그에 대한 올바른 해결책을 제시하기가 매우 어렵다.

총체적 관점은 인간 사회의 다양한 문화 현상을 이해하는 데 매우 중요한 공헌을 했다. 여요론트 부족 사회의 이야기에서 알 수 있듯이, 총체적 관점은 사회나 문화에 대해 객관적이고 깊이 있는 통찰을 가능하게 한다. 이러한 관점을 가지고 인간이 처한 여러 가지 문제를 바라볼 때, 우리는 보다 바람직한 해결 방향을 모색할 수 있을 것이다.

20 '여요론트' 부족에 대해 이해한 내용으로 적절한 것은?

① 돌도끼는 성인 남자의 권위를 상징하는 도구였다.
② 문명사회로 나아가기 위해 쇠도끼를 수용하였다.
③ 쇠도끼의 유입은 타 부족과의 교역을 활성화시켰다.
④ 자기 문화를 지키기 위해 외부와의 교류를 거부하였다.

 여요론트 부족 사회에서 돌도끼는 성인 남성만이 소유할 수 있는 가장 중요한 도구였으며, 이는 성(性) 역할, 연령에 따른 위계와 권위 등에 큰 영향을 미쳤다는 내용을 통해 돌도끼가 여요론트 부족 사회에서 성인 남자의 권위를 상징하는 도구였다는 것을 알 수 있다.

21 위의 글에서 빈칸에 들어갈 내용으로 가장 적절한 것은?

① 문화 발전을 퇴보시키는 원인으로 이해할 것이다.
② 사회가 혼란해져 문화 발전이 지연되는 단계로 이해할 것이다.
③ 사회 질서를 유지하기 위한 과정으로 이해할 것이다.
④ 사회 발전을 위해 필요한 과도기로 이해할 것이다.

 문화의 발전이 단계적으로 이루어진다는 관점에서는 쇠도끼가 미개사회에 도입된 문명사회의 도구이므로 여요론트 부족의 문화 해체는 사회 발전을 위해 필요한 과도기로 이해될 수 있다.

Answer ↪ 19.③ 20.① 21.④

욕망은 무엇에 부족함을 느껴 이를 탐하는 마음이다. 춘추전국 시대를 살았던 제자백가들에게 인간의 욕망은 커다란 화두였다. 그들은 권력과 부귀영화를 위해 전쟁을 일삼던 현실 속에서 인간의 욕망을 어떻게 바라볼 것인지, 그것에 어떻게 대처해야 할지를 탐구하였다.

먼저, 맹자는 인간의 욕망이 혼란한 현실 문제의 근본 원인이라고 보았다. 욕망이 과도해지면 사람들 사이에서 대립과 투쟁이 생기기 때문이다. 맹자는 인간이 본래 선한 본성을 갖고 태어나지만, 살면서 욕망이 생겨나게 되고, 그 욕망에서 벗어날 수 없다고 하였다. 그래서 그는 욕망은 경계해야 하지만 그 자체를 없앨 수는 없기에, 욕망을 제어하여 선한 본성을 확충하는 것이 필요하다고 보았다. 그가 욕망을 제어하기 위해 강조한 것이 '과욕(寡慾)'과 '호연지기(浩然之氣)'이다. 과욕은 욕망을 절제하라는 의미로, 마음의 수양을 통해 욕망을 줄여야 한다는 것이다. 호연지기란 지극히 크고 굳센 도덕적 기상으로, 의로운 일을 꾸준히 실천해야만 기를 수 있다는 것이다.

맹자보다 후대의 인물인 순자는 욕망의 불가피성을 인정하면서, 그것이 인간의 본성에서 우러나오는 것이라고 하였다. 인간은 태생적으로 이기적이고 질투와 시기가 심하며 눈과 귀의 욕망에 사로잡혀 있을 뿐만 아니라 만족할 줄도 모른다는 것이다. 또한 개인에게 내재된 도덕적 판단 능력만으로는 욕망을 완전히 제어하기 어렵다고 보았다. 더군다나 이기적 욕망을 그대로 두면 한정된 재화를 두고 인간들끼리 서로 다투어 세상을 어지럽게 되므로, 왕이 '예(禮)'를 정하여 백성들의 욕망을 조절해야 한다고 생각하였다. 예는 악한 인간성을 교화하고 개조하는 방법이며, 사회를 바로잡기 위한 규범이라 할 수 있다. 그래서 순자는 사람들이 개인적으로 노력하는 동시에 나라에서 교육과 학문을 통해 예를 세워 인위적으로 선(善)이 발현되도록 노력해야 한다고 주장하였다. ⓐ이는 맹자의 주장보다 한 단계 더 나아간 금욕주의라 할 수 있다.

이들과는 달리 한비자는 권력과 재물, 부귀영화를 바라는 인간의 욕망을 부정적으로 바라보지 않았다. 인간의 본성이 이기적이라고 본 점에서는 순자와 같은 입장이지만, 그와는 달리 본성을 교화할 수 없다고 하였다. 오히려 욕망을 추구하는 이기적인 본성이 이익 추구를 위한 동기 부여의 원천이 되고, 부국강병과 부귀영화를 이루는 수단이 된다는 것이다. 그는 세상을 사람들이 이익을 위해 경쟁하는 약육강식의 장으로 여겼기에, 군신 관계를 포함한 모든 인간 관계가 충효와 같은 도덕적 관념이 아니라 단순히 이익에 의해 맺어져 있다고 보았다. 따라서 그는 사람들이 자발적으로 선을 행할 것을 기대하기보다는 법을 엄격히 적용하는 것이 필요하다고 강조하였다. 그는 백성들에게 노력하면 부자가 되고, 업적을 쌓으면 벼슬에 올라가 출세를 하며, 잘못을 저지르면 벌을 받고, 공로를 세우면 상을 받도록 해서 특혜와 불로소득을 감히 생각하지 못하도록 하는 것이 올바른 정치라고 주장하였다.

22 윗글에 대한 설명으로 가장 적절한 것은?

① 욕망에 대한 다양한 입장을 소개하고 그 입장들을 비교하고 있다.

② 욕망의 유형을 제시하고 그것을 일정한 기준에 따라 분류하고 있다.

③ 욕망을 보는 상반된 견해를 나열하고 그것의 현대적 의의를 밝히고 있다.

④ 욕망이 나타나는 사례들을 제시하여 욕망 이론의 타당성을 따지고 있다.

 윗글에서는 인간의 욕망을 바라보는 관점과 그에 대한 대처 방안에 대해 맹자, 순자, 한비자의 입장을 소개하고 있으며 이들의 입장을 공통점과 차이점에 따라 비교하고 있다.

23 ⓐ의 이유로 가장 적절한 것은?

① '과욕'과 '호연지기'를 통해 인간의 선한 본성이 확충되기에는 한계가 있기 때문이다.

② '예'가 '과욕'과 '호연지기'보다는 인간이 삶 속에서 실천하기 더 힘든 일이기 때문이다.

③ 개인적인 욕망과 사회적인 욕망을 모두 추구하는 인간의 본질을 파악하였기 때문이다.

④ 욕망 조절을 개인의 수양에만 맡기지 않고, 욕망을 외적 규범으로 제어해야 한다고 보았기 때문이다.

 순자는 맹자가 제시한 개인의 수양만으로는 욕망을 절제하는 것이 힘들기 때문에 외적 규범인 '예'가 필요하다고 하였다. 따라서 순자의 입장은 맹자보다 한 걸음 더 나아간 금욕주의라 할 수 있다.

Answer ⤷ 22.① 23.④

24 다음 글의 내용과 부합하는 것은?

> 우리는 음악을 일반적으로 감정의 예술로 이해한다. 아름다운 선율과 화음은 듣는 사람의 마음속으로 파고든다. 그래서인지 음악을 수(數)또는 수학(數學)과 연결시키기 어렵다고 생각하는 경우가 많다. 하지만 음악 작품은 다양한 화성과 리듬으로 구성되고, 이들은 3도 음정, 1도 화음, 3/4박자, 8분 음표처럼 수와 관련되어 나타난다. 음악을 구성하는 원리로 수학의 원칙과 질서 등이 활용되는 것이다.
>
> 고대에도 음악과 수, 음악과 수학의 관계는 음악을 설명하는 중요한 사고의 틀로 작동했다. 중세 시대의 '아이소리듬 모테트'와 르네상스 시대 오케켐의 '36성부 카논'은 서양 전통 음악 장르에서 사용되는 작곡 기법도 수의 관계로 설명할 수 있다는 것을 보여준다. 음정과 음계는 수학적 질서를 통해 음악의 예술적 특성과 음악의 미적 가치를 효과적으로 전달했다. 20세기에 들어와 음악과 수, 음악과 수학의 관계는 더욱 밀접해졌다. 피보나치 수열을 작품의 중심 모티브로 연결한 바르톡, 건축가 르 코르뷔지에외의 공동 작업으로 건축적 비례를 음악에 연결시킨 제나키스의 현대 음악 작품들은 좋은 사례이다. 12음 기법과 총렬음악, 분석 이론의 일종인 집합론을 활용한 현대 음악 이론에서도 음악과 수, 음악과 수학의 밀접한 관계는 잘 드러난다.

① 수학을 통해 음악을 설명하려는 경향은 현대에 생겨났다.

② 음악의 미적 가치는 수학적 질서를 통해 드러날 수 있다.

③ 건축학 이론은 현대 음악의 특성을 건축설계에 반영한다.

④ 음악은 감정의 예술이 아니라 감각의 예술로 이해해야 한다.

 ① 고대에도 음악과 수, 음악과 수학의 관계는 음악을 설명하는 중요한 사고의 틀로 작동했다.
③ 건축적 비례를 음악에 연결시켰다고 했을 뿐, 음악의 특성을 건축설계에 반영하는 것은 아니다.
④ 제시된 글로는 알 수 없다.

25 다음 밑줄 친 단어 중 표준어가 아닌 것은?

① 담벼락에는 <u>개발새발</u> 아무렇게나 낙서가 되어 있었다.

② 어제 딴 <u>쪽밤</u>을 아이들이 몰래 까서 먹고 있다.

③ 창을 통해 <u>뜨락</u>을 바라보니 완연한 가을이었다.

④ "상상의 <u>나래</u>를 펴는 중국어"는 듣기, 말하기 중심의 학습을 도와주는 교재이다.

 ② '쌍동밤(한 껍데기 속에 두 쪽이 들어 있는 밤)'의 잘못된 말이다.

26 다음 (   )에 들어갈 사자성어로 가장 적절한 것은?

> 내일 있을 한국시리즈는 시작 전부터 여러 사람의 관심을 끌고 있습니다. 결승에서 만난 두 팀의 감독이 예전에 한솥밥을 먹던 사이였기 때문입니다. A팀의 감독은 한때 B팀의 감독 밑에서 선수 생활을 했습니다. 그러나 A팀의 감독은 시합에서 양보는 절대 있을 수 없다는 결연한 의지를 밝혔습니다. 형만 한 아우가 없다는 말이 맞을지 (   )(이)라는 말이 맞을지, 내일 경기 결과에 귀추가 주목됩니다.

① 부화뇌동(附和雷同)

② 인과응보(因果應報)

③ 결자해지(結者解之)

④ 청출어람(靑出於藍)

 ① 줏대 없이 남의 의견에 따라 움직임을 이르는 말
② 과거 또는 전생의 선악의 인연에 따라서 뒷날 길흉 화복의 갚음을 받게 됨을 이르는 말
③ 맺은 사람이 풀어야 한다는 뜻으로, 자기가 저지른 일은 자기가 해결하여야 함을 이르는 말
④ 제자나 후배가 스승이나 선배보다 나음을 비유적으로 이르는 말

27 다음 글의 내용과 부합하지 않는 것은?

> 소설 속에는 세 개의 욕망이 들끓고 있다. 하나는 소설가의 욕망이다. 소설가의 욕망은 세계를 변형시키려는 욕망이다. 소설가는 자기 욕망의 소리에 따라 세계를 자기 식으로 변모시키려고 애를 쓴다. 두 번째 욕망은 소설 속의 주인공들의 욕망이다. 소설 속의 인물들 역시 소설가의 욕망에 따라 혹은 그 욕망에 반대하여 자신의 욕망을 드러내고, 자신의 욕망에 따라 세계를 변형하려 한다. 주인공, 아니 인물들의 욕망은 서로 부딪쳐 다채로운 모습을 드러낸다. 마지막의 욕망은 소설을 읽는 독자의 욕망이다. 소설을 읽으면서 독자들은 소설 속의 인물들은 무슨 욕망에 시달리고 있는가를 무의식적으로 느끼고, 나아가 소설가의 욕망까지를 느낀다. 독자의 무의식적인 욕망은 그 욕망들과 부딪쳐 때로 소설 속의 인물들을 부인하기도 하고, 나아가 소설까지를 부인하기도 하며, 때로는 소설 속의 인물들에 빠져 그들을 모방하려 하기도 하고, 나아가 소설까지 모방하려 한다. 그 과정에서 읽는 사람의 무의식 속에 숨어 있던 욕망은 그 욕망을 서서히 드러내, 자기가 세계를 어떻게 변형시키려 하는가를 깨닫게 한다. 소설 속의 인물들은 무엇 때문에 괴로워하는가, 그 괴로움은 나도 느낄 수 있는 것인가, 아니면 소설 속의 인물들은 왜 즐거워하는가, 그 즐거움에 나도 참여할 수 있는가, 그것들을 따지는 것이 독자가 자기의 욕망을 드러내는 양식이다.
>
> — 김현, '소설은 왜 읽는가' 중에서

① 소설가는 자기의 욕망에 따라 세계를 변형시키고자 한다.
② 소설 속의 인물들은 자신의 욕망을 소설가의 욕망에 일치시킨다.
③ 독자는 소설을 읽으면서 소설가의 욕망을 느낀다.
④ 독자는 소설을 통해 자신의 욕망을 깨닫게 된다.

> **Tip** ② 소설 속의 인물들은 소설가의 욕망에 따라 혹은 그 욕망에 반대하여 자신의 욕망을 드러내고, 자신의 욕망에 따라 세계를 변형하려 한다.

28 다음 글의 핵심 내용으로 가장 적절한 것은?

> 1989년 프랑스 파리 근교의 한 공립 중학교에서 전통적인 이슬람의 여성 복장 중 하나인 히잡을 수업 시간에도 벗지 않으려고 했던 여중생 세 명이 퇴학당했다. 이 사건은 20세기 초부터 프랑스에 확고하게 정착되어 온 '교회와 국가의 분리' 원칙을 도마 위에 올려놓았다. 무슬림 여중생들은 가장 무거운 징계인 퇴학을 감수하면서까지 왜 히잡 착용을 고집했을까? 히잡은 이슬람 교리에 근거한 무슬림 여성들의 전통 의상으로 이슬람 경전인 꾸란에 따르면 남녀 모두 머리카락을 천으로 덮어야 한다. 특히 여성은 가족 이외의 사람들 앞에서 자신의 몸에 걸친 일체의 장신구도 보여줘서는 안 된다.
>
> 히잡 착용에 대한 의미는 시대적 상황과 지역적 특색에 따라 변화해 왔다. 예컨대 제2차 세계대전 후 알제리의 독립 투쟁이 진행되는 동안 프랑스인들은 알제리 여성의 해방을 주장하면서 여성들이 히잡을 착용하지 않도록 온갖 노력을 기울였다. 알제리의 반식민주의자들은 이러한 행위야말로 알제리 민족의 정체성을 말살하고, 알제리 문화를 왜곡하며, 더 나아가 알제리인들의 잠재적 정신력까지 약화시킨다고 보았다. 서구 식민주의자들의 침공 이전까지 알제리인들은 히잡을 그저 이슬람의 전통 복장으로 인식하였으나, 반서구 투쟁 과정에서 알제리인들은 히잡에 새로운 상징적 의미를 부여하기 시작했다. 그 결과 알제리 여성이 히잡을 착용하지 않는 것은 프랑스 식민주의의 수용을 의미하는 반면, 히잡을 착용하는 것은 식민주의의 거부를 의미하게 되었다.
>
> 그런데 이 히잡 착용이 1989년 프랑스 사회에서 논란을 불러일으켰다. 무슬림 여성들이 프랑스 사회에 정착한 지는 꽤 오랜 시간이 흘렀다. 그럼에도 이들이 여전히 히잡을 착용하는 것은 프랑스 사회로의 통합에 소극적이며 나아가 프랑스 공화국의 원칙에 적대적인 것으로 프랑스인들에게 여겨지고 있다. 다른 사회 문제와 달리, 프랑스의 좌우파는 이 히잡 문제에 대해서만은 별다른 입장 차이를 보이지 않는다. 정치인 개인에 따라, 시기에 따라 입장이 나누어지긴 하지만, 대체로 이들은 공화국의 원칙을 위협하는 '히잡 쓴 소수의 소녀들'에게 공화국의 단호함을 보여주려고 노력한다. 이러한 결실이 바로 2004년 3월 15일에 재정된 '종교 상징물 착용 금지법'이다. 이 법은 공화국의 원칙을 천명하려는 의지의 한 소산이라고 할 수 있다.

① 무슬림 여성들은 히잡을 저항과 정체성의 상징으로 본다.
② 히잡 착용의 의미는 역사적인 상황에 따라 다양하게 변모해 왔다.
③ 히잡 착용 행위는 프랑스 공화국의 원리와 충돌하는 의미로 인식된다.
④ 히잡 착용은 서구와 이슬람의 문화 충돌을 보여주는 대표적인 사례이다.

Tip ② 두 번째 문단의 첫 번째 줄이 이 글의 핵심 내용이 된다.

Answer → 27.② 28.②

29 다음 ( )에 공통으로 들어가기에 가장 적절한 것은?

> • 그녀는 공장일을 하면서 (   ) 노래를 연습했다.
> • 매우 힘든 일이지만 (   ) 해나갔다.
> • 어머니가 돌아가신 뒤 방황하다가 (   ) 마음의 안정을 찾아갔다.

① 하마터면   ② 시나브로
③ 시난고난   ⑤ 하릴없이

 ① 자칫 조금만 잘못하였더라면
　　　② 모르는 사이에 조금씩 조금씩
　　　③ 병이 심하지는 않으면서 오래 앓는 모양
　　　④ 달리 어떻게 할 도리가 없이

30 다음 빈칸에 들어갈 말로 가장 적절한 것은?

> 　　현대 자본주의 사회에서 대중은 예술미보다 상품미에 더 민감하다. 상품미란 이윤을 얻기 위해 대량으로 생산하는 상품이 가지는 아름다움을 의미한다. (   )(라)고, 요즈음 생산자는 상품을 많이 팔기 위해 디자인과 색상에 신경을 쓰고, 소비자는 같은 제품이라도 겉모습이 화려하거나 아름다운 것을 구입하려고 한다. 결국 우리가 주위에서 보는 거의 모든 상품은 상품미를 추구하고 있다. 그래서인지 모든 것을 다 상품으로 취급하는 자본주의 사회에서는 돈벌이를 위해서라면 모든 사물, 심지어는 인간까지도 상품미를 추구하는 대상으로 삼는다.

① 술 익자 체 장수 지나간다.
② 같은 값이면 다홍치마
③ 제 눈에 안경
④ 원님 덕에 나발 분다.

 ② 같은 값이면 좋은 물건을 가짐을 이르는 말이다.
　　　① 일이 공교롭게 잘 맞아 감을 비유적으로 이르는 말이다.
　　　③ 보잘것없는 물건이라도 제 마음에 들면 좋게 보인다는 말이다.
　　　④ 남의 덕으로 당치도 아니한 행세를 하게 되거나 그런 대접을 받고 우쭐대는 모양을 비유적으로 이르는 말이다.

경제 성장은 장기적인 관점에서 국내 총생산(GDP)이 지속적으로 증가하는 것이다. 그러나 경제가 꾸준히 성장하는 국가라 하더라도, 경기는 좋을 때도 있고 나쁠 때도 있다. 경기 변동은 실질 GDP*의 추세를 장기적으로 보여 주는 선에서 단기적으로 그 선을 이탈하여 상승과 하락을 보여 주는 현상을 말한다. 경기 변동을 촉발하는 주원인에 대해서는 여러 견해가 있다.

1970년대까지는 경기 변동이 ⓐ일어나는 주원인이 민간 기업의 투자 지출 변화에 의한 총수요* 측면의 충격에 있다는 견해가 우세했다. 민간 기업이 미래에 대해 갖는 기대에 따라 투자 지출이 변함으로써 경기 변동이 촉발된다는 것이다. 따라서 정부가 총수요 충격에 대응하여 적절한 총수요 관리 정책을 실시하면 경기 변동을 억제할 수 있다고 보았다. 그러나 1970년대 이후 총수요가 변해도 총생산은 변하지 않을 수 있다는 비판이 제기되자, 이에 따라 금융 당국의 자의적인 통화량 조절이 경기 변동의 원인으로 작용한다는 주장이 제기되었다.

이후 루카스는 경제 주체들이 항상 '합리적 기대'를 한다고 보고, 이들이 불완전한 정보로 인해 잘못된 판단을 하여 경기 변동이 발생한다는 '화폐적 경기 변동 이론'을 주장하였다. 합리적 기대란 어떤 정보가 새로 들어왔을 때 경제 주체들이 이를 적절히 이용하여 미래에 대한 기대를 형성한다는 것이다. 그러나 경제 주체들에게 주어지는 정보가 불완전하기 때문에 그들은 잘못 판단할 수 있으며, 이로 인해 경기 변동이 발생하게 된다. 루카스는 ㉠가상의 사례를 들어 이를 설명하고 있다.

일정 기간 오직 자신의 상품 가격만을 아는 한 기업이 있다고 하자. 이 기업의 상품 가격이 상승했다면, 그것은 통화량의 증가로 전반적인 물가 수준이 상승한 결과일 수도 있고, 이 상품에 대한 소비자들의 선호도 변화 때문일 수도 있다. 전반적인 물가 상승에 의한 것이라면 기업은 생산량을 늘릴 이유가 없다. 하지만 일정 기간 자신의 상품 가격만을 아는 기업에서는 아무리 합리적 기대를 한다 해도 가격 상승의 원인을 정확히 판단할 수 없다. 따라서 전반적인 물가 수준이 상승한 경우에도 그것이 선호도 변화에서 온 것으로 판단하여 상품 생산량을 늘릴 수 있다. 이렇게 되면 근로자의 임금은 상승하고 경기 역시 상승하게 된다. 그러나 일정 시간이 지나 가격 상승이 전반적인 물가 수준의 상승에 의한 것임을 알게 되면, 기업은 자신이 잘못 판단했음을 깨닫고 생산량을 줄이게 된다.

그러나 이러한 루카스의 견해로는 대규모의 경기 변동을 모두 설명하기 어렵다는 비판이 제기되었다. 이에 따라 일부 학자들은 경기 변동의 주원인을 기술 혁신, 유가 상승과 같은 실물적 요인에서 찾게 되었는데, 이를 '실물적 경기 변동 이론'이라고 한다. 이들에 의하면 기업에서 생산성을 향상시킬 수 있는 기술 혁신이 발생하면 기업들은 더 많은 근로자를 고용하려 할 것이다. 그 결과 고용량과 생산량이 증가하여 경기가 상승하게 된다. 반면 유가가 상승하면 기업은 생산 과정에서 에너지를 덜 쓰게 되므로 고용량과 생산량은 줄어들게 된다.

최근 일부 학자들은 한 나라의 경기 변동을 설명하는 중요한 요소로 해외 부문을 거론하고 있다. 이들은 세계 각국의 경제적 협력이 밀접해지면서 각국의 경기 변동이 서로 높은 상관관계를 가진다고 보고, 그에 따라 경기 변동이 국제적으로 전파될 수 있다고 생각한다.

* 실질 GDP : 물가 변동에 의한 생산액의 증감분을 제거한 GDP.

* 총수요 : 국민 경제의 모든 경제 주체들이 소비, 투자 등의 목적으로 사려고 하는 재화와 용역의 합.

31 윗글에 대한 설명으로 가장 적절한 것은?

① 경기 변동의 주원인에 대한 여러 견해를 순차적으로 소개하고 있다.

② 경기 변동의 과정에서 경제 주체들이 대응하는 방식을 대조하고 있다.

③ 경기 변동으로 인해 나타나는 현상의 장점과 단점을 분석하고 있다.

④ 경기 변동의 원인에 따라 달라지는 경제 주체들의 생활 양상을 보여 주고 있다.

> (Tip)　① 경기 변동을 촉발하는 주원인을 몇 가지 소개하고 있다.

32 윗글의 내용과 일치하지 않는 것은?

① 경제가 장기적으로 성장하는 국가에서도 실질 GDP가 단기적으로 하락하는 기간이 있을 수 있다.

② 민간 기업의 투자 지출 변화에서 오는 충격을 경기 변동의 주원인으로 보는 입장에서는 정부의 적절한 총수요 관리 정책을 통해 경기 변동을 억제할 수 있다고 본다.

③ 실물적 경기 변동 이론에서는 유가 상승이 생산 과정에서 쓰이는 에너지를 감소시켜서 생산량을 늘리는 실물적 요인으로 작용한다고 본다.

④ 실물적 경기 변동 이론에서는 대규모로 일어나는 경기 변동을 설명하기 어렵다는 점을 들어 화폐적 경기 변동 이론을 비판한다.

> (Tip)　③ 실물적 경기 변동 이론에서는 유가가 상승하면 기업은 생산 과정에서 에너지를 덜 쓰게 되므로 고용량과 생산량이 줄어든다고 하였다.

33 ㉠을 참고할 때, [A]에 들어갈 내용으로 가장 적절한 것은?

> 선생님 : 루카스가 경기 변동 과정을 설명하기 위해 사용했던 가상의 사례는 금융 당국의 정책을 그다지 신뢰하지 않았던 그의 생각을 이해하는 데 중요한 전제가 됩니다. 경기 상승을 위해 통화량 증가 정책을 반복적으로 시행한다면, 기업들은 자기 상품의 가격이 상승할 때 __[A]__ 할 것입니다. 합리적 기대를 하는 경제 주체들은 새로운 정보를 받아들여 자신의 잘못된 판단을 줄여 나가기 때문입니다.

① 자신들의 합리적 기대와는 무관하게 생산량을 늘리려

② 통화량이 계속 증가할 것이라고 보고 생산량을 늘리려

③ 근로자의 임금이 변화되는 것을 고려하여 생산량을 늘리려

④ 전반적인 물가 수준이 상승한 것이라고 판단하여 생산량을 늘리지 않으려

  ④ '선생님'의 설명에 따르면 합리적 기대를 하는 경제 주체들은 새로운 정보를 받아들여 자신의 잘못된 판단을 줄여 나간다고 한다. 결국 기업은 통화량 증가 정책이 반복적으로 시행되는 경우, 상품 생산을 늘렸다가 줄였던 경험을 통해 상품 가격이 상승한 원인을 통화량 증가 정책으로 인한 것이라 판단하게 될 것이다. 따라서 [A]에는 기업들이 자기 상품의 가격이 상승할 때 이를 전반적인 물가 수준이 상승한 것으로 판단하여 생산량을 늘리지 않으려 한다는 것이 적절하다.

Answer → 31.① 32.③ 33.④

34 다음 글에 대한 이해로 적절하지 않은 것은?

> 나무는 덕(德)을 지녔다. 나무는 주어진 분수에 만족할 줄을 안다. 나무로 태어난 것을 탓하지 아니하고, 왜 여기 놓이고 저기 놓이지 않았는가를 말하지 아니한다. 등성이에 서면 햇살이 따사로울까, 골짜기에 내려서면 물이 좋을까 하여, 새로운 자리를 엿보는 일도 없다. 물과 흙과 태양의 아들로, 물과 흙과 태양이 주는 대로 받고, 후박(厚薄)과 불만족(不滿足)을 말하지 아니한다.
>
> — 이양하, '나무' 중에서

① 대상에 인격을 부여하고 있다.
② 대상에서 인생의 교훈을 발견하고 있다.
③ 대상의 변화를 감각적으로 묘사하고 있다.
④ 대상을 예찬하는 태도를 취하고 있다.

 ③ 이 글의 대상은 '나무'로 대상의 변화가 드러나 있지는 않다.

35 밑줄 친 단어의 쓰임이 바르지 않은 것은?

① 퀴즈의 답을 정확하게 <u>맞추면</u> 상품을 드립니다.
② 얼굴을 보니 <u>심술깨나</u> 부리겠더구나.
③ 정작 죄지은 놈들은 도망친 다음이라 <u>애먼</u> 사람들이 얻어맞았다.
④ 그 마음에는 많은 사람들이 <u>깃들여</u> 산다.

 ④ 깃들여 → 깃들어
  • 길들이다 : 사람이나 건물 따위가 어디에 살거나 그곳에 자리 잡다.
  • 깃들다 : 감정, 생각, 노력 따위가 어리거나 스미다.

36 밑줄 친 부분과 어울리는 한자 성어는?

> 초승달이나 보름달은 보는 이가 많지마는, 그믐달은 보는 이가 적어 그만큼 외로운 달이다. 객창한등(客窓寒燈)에 <u>정든 님 그리워 잠 못 들어 하는 분</u>이나, 못 견디게 쓰린 가슴을 움켜잡은 무슨 한(恨)이 있는 사람이 아니면, 그 달을 보아 주는 이가 별로 없을 것이다.
>
> — 나도향, '그믐달' 중에서

① 동병상련(同病相憐)
② 불립문자(不立文字)
③ 각골난망(刻骨難忘)
④ 오매불망(寤寐不忘)

 ④ 자나 깨나 잊지 못하다.
① 어려운 처지에 있는 사람끼리 서로 가엾게 여김을 이르는 말이다.
② 불도의 깨달음은 마음에서 마음으로 전하는 것이므로 말이나 글에 의지하지 않는다는 말이다.
③ 남에게 입은 은혜가 뼈에 새길 만큼 커서 잊히지 아니하다.

37 다음 중 문장의 의미가 모호하게 해석되지 않는 것은?

① 아가는 웃으면서 들어오는 엄마에게 달려갔다.
② 엄마는 아침에 귤과 토마토 두 개를 주었다.
③ 이 그림은 아버지가 그린 그림이다.
④ 그이는 나보다 축구를 더 좋아하는 것 같다.

 ① 웃으면서 들어오는게 아가인지, 엄마인지 모호하다.
② 귤 2개, 토마토 2개인지, 합쳐서 2개인지 모호하다.
④ 내가 좋아하는 것보다 그가 축구를 더 좋아하는 것인지, 그가 나를 좋아하는 것보다 축구를 더 좋아하는 것인지 의미가 모호하다.

Answer ↪ 34.③ 35.④ 36.④ 37.③

38 다음 빈칸에 들어갈 말로 가장 적절한 것은?

> 자신이 가지고 있는 실력을 활용하여 자신을 위해서 그리고 세상을 위해서 공헌하려면 어떻게 해야 하는가.
> (　　　　　　　　　　　　) 말은 가까이 있는 사람에게 자신의 생각을 금방 전달하는 유력한 수단이다. 그러므로 말은 될 수 있으면 유창하고 생동감 있게 해야 한다. 말주변이 없는 사람의 말은 듣는 사람을 불편하게 한다.

① 말을 할 때와 안 할 때를 가려야 한다.
② 말과 행동이 일치하도록 노력해야 한다.
③ 효과적으로 말하는 법을 배워야 한다.
④ 타인과 교제할 때 남의 말을 잘 들어야 한다.

 말주변이 없는 사람의 말은 듣는 사람을 불편하게 하므로 유창하고 생동감 있게 해야 한다고 말하고 있다. 따라서 괄호 안에 들어갈 말은 ③이 적절하다.

39 다음 밑줄 친 단어의 의미와 가장 가까운 것은?

> 그 마을에는 아직도 전통이 그대로 <u>살아</u> 있다.

① 그녀는 백 살까지 <u>살았다</u>.
② 그 시는 한 구절로 전체가 <u>살았다</u>.
③ 잿더미에 불씨가 아직 <u>살아</u> 있다.
④ 그 집은 삼 대가 한집에서 <u>살았다</u>.

 ② 본래 가지고 있던 색깔이나 특징 따위가 그대로 있거나 뚜렷이 나타나다.
① 생명을 지니고 있다.
③ 불 따위가 타거나 비치고 있는 상태에 있다.
④ 어느 곳에 거주하거나 거처하다.

40 다음 우화를 서두로 하여 강연을 하려고 한다. 강연의 제목으로 가장 적절한 것은?

> 옛날 어느 마을에 나이가 아주 많은 농부가 살고 있었어요. 죽을 때가 다 되었음을 느낀 농부는 자식들을 한 곳에 불러 모았어요.
> "이제부터 내 말을 잘 들어라. 조상 대대로 내려오는 보물이 우리 밭에 숨겨져 있단다. 어디에 묻혀 있는지 정확히 모르지만 부지런히 밭을 파다 보면 반드시 보물을 찾을 수 있을 거다."
> 농부는 이 말을 남기고 세상을 떠났지요. 농부의 자식들은 보물을 찾으려고 열심히 밭을 파기 시작했어요. 하지만 밭을 모두 파헤쳐도 끝내 보물은 나오지 않았답니다. 농부의 자식들은 크게 실망해서 이렇게 말했어요.
> "구석구석 다 파보아도 보물이 없다. 아버지가 잘못 아셨나 봐. 이왕 파 놓은 밭이니 씨앗이나 뿌리자고."
> 가을이 되자 농부의 자식들은 풍성한 곡식을 거둬들이게 되었지요. 그때서야 아버지가 말한 보물이 무엇을 뜻하는 것인지 알게 되었답니다.

① 배울 수 있는 만큼만 가르쳐라.

② 가르치는 것에도 때가 있다.

③ 알려 주는 교육보다 깨닫는 교육을 하라.

④ 결과보다 과정을 중시하는 교육을 하라.

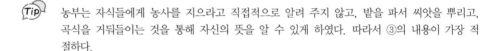 농부는 자식들에게 농사를 지으라고 직접적으로 알려 주지 않고, 밭을 파서 씨앗을 뿌리고, 곡식을 거둬들이는 것을 통해 자신의 뜻을 알 수 있게 하였다. 따라서 ③의 내용이 가장 적절하다.

현대 예술 철학의 대표적인 이론가이자 비평가인 단토는 예술의 종말을 선언하였다. 그는 자신이 예술의 종말을 주장할 수 있었던 계기를 1964년 맨해튼의 스테이블 화랑에서 열린 앤디 워홀의 〈브릴로 상자〉의 전시회에서 찾고 있다. 그는 워홀의 작품 〈브릴로 상자〉가 일상의 사물, 즉 슈퍼마켓에서 판매하고 있는 브릴로 상자와 지각적 측면에서 차이가 없음에 주목하여 예술의 본질을 찾는 데 몰두하기 시작하였다.

워홀의 〈브릴로 상자〉를 통해, 그는 동일하거나 유사한 두 대상이 있을 때, 하나는 일상의 사물이고 다른 하나는 예술 작품인 이유를 탐색하였다. 그 결과 어떤 대상이 예술 작품이 되기 위해서는 그것이 '무엇에 관함(aboutness)'과 '구현(embody)'이라는 두 가지 요소를 필수적으로 갖추고 있어야 한다는 결론에 이르렀다. 여기서 '무엇에 관함'은 내용 또는 의미, 즉 예술가가 의도한 주제를 가지고 있어야 함을 가리키며, '구현'은 그것을 적절한 매체나 효과적인 방식을 통해 나타내는 것을 말한다. 따라서 그에 따르면 예술 작품은 해석되어야 할 주제를 가질 수 있어야 한다.

이후 단토는 예술의 역사에 대한 성찰을 통해 워홀의 〈브릴로 상자〉가 1964년보다 훨씬 이른 시기에 등장했다면 예술 작품으로서의 지위를 부여받지 못했을 것이라고 주장하면서, '예술계(artworld)'라는 개념을 도입하였다. 그가 말하는 '예술계'란 어떤 대상을 예술 작품으로 식별하기 위해 선행적으로 필요한 것으로, 당대 예술 상황을 주도하는 지식과 이론 그리고 태도 등을 포괄하는 체계를 가리킨다. 1964년의 〈브릴로 상자〉가 예술 작품으로서의 지위를 갖는 것은, 일상의 사물과 유사하게 보이는 대상도 예술 작품으로 인정할 수 있다는 새로운 믿음 체계가 있었기에 가능했다는 것이다.

단토는 예술의 역사를 일종의 '내러티브(이야기)'의 역사로 파악해야 한다고 주장하였다. 역사가 그러하듯이 예술사도 무수한 예술적 사건들 중에서 중요하다고 여기는 사건들을 선택하고 그 연관성을 질서화하는 내러티브를 가진다는 것이다. 르네상스 시대부터 인상주의에 이르기까지 지속된 이른바 '바자리의 내러티브'는 대표적인 예이다. 모방론을 중심 이론으로 삼았던 바자리는 생생한 시각적 경험을 가져다주는 정확한 재현이 예술의 목적이자 추동 원리라고 보았는데, 이러한 바자리의 내러티브는 사진과 영화의 등장, 비서구 사회의 문화적 도전 등의 충격으로 뿌리째 흔들리기 시작하였다. 이러한 상황에서 당대의 예술가들은 예술은 무엇인가, 예술은 무엇을 해야 하는가에 대한 질문을 던지게 되고, 그에 따라 예술은 모방에서 벗어나 철학적 내러티브로 변하게 되었다. 이러한 상황에서 예술사를 예술이 자신의 본질을 찾아 진보해 온 발전의 역사로 보는 단토는, 워홀의 〈브릴로 상자〉에서 예술의 종말을 발견하게 되었던 것이다.

〈브릴로 상자〉로 촉발된 단토의 예술 종말론은 더 이상 예술이 존재할 수 없게 되었다는 주장이 아니라, 예술이 철학적 단계에 이름에 따라 그 이전의 내러티브가 종결되었음을 의미하는 것이라 할 수 있다. 그런 점에서 그의 예술 종말론은 비극적 선언이 아닌 낙관적 전망으로 해석할 수 있다. 단토는 예술 종말론을 통해 예술이 추구해야 할 특정한 방향이 없는 시기, 예술이 성취해야 하는 과업에 대해 고민할 필요가 없는 시기, 즉 예술 해방기의 도래를 천명한 것이기 때문이다.

41 윗글에서 다루고 있는 내용이 아닌 것은?

① 단토가 파악한 내러티브로서의 예술사

② 단토가 예술 종말론을 주장하게 된 계기

③ 단토의 예술 종말론이 지닌 긍정적 함의

④ 단토가 제안한 예술계의 지위 회복 방법

 ① 넷째 문단에서 단토가 파악한 내러티브로서의 예술사에 대해 다루고 있다.
② 첫째 문단에서 단토가 예술 종말론을 주장하게 된 계기를 밝히고 있다.
③ 다섯째 문단에서 단토의 예술 종말론이 지닌 긍정적 함의에 대해 다루고 있다.

42 윗글의 내용으로 보아 '단토'의 견해에 부합하기 어려운 진술은?

① 오늘날의 예술이 무엇인가 알기 위해서는 감각으로 경험하는 것을 넘어 철학적으로 사고하는 접근이 필요하다.

② 예술 작품의 본질을 정의하려던 과거의 시도가 결국 실패한 것은 그것을 근본적으로 정의할 수 없기 때문이다.

③ 실제 사물과 달리, 예술 작품은 그것을 예술로 존재하게 하는 지식과 이론 등에 의해 예술 작품으로 인정받는다.

④ 예술의 종말 이후에도 시각적 재현을 위주로 하는 그림은 그려지겠지만, 그것이 재현의 내러티브를 발전시키지는 않는다.

 ② 단토는 〈브릴로 상자〉를 계기로 예술의 본질을 찾는 데 몰두하였고, 그 결과 예술 작품은 '무엇에 관함'과 '구현'이라는 두 가지 요소를 필수적으로 갖추고 있어야 한다고 말했다. 더불어, '예술계'를 바탕으로 예술 작품이 그 지위를 획득하는 것이라고 보았다. 단토가 예술 작품의 본질을 근본적으로 정의할 수 없다고 생각한 것은 아니다.

Answer ⟶ 41.④ 42.②

43 다음 글의 중심내용은?

> 헤르만 헤세는 어느 책이 유명하다거나 그것을 모르면 수치스럽다는 이유만으로 그 책을 무리하게 읽으려는 것은 참으로 그릇된 일이라 했다. 그는 이어서, "그렇게 하기보다는 모든 사람은 자기에게 자연스러운 면에서 읽고, 알고, 사랑해야 할 것이다. 어느 사람은 학생 시절의 초기에 벌써 아름다운 시구의 사랑을 자기 안에서 발견할 수 있으며, 혹은 어느 사람은 역사나 자기 고향의 전설에 마음이 끌리게 되고 또는 민요에 대한 기쁨이나 우리의 감정이 정밀하게 연구되고 뛰어난 지성으로써 해석된 것에 독서의 매력 있는 행복감을 가질 수 있을 것이다."라고 말한 바 있다.

① 학생 시절에 고전과 명작을 많이 읽고 교양을 쌓아야 한다.
② 다양한 주제의 책을 두루 읽어 보는 것이 좋다.
③ 자신이 읽고 싶은 책을 읽는 것이 좋다.
④ 자신이 속한 사회나 역사나 전설에 관한 책을 읽으면 애향심을 기를 수 있다.

Tip ③ 억지로 책을 읽지 말고, 자신이 원하는 것을 찾아서 읽으라고 말하고 있다.

┃44~47┃ 다음 글을 읽고 물음에 답하시오.

> 무역 규제는 기본적으로 수입품의 가격을 올려서 수입량을 줄이는 효과를 노린다. 여러 나라에서 채택되고 있는 무역 규제의 방법 중 가장 대표적인 것이 ㉠ '관세' 부과이다. 관세는 수입품에 일정 비율의 세금을 부과하는 것으로, 무역 규제의 여러 방식 중 가장 흔하게 사용되고 있다. 관세 부과는 수입품의 가격이 올라가게 만드는 효과를 통해 수입을 줄이는 결과를 가져온다. 예를 들어 미국산 자동차의 수출 가격이 3만 달러이고, 원화의 대 달러 환율이 1,000 : 1이라고 하자. 그리고 자동차를 수입하는 업자는 수입 원가에 10%의 중간 이윤을 ⓐ붙여 국내 판매 가격을 결정한다고 하자. 만약 아무런 관세가 붙지 않는다면 이 자동차의 국내 판매 가격은 3,300만 원이 된다.
>
> 그런데 미국산 자동차의 진출로 인해 국내 자동차 산업에 막대한 손해가 발생하고, 이것이 심각한 사회적 문제로 ⓑ떠올랐다고 하자. 여론의 압력에 밀려 정부는 미국산 자동차에 대해 20% 관세를 부과하기로 결정했다. 그렇게 되면 자동차의 수입 원가는 관세 6천 달러를 포함해 3만 6천 달러가 된다. 여기에 10%의 중간 이윤을 더해 원화로 환산한 국내 판매 가격은 3,960만 원이 된다. 종전에 비해 660만 원이나 더 비싸진 가격 때문에 소비자들은 미국산 자동차 구입을 꺼리게 된다. 정부가 관세 부과를 결정할 때 바로 이런 효과를 노리고 그와 같은 결정을 내리게 되는 것이다.
>
> 이와는 조금 다른 이유에서 부과되고, 따라서 그 효과도 조금 다른 관세가 몇 가지 있다. 하나는 '반덤핑 관세'로, 외국 기업이 ⓒ일부러 싼 가격에 수출하고 있다는 의심, 즉 덤핑*을 하고 있다는 의심이 가는 경우 부과되는 관세다. 덤핑으로 인해 국내 기업들이 받는 피해를 우려해 이를 부과하게 되는데, 실제로 덤핑을 하고 있는지를 판단하는 것은 그리 쉬운 일이 아니어서 이 문제를 둘러싼 국제 분쟁이 자주 일어나고 있다.

또 다른 유형의 관세는 다른 나라 정부가 자기네 수출 기업들에게 지급하는 보조금의 효과를 상쇄하려는 목적으로 부과되는 '상계 관세'다. 정부의 보조를 받는 외국 기업은 그만큼 국제 경쟁에서 유리한 위치를 차지하게 된다. 그런 기업의 가격 경쟁력을 약화시키려는 의도에서 부과되는 것이 바로 상계 관세다. 그러나 겉으로 내세우는 것과 달리 실제로는 자유로운 무역을 방해하려는 목적으로 공연히 트집을 잡아 상계 관세를 부과하는 경우도 꽤 많다.

이러한 반덤핑 관세나 상계 관세는 교역 상대국의 불공정한 무역 정책에 대한 보복의 의미를 갖는다. 하지만 보복은 또 다른 보복을 ⓐ<u>낳게</u> 마련이기 때문에 국제 무역에서 이 방법을 사용하는 것은 매우 위험하다. 이 제도들은 외국 제품의 수입이 증대해 자국 기업에 피해가 발생했을 때 피해의 원인을 조사해 외국 제품의 수입을 제한하려는 목적에서 운영되고 있는데, 미국 정부가 자기 나라의 섬유 산업과 철강 산업을 보호하기 위해 주로 사용해 왔다. 그러나 무역 장벽을 구축하려는 목적으로 이 제도를 악용한다는 의혹이 자주 제기되어 국제적인 갈등의 원인이 되고 있다.

* 덤핑 : 새로운 판로를 개척하기 위해 생산비보다 낮은 가격으로 상품을 파는 일.

44 윗글의 내용에 대한 이해로 가장 적절한 것은?

① 무역 규제는 주로 수입품의 가격을 내리는 방식으로 이루어진다.

② 대부분의 관세는 수입업자가 얻게 되는 중간 이윤의 성격을 지닌다.

③ 관세를 부과함으로써 가장 큰 혜택을 보는 이는 수입국의 소비자이다.

④ 자기 나라의 정부로부터 보조금을 받는 외국 기업은 그만큼 수출 가격을 낮출 수 있다.

 ④ 외국 기업이 해당국 정부로부터 보조금을 받으면 그만큼 외국 기업은 가격 경쟁력이 높아진다. 즉, 보조금을 받은 만큼 수출 가격을 낮춰도 되는 상황이 발생한다.

45 ㉠에 대한 이해로 가장 적절한 것은?

① 교역 상대국의 편법을 사전에 막으려는 정부의 노력이다.

② 자국의 산업을 보호하기 위해 정부가 시행하는 규제 방안이다.

③ 해외 기업과 자국 기업 사이의 가격 차이를 줄이려는 방법이다.

④ 불필요한 가격 경쟁을 줄여서 국제 무역을 활성화하려는 조치이다.

 ② '관세'는 수입품에 일정 비율의 세금을 부과하는 것으로, 수입품의 가격을 올려서 수입량을 줄이는 효과를 노리는 무역 규제 방법이다. 이는 수입품으로 인해 자국의 기업이 피해를 입을 것을 염려하여 정부가 실시하는 방법인 셈이다.

Answer → 43.③ 44.④ 45.②

46 윗글을 바탕으로 하여 〈보기〉에 대해 반응한 내용으로 적절하지 않은 것은?

> 〈보기〉
>
> 　2011년 미국은 중국이 미국산 닭고기에 반덤핑 관세와 상계 관세를 부과한 데 대해 세계무역기구에 분쟁 해결을 요청했다. 이와 동시에 중국산 철강 실린더에 대한 반덤핑 관세 부과 방침을 발표하며 분노를 표출했다. 이에 분노한 중국 정부는 미국산 자동차에 반덤핑 관세와 상계 관세를 부과하겠다는 방침을 밝혀 두 나라 사이의 무역 전쟁은 난타전으로 치달을 기미를 보였다. 이 분쟁은 미국과 중국의 닭발 무역에서 시작되었다. 중국 정부는 미국에서 수입, 판매되는 닭발이 정상 가격 이하로 판매되는 것은 덤핑이거나 미국 정부의 도움이 있었기 때문이라고 주장하는 데 비해, 미국 양계업자들은 쓸모가 없어 버려야 할 물건을 싸게 수출하는 것이 왜 덤핑으로 간주되어야 하느냐고 항변했다.

① 중국이 미국산 닭발을 대상으로 반덤핑 관세와 상계 관세를 부과한 것은 미국산 닭발의 수입량을 줄이기 위한 것이로군.

② 중국이 반덤핑 관세와 상계 관세를 부과함으로써 미국산 닭발이 중국 내에서 갖게 되는 가격 경쟁력은 낮아지게 되겠군.

③ 미국 양계업자들의 항변으로 보아 양국 간의 분쟁은 실제 덤핑을 하고 있는지 판단하기 어렵기 때문에 일어난 것으로 볼 수도 있군.

④ 닭발로 인해 시작된 중국과 미국 사이의 무역 분쟁은 같은 상품에 대해 양국 국민들이 선호도가 다르다는 것이 직접적인 원인으로 작용한 것이군.

 ④ 무역 분쟁은 양국 국민들의 닭발에 대한 선호도가 다르다는 것을 직접적인 원인으로 하고 있지는 않다.

47 ⓐ~ⓓ와 바꾸어 쓰기에 적절하지 않은 것은?

① ⓐ : 추가하여 ② ⓑ : 부상했다고

③ ⓒ : 고의로 ④ ⓓ : 창출하게

 '보복을 낳다'의 '낳다'는 '어떤 생각이나 결론·반응 따위를 이끌어 내다.'의 의미로 사용되었다. '창출하다'의 의미는 '처음으로 이루어져 생겨나다.'의 의미이므로 ⓓ의 자리에는 적절하지 않다.

서구의 건축, 그리고 그 전통을 이어받은 대부분의 현대 건축은 하나의 건물 안에서 내부 공간이 분화되는 구성인 반면, 동아시아권 특히 한국의 전통 건축은 많은 수의 건물들이 서로 집합됨으로써, 즉 건물들의 분화를 통해 하나의 전체를 구성한다. 다시 말하면 한국의 전통 건축은 연속된 공간을 형성하며 서로 유기적으로 연결되어 있어, 서양의 건축처럼 지붕 밑 내부 공간과 지붕 밖 외부 공간으로 명확하게 구분되지 않는 특성을 가지고 있다. 그리하여 각 건물의 내부 영역은 건물에 딸린 외부 영역의 성격까지 규정하게 된다. 이는 내부와 외부 공간을 묶어서 하나의 건물이라는 단위가 구성된다는 의미이다. 즉 한국 전통 건축에서 전체로서의 건축물은 몇 개의 서로 다른 내-외부 영역들의 집합체로 이루어지는데, 이때에는 건축물 주변의 자연까지도 공간의 범주에 포함된다. 이 점이 바로 한국 전통 건축이 가진 중요한 공간적 특성이다.

이처럼 한국 전통 건축이 여러 영역들로 구성된다는 사실은 그만큼 많은 공간적 전이 현상이 내재하고 있다는 것을 의미한다. 여기에서 공간적 전이란 하나의 영역에서 다른 영역으로 진행하는 현상이라고 규정할 수 있다. 전이가 이루어지기 위해서는 각 영역들이 적절히 분리 혹은 차단되면서 동시에 접근이 가능해야 한다. 영역의 분리 방식, 즉 경계요소는 수직적 수준의 변화, 담장이나 벽의 사용, 그리고 건축물의 존재 자체로써 이루어진다. 그러나 각 영역들이 서로가 완벽하게 단절되는 것은 아니다. 열린 듯 닫혀 있거나 안 보이는 듯 보인다는 다소 모호한 표현과도 같이 분리와 연결을 동시에 수반하는 것이 전통적 집합 방식의 전이적 특성이기 때문이다. 이러한 전이 현상은 인간의 이동 행위뿐만 아니라 시각의 이동이라는 감각 체험을 통해서도 일어난다. 보통의 경우 이동과 시각 행위는 동시에 일어나지만 이동 행위가 불가능할 경우라도 시각적으로 연속되는 전이점이 존재하게 되는 것이다.

전이가 일어나는 전이점은 인접한 영역 사이의 경계에 위치하는데, 전이점들은 내부보다는 외부에서 두드러지게 나타난다. 전이점은 세 가지로 나누어 볼 수 있는데, 수평적인 전이점으로 대문이나 문틀, 문턱 등과 같은 출입구를, 지평면의 전이점으로는 계단과 기단 또는 축 대같이 위 아래로 수준이 변화하는 곳을, 지붕면의 전이점으로 처마 밑이나 누다락의 밑 등 벽이 뚫려 있어 통행 행위가 일어나는 '반 외부'를 들 수 있다. 이런 전이점들은 서로 결합되어 복합적인 전이점을 구성하기도 한다.

한국 전통 건축의 공간적 전이는 연속적 공간으로 이끌려 들어갈 경우 그 완벽한 기능과 분위기 때문에 오히려 전이 현상으로 인식되지 못하는 경우가 많다. 이처럼 전통 공간의 전이란 너무나 자연스럽게 일어나며 어떠한 인위적인 조작도 눈치채기 어렵다. 전이가 일어난다는 사실을 모르게 전이되는 공간적 특성이야말로 한국 전통 건축의 뛰어난 성취라 할 수 있다.

48 윗글에서 언급되지 않은 것은?

① 한국 전통 건축에서 자연을 바라보는 관점

② 서구 현대 건축과 한국 전통 건축의 차이점

③ 한국 전통 건축의 공간적 전이 개념의 변천 과정

④ 한국 전통 건축의 외부 영역과 내부 영역의 관계

> (Tip) ③ 한국 전통 건축의 '공간적 전이'의 개념이 규정되어 있는 것은 맞지만, '공간적 전이'의 개념이 변천해 온 과정에 대한 서술은 없다.

Answer → 46.④ 47.④ 48.③

49 윗글을 읽고 '한국의 전통 건축'에 대해 이해한 것으로 적절하지 않은 것은?

① 전이점들은 외부보다 내부에서 더욱 두드러지게 나타난다.

② 각 건물의 내부 영역은 건물에 딸린 외부 영역의 성격까지 규정한다.

③ 몇 개의 서로 다른 내부, 외부 영역들이 모여 하나의 건축물을 형성한다.

④ 접근과 차단이 가능한 각 영역들로 인해 공간적 전이가 이루어질 수 있다.

(Tip) ① 전이점들은 내부보다는 외부에서 두드러지게 나타난다.

▌50~51 ▌ 다음 글을 읽고 물음에 답하시오.

생태학의 유명한 이론인 '경쟁 배타의 원리'는 비슷한 자원을 놓고 여러 종이 경쟁할 경우 결국 한 종만 살아남는다는 원리이다. 그러나 실제 생태계에서는 이 원리가 잘 지켜지지 않는다. 식물성 플랑크톤의 경우, 이들이 살아가려면 종에 관계없이 공통으로 빛과 이산화탄소, 각종 무기질이 필요하다. 실험실에서 식물성 플랑크톤 두 종을 함께 키우면 결국은 한 종이 선택된다. 그런데 바다에서는 엄청나게 다양한 종의 플랑크톤이 공존하고 있다. 경쟁 배타의 원리가 적용되지 않는 것이다. 생태계의 이러한 의문점을 해결하는 데 큰 역할을 한 것이 바로 우리가 일상에서 즐기는 가위바위보 게임이다. 실험실에서 인위적으로 두 종만 경쟁시키는 것은 가위만 내는 사람과 바위만 내는 사람을 시합시키는 것과 같다. 결국 바위를 내는 사람이 이긴다. 하지만 생태계에는 다양한 종이 존재하므로 결국 가위 · 바위 · 보가 뒤섞여 승부를 정하지 못하고 공존하게 된다.

실제로 가위바위보의 원리가 실현되는 연구가 있다. 미국 스탠퍼드 대학교 연구팀은 변종 대장균 세 가지를 대상으로 한 실험에서 대장균들 사이에 가위바위보 게임이 벌어지고 있다는 사실을 발견했다. 한 종류(대장균 C)는 콜리신이라는 독소와 그에 대한 해독제를 만든다. 또 다른 종류(대장균 R)는 독소는 못 만들지만 해독제는 만든다. 나머지 하나(대장균 S)는 독소도 해독제도 만들지 못한다. 이들이 경쟁하면 어떤 일이 벌어질까? 먼저 독소와 해독제를 동시에 만드는 대장균과 해독제만 만드는 대장균이 경쟁할 경우 후자가 이긴다. 독소를 만드는 데 자원을 쓰지 않기 때문에 세포 분열 속도가 더 빠르기 때문이다. 바위와 보의 관계인 셈이다. 해독제만 만드는 대장균과 독소와 해독제를 모두 만들지 못하는 대장균이 만나면 후자가 번성한다. 해독제를 만드는 데 자원을 쓰지 않기 때문이다. 보와 가위의 관계. 독소와 해독제를 모두 만들지 못하는 대장균과 독소와 해독제를 동시에 만드는 대장균이 경쟁하면 당연히 후자가 이긴다. 전자는 독소에 맥을 못 추기 때문이다. 가위와 바위에 해당한다.

연구팀은 바닥에 울퉁불퉁한 돼지 내장을 깐 배양 접시에 이들 세 종류의 대장균을 섞지 않고 배양했다. 그 결과 세 종류의 대장균이 서서히 섞이면서 대장균의 우위 순서가 변하기는 하였지만 결국에는 세 종류가 모두 살아남았다. 흥미로운 사실은 이들 세 종류를 배양 접시가 아니라 플라스크 속의 배양액에 넣어 키운 경우, 결국 해독제만 만드는 종류만이 살아남았다. 연구팀은 세 종류가 잘 섞이는 배양액에서는 해독제를 만들지 못하는 종류가 바로 죽고 두 종만 남기 때문에 결국 해독제만 만드는 종이 우세해지며, 배양 접시처럼 어느 정도 종들이 쉽게 섞이지 못하는 조건이 종의 다양성을 유지하는 데 중요하다고 설명했다.

생태계의 세 집단이 경쟁하는 가위바위보는 최소한의 물고 물리는 관계다. 그런데 만일 이런 관계에 속하는 집단이 더 많아지면 어떻게 될까? 미국의 또 다른 대학의 연구팀은 컴퓨터 시뮬레이션을 통해 경쟁하는 집단의 수를 늘려 가며 가위바위보 게임을 진행하도록 하였다. 그 결과 우열 관계가 복잡하게 얽혀 있을수록 다양한 종이 살아남을 수 있다는 연구 결과를 발표했다. 즉 종의 수가 늘어날수록 종 사이의 관계가 복잡해지며, 이로 인해 생태계에 더 다양한 종이 유지된다는 것이다.

50 윗글의 집필 의도로 가장 적절한 것은?

① 종 다양성이 유지되는 원인을 밝힐 수 있는 원리를 제시하기 위해서
② 종 다양성이 유지되는 원인을 밝힌 두 이론의 장단점을 설명하기 위해서
③ 종 다양성이 유지되는 원인에 대한 잘못된 통념을 바로잡기 위해서
④ 종 다양성이 유지되지 못할 때의 문제점과 해결 방안을 밝히기 위해서

 ① 종의 다양성이 유지되는 원인을 밝힐 수 있는 '가위바위보의 원리'를 제시하기 위해 집필한 것이라 할 수 있다.

51 윗글을 통해 알 수 있는 내용으로 적절하지 않은 것은?

① '경쟁 배타의 원리'는 두 종이 경쟁하는 관계일 때 잘 지켜진다.
② 경쟁하는 집단의 수가 많을수록 다양한 종이 살아남을 수 있다.
③ 자연 생태계에서 '경쟁 배타의 원리'가 지켜지지 않는 경우가 있다.
④ 가위바위보의 원리는 자연 생태계의 생물들에게는 적용하기 어렵다.

 ④ '경쟁 배타의 원리'는 실제 생태계에서는 잘 지켜지지 않는다. 반면에 '가위바위보의 원리'는 자연 생태계에서 다양한 종이 생존하는 원인을 밝힐 때 활용되는 원리이다.

Answer → 49.① 50.① 51.④

▌52~53▌ 다음 글을 읽고 물음에 답하시오.

우리말 '언론 홍보'로 번역될 수 있는 '퍼블리시티(Publicity)'는 신문이나 잡지 혹은 방송에서 기사나 뉴스의 형태로 기업의 메시지를 알리는 것을 의미한다. 구체적으로 말하면 기업이 제공한 자료가 그 뉴스 가치로 말미암아 언론 매체에 실리게 되는 것인데, 여기서 뉴스 가치란 시의성, 중요성, 특이성을 말한다. 시의성은 시기적으로 적합한 것을, 중요성은 대중들이 중요하게 인식하는 것을, 특이성은 뻔하지 않고 파격적인 것을 의미한다. 퍼블리시티는 상업 광고와 마찬가지로 대중 매체를 통해 수용자에게 메시지를 전달하지만 본질적으로 상업 광고와는 다르다. 그렇다면 퍼블리시티는 어떠한 특징을 가지고 있을까?

상업 광고와 비교했을 때 퍼블리시티의 가장 큰 장점은 사람들에게 미치는 메시지의 영향력이 높다는 것이다. 사람들이 상업 광고에는 주로 우연하게 노출되는 경우가 많은 반면, 대중 매체가 제공하는 기사에는 자발적으로 접근하는 경우가 많다. 이는 사람들이 상업 광고보다 퍼블리시티가 정보원의 신뢰도가 더 높다고 인식하기 때문이다. 그렇다면 퍼블리시티의 정보원이 신뢰도가 높다고 인식하는 이유는 무엇일까? 사람들은 당사자보다는 제삼자가 설명하는 것을 더 신뢰하는데 이를 '제삼자 보증 효과'라고 한다. 상업 광고의 경우 당사자가 자기 이야기를 하는 것으로 인식하여 사람들은 광고의 내용을 전적으로 신뢰하지는 않는다. 반면 퍼블리시티는 언론사라는 제삼자가 보증하는 것으로, 편집국이나 보도국에서 게이트키핑*을 거치면서 객관적으로 검증됐다고 인정되기 때문에 상업 광고와 차별화되는 신뢰성을 확보하여 메시지의 전달 효과가 높은 것이다.

비용 측면에서도 퍼블리시티는 상업 광고와 다르다. 언론사의 입장에서 보면 기업에서 제공하는 가치 있는 정보는 상대적으로 적은 노력을 들여 취재한 것이다. 더구나 기업에서 제공한 정보가 기자가 잘 알지 못하는 전문적인 분야의 정보라면 그 유용성은 더욱 커진다. 따라서 퍼블리시티는 상업 광고와 달리 언론사가 기업에게 따로 금전적 비용의 지불을 요구하지 않는다. 기업의 입장에서 보면 퍼블리시티는 상업 광고와 달리 기업이 광고비를 지불하지 않아도 되기 때문에 비용적인 측면에서 유리하다. 하지만 상업 광고와 달리 보도되는 내용을 기업이 마음대로 통제할 수 없다. 즉 언론사에 보도 자료를 보낼 때는 기업이 마음대로 내용을 표현하는 것이 가능하지만 그것이 언론사를 통해 뉴스나 기사로 나갈 때는 전적으로 언론사의 통제를 받는다. 퍼블리시티는 기업이 따로 비용을 지불하지 않고 언론사라는 매체를 활용하여 자사 제품의 장점을 알리거나 기업 활동을 홍보하여 기업의 이미지를 제고하는 방법이다. 그렇기 때문에 기업의 입장에서는 퍼블리시티를 적극적으로 활용하여 자사의 제품을 홍보할 수 있고, 이 과정에서 사실과는 다른 과장된 정보가 언론사에 전해질 수도 있다. 따라서 언론사는 기업이 제공한 보도 자료를 철저하게 검증하여 사실 관계를 확인하고 대중에게 도움이 될 수 있는 정보를 취사선택해야 한다.

* 게이트키핑 : 기자나 편집자와 같은 뉴스 결정권자가 뉴스를 취사선택하는 일.

52 윗글에 대한 설명으로 가장 적절한 것은?

① 홍보의 측면에서 퍼블리시티가 가진 한계를 극복하기 위한 기업의 전략을 제시하고 있다.

② 퍼블리시티가 언론사에 미치는 긍정적 영향과 부정적 영향을 균형 있게 언급하고 있다.

③ 상업 광고와 비교하여 퍼블리시티가 가진 특징을 메시지의 영향력과 비용의 관점에서 설명하고 있다.

④ 언론사의 입장에서 가치 있는 정보가 갖추어야 할 요건을 바탕으로 기사 취재의 원칙을 소개하고 있다.

 ① 마지막 문단에서 퍼블리시티의 한계를 언급하였으나, 이를 극복하기 위한 기업의 전략을 제시하고 있지 않다.
② 3문단에서 퍼블리시티가 언론사에 미치는 긍정적인 영향을 언급하고 있으나, 부정적 영향은 언급하고 있지 않다.
④ 1문단에서 가치 있는 정보가 갖추어야 할 요건을 제시하고 있으나, 기사 취재의 원칙을 소개하고 있지 않다.

53 윗글의 내용과 일치하지 않는 것은?

① 퍼블리시티는 기사 내용에 대한 통제권을 언론사가 가진다.

② 퍼블리시티는 언론을 통해 기업의 제품을 홍보하는 기능을 한다.

③ 퍼블리시티는 '제삼자 보증 효과'로 인해 신뢰도가 높다고 인식된다.

④ 퍼블리시티는 상업 광고보다 비용이 적게 들어 홍보의 효과가 약하다.

 ④ 3문단에서 퍼블리시티는 기업이 광고비를 지불하지 않아도 되기 때문에 비용적인 측면에서 유리하다고 하였다. 그리고 2문단에서 퍼블리시티는 편집국이나 보도국에서 객관적으로 검증됐다고 인정되기 때문에 상업 광고와 차별화되는 신뢰성을 확보하여 메시지의 전달 효과가 높다고 하였다. 따라서 퍼블리시티는 상업 광고보다 비용이 적게 들지만 홍보의 효과는 강하다고 할 수 있다.

Answer → 52.③ 53.④

┃54~55┃ 다음 글을 읽고 물음에 답하시오.

연료 전지는 사실 전지로 보기 어렵다. 전지는 외부에서 생산한 전기를 충전하여 전기 에너지를 화학 에너지로 보관하고 있다가 필요할 때마다 방전이라는 역반응을 통해 전기 에너지를 사용할 수 있게 만든 장치이다. 하지만 연료 전지는 이와 달리 수소를 공기 중의 산소와 화학 반응을 시켜 전기를 생성하는 에너지 변환 장치이다. 즉 연료 전지는 전지가 아니라 발전기의 하나라고 할 수 있다.

연료 전지는 물의 전기 분해 과정을 역으로 이용한 것이다. 연료 전지는 기본적으로 50~150μm* 두께의 전해질 막을 사이에 두고 반응을 도와주는 백금 촉매가 도포된 전극이 각각 연료극(양극)과 공기극(음극)을 구성하고 있는 구조로 되어 있다. 연료극에 공급된 수소는 산화 반응이 일어나 수소 이온과 전자로 분리된다. 수소 이온은 전해질 막의 이온 전달 통로를 통해, 전자는 외부 회로를 통해 공기극으로 이동한다. 그러면 공기극에서는 산소 이온과 수소 이온이 만나 환원 반응이 일어나면서 반응 생성물인 물이 만들어진다. 이 두 반응으로 양극 사이에는 1.2V의 전위차가 발생하여 전기가 만들어지게 되는 것이다.

연료 전지는 전해질의 종류에 따라 종류가 나누어진다. 인산을 전해질로 사용하는 PAFC는 작동 온도가 100~150℃로 이미 실용화 단계에 이르러 쇼핑몰, 병원 등 대형 건물의 에너지원으로 활용되고 있다. 용융 탄산염을 전해질로 사용하는 MCFC는 600℃ 이상에서 작동하며 발전소 수준의 대형 시설을 필요로 한다. PEMFC와 DMFC는 고분자 막을 전해질로 사용하여 가격이 비싸다는 단점이 있으나, 상온에서 작동하고 출력 밀도가 높으며 소형화가 가능하여 응용 분야가 다양하다는 장점이 있다. 특히 자동차용, 주택용, 휴대용으로 활용이 기대되며, 일반 소비자 보급형의 차세대 대체 에너지원으로 주목받고 있다. 고효율, 저공해, 분산 발전이라는 미래형 발전 개념에 적합한 기술인 연료 전지 기술은 21세기 발전 방식에서 중추적인 구실을 할 것으로 기대를 모으고 있다.

하지만 연료 전지의 연료로 사용되는 수소는 자연 상태 속에서는 화합물의 형태로만 존재하기 때문에 수소를 따로 분리하는 과정에서 상당한 양의 에너지가 추가로 소비될 뿐만 아니라 많은 양의 이산화탄소가 부산물로 발생하여 수소를 대체 연료로 사용하여 얻을 수 있는 실질적인 이득이 아직까지는 많지 않다. 그뿐만 아니라 수소를 상온에서 기체 상태로 저장하려면 엄청나게 큰 연료 탱크가 있어야 한다. 그래서 수소는 주로 액체 상태로 저장하는데, 수소의 끓는점이 영하 253℃로 굉장히 낮기 때문에 액체 상태를 유지하기 위한 냉각 비용이 많이 들어간다. 게다가 연료 탱크로부터 수소가 새어 나오는 사고가 발생하게 되면 큰 폭발 사고로 이어지기 때문에 수소를 저렴하면서도 안전하게 저장할 수 있는 방법을 찾는 것이 중요한 과제이다. 이처럼 수소는 대체 에너지로서 많은 장점을 가지고 있지만 연료 전지를 화석 연료의 대체 에너지로 사용하기에는 현실적인 여건상 아직 어려움이 많다.

* μm : 마이크로미터. 1마이크로미터는 1미터의 100만분의 1이다.

54 윗글의 내용과 일치하지 않는 것은?

① 수소는 지구에서 화합물의 상태로 존재한다.

② 수소는 물보다 낮은 온도에서 끓기 시작한다.

③ 연료 전지는 에너지를 저장하는 장치이다.

④ 연료 전지는 다양한 종류의 전해질을 사용할 수 있다.

> (Tip) ③ 연료 전지는 수소를 공기 중의 산소와 화학 반응시켜 전기를 생성하는 에너지 변환 장치이므로 발전기의 하나라고 할 수 있다. 따라서 연료 전지를 에너지를 저장하는 장치로 보는 것은 적절하지 않다.

55 윗글을 참고할 때, 〈보기〉에서 선생님이 제시한 학습 활동을 수행한 결과로 적절하지 않은 것은?

> 〈보기〉
>
> 선생님 : 기간 사막을 탐험하기 위해 PEMFC 방식의 연료 전지를 이용해 자동차를 설계하려고 합니다. 이때 고려해야 할 점들에 대해 말해 보세요.

① 상온에서 작동할 수 있는 장치이므로 가열을 위한 별도의 시설은 필요 없을 것 같습니다.

② 수소가 새어 나와 큰 폭발로 이어지지 않도록 수소 저장 탱크의 안전에 만전을 기해야 합니다.

③ 장기간 사용할 수소 연료를 싣고 가려면 수소를 액체 상태로 저장할 수 있는 장치를 갖춰야 합니다.

④ 가격이 저렴한 대신 출력 밀도가 낮으므로 여러 개의 연료 장치를 장착하여 필요한 에너지를 확보해야 합니다.

> (Tip) ④ PEMFC는 고분자 막을 전해질로 사용하여 가격이 비싸다는 단점이 있으나, 출력 밀도가 높은 장점이 있다고 하였다. 따라서 PEMFC는 가격이 저렴한 대신 출력 밀도가 낮으므로 여러 개의 연료 장치를 장착하여 필요한 에너지를 확보해야 한다는 추론은 적절하지 않다.

Answer 54.③ 55.④

┃56~57┃ 다음 글을 순서대로 바르게 배열한 것을 고르시오.

56

> ㉠ 하지만 맥아더 장군의 7월 하순 인천상륙작전 단행은 북한군의 남진을 저지할 유엔군의 병력부족으로 7월 10일 경에 무산되었다.
>
> ㉡ 마침내 인천상륙작전에 대한 맥아더의 계획은 9월 9일 미 합동참모본부로부터 최종 승인되었고 이후 첩보대를 파견하여 인천연안에 대한 각 섬들과 해안을 정찰하여 관련 정보를 확보하였다.
>
> ㉢ 1950년 가을, 인천 해안에서 상륙작전이 가능한 만조일은 9월 15일, 10월 11일, 11월 3일과 이 날짜를 포함한 전후 2~3일 뿐이었고 이 중 10월은 기후관계상 상륙하기에 늦은 시기로서 가장 적절한 시기는 9월 15일로 결정되었다.
>
> ㉣ 이에 따라 그는 미 지상군의 참전이 결정된 나흘 뒤에 이미 일본에 주둔한 미 제1기병사단으로 7월 하순에 인천상륙작전을 단행할 수 있도록 상륙훈련을 지시하였다.
>
> ㉤ 인천상륙작전은 맥아더 장군이 한강전선을 시찰하고 복귀한 직후인 1950년 7월 첫 주에 그의 참모장 알몬드(Edward M. Almond) 소장에게 하달한 지시와 더불어 조기에 계획이 진척되었다.
>
> ㉥ 이후 상륙작전 구상은 비밀리에 계속 추진되고 있었다.

① ㉡㉠㉣㉢㉤㉥   ② ㉤㉥㉣㉢㉠㉡

③ ㉤㉣㉠㉥㉢㉡   ④ ㉡㉢㉠㉣㉥㉤

 ㉤ 한강전선 시찰 후 인천상륙작전을 계획한 맥아더 장군–㉣ 상륙훈련을 지시하는 맥아더 –㉠ 병력부족으로 계획이 무산된 인천상륙작전–㉥ 비밀리에 계속 추진된 인천상륙작전–㉢ 9월 15일로 결정된 인천상륙작전–㉡ 미 합동참모본부로부터 최종 승인된 인천상륙작전과 첩보대를 파견한 맥아더

57

> ㉠ 커피는 클로로겐산 때문에 위장을 자극하기 때문에 공복 때는 피하고 지나치게 마시지 말아야 한다.
> ㉡ 커피콩의 성분은 카페인·탄닌·단백질·지질·당질 등으로 이 중 커피의 g당 카페인 함유량은 녹차나 홍차보다 낮다.
> ㉢ 또, 카페인이나 탄닌 때문에 설탕을 섞으니 설탕의 과잉섭취가 염려되고, 설탕을 넣지 않은 커피는 위를 다치기 쉬우니 우유를 넣는 것이 좋다.
> ㉣ 이후 커피가 유럽에 전해진 것은 1651년이고, 인도에는 17세기 초에 들어 왔다.
> ㉤ 그러나 이 카페인 때문에 습관성이 생긴다.
> ㉥ 커피의 원산지는 에티오피아로 이것이 아라비아에 전해졌고 아라비아인은 오랫동안 커피산업을 독점하고 있었다.

① ㉥㉤㉡㉠㉣㉢
② ㉥㉣㉡㉤㉠㉢
③ ㉢㉠㉤㉣㉡㉥
④ ㉢㉡㉠㉤㉣㉥

 ㉥ 아라비아로 전해진 에티오피아의 커피-㉣ 유럽과 인도로 전해진 커피-㉡ 녹차나 홍차보다 g당 카페인 함유량이 낮은 커피-㉤ 습관성이 생기는 카페인-㉠ 커피의 부작용 1-㉢ 커피의 부작용 2

58 '창의적 과학도 양성을 위한 지도자의 길'이라는 제목으로 글을 쓰고자 한다. 다음 중 본론의 내용으로 적절하지 않은 것은?

> ㉠ 현상에 대해 의문을 가지고 분석하게 하라.
> ㉡ 장애를 확인하고 극복하도록 격려하라.
> ㉢ 아동에게 흥미와 관심을 일으키기 위한 적절한 자극을 주어라.
> ㉣ 아동 자신이 좋아하는 것에 심취하지 않게 하라.

① ㉠
② ㉡
③ ㉢
④ ㉣

Tip 창의적 과학도 양성을 위해 자신이 좋아하는 것에 심취할 수 있도록 격려하는 것이 필요하다.

Answer 56.③ 57.② 58.④

59 다음 중 밑줄 친 단어와 가장 유사한 의미로 사용된 문장은?

> 통제영 귀선(龜船)은 뱃머리에 거북머리를 설치하였는데, 길이는 4자 3치, 너비는 3자이고 그 속에서 유황·염초를 태워 벌어진 입으로 연기를 안개같이 토하여 적을 혼미케 하였다. 좌우의 노는 각각 10개씩이고 좌우 방패판에는 각각 22개씩의 포구멍을 뚫었으며 12개의 문을 설치하였다. 거북머리 위에도 2개의 포구멍을 뚫었고 아래에 2개의 문을 설치했으며 그 옆에는 각각 포구멍을 1개씩 내었다. 좌우 복판(覆板)에도 또한 각각 12개의 포구멍을 뚫었으며 귀(龜)자가 쓰여진 기를 꽂았다. 좌우 포판(鋪板) 아래 방이 각각 12간인데, 2간은 철물을 차곡차곡 쌓았고 3간은 화포·궁시·창검을 갈라두며 19간은 군사들이 쉬는 곳으로 사용했다. 왼쪽 포판 위의 방 한 간은 선장이 쓰고 오른쪽 포판 위의 방 한 간은 장령들이 거처하였다. 군사들이 쉴 때에는 포판 아래에 있고 싸울 때에는 포판 위로 올라와 모든 포구멍에 포를 걸어 놓고 쉴 새 없이 <u>쏘아댔다</u>.
>
> 전라좌수영 귀선의 치수, 길이, 너비 등은 통제영 귀선과 거의 같다. 다만 거북머리 아래에 또 귀두(鬼頭)를 붙였고 복판 위에 거북무늬를 그렸으며 좌우에 각각 2개씩의 문을 두었다. 거북머리 아래에 2개의 포구멍을 내었고 현판 좌우에 각각 10개씩의 포구멍을 내었다. 복판 좌우에 각각 6개씩의 포구멍을 내었고 좌우에 노는 각각 8개씩을 두었다.

① 과녁을 향해 정확하게 화살을 <u>쏘다</u>.

② 화가 난 아내는 따끔한 말로 남편을 톡 <u>쏘아</u> 주었다.

③ 쐐기벌레처럼 톡톡 <u>쏘기만</u> 하던 과거의 부월이가 아니었다.

④ 눈은 무엇에 놀란 듯이 한 곳을 <u>쏘아</u> 보고 있었다.

 ① 활이나 총, 대포 따위를 일정한 목표를 향하여 발사하다.
②④ 말이나 시선으로 상대편을 매섭게 공격하다.
③ 벌레가 침과 같은 것으로 살을 찌르다.

60 다음 글의 중심 내용으로 가장 적절한 것은?

옛날 어느 나라에 장군이 있었다. 병사들과 생사고락을 같이하는, 능력 있는 장군이었다. 하루는 전쟁터에서 휘하의 군사들을 점검하다가 등창이 나서 고생하는 한 병사를 만났다. 장군은 그 병사의 종기에 입을 대고 피고름을 빨아냈다. 종기로 고생하던 병사는 물론 그 장면을 지켜본 모든 군사들이 장군의 태도에 감동했다. 하지만 이 소식을 들은 그 병사의 어머니는 슬퍼하며 소리 내어 울었다. 마을 사람들이 의아해하며 묻자 그 어머니는 말했다. 장차 내 아들이 전쟁터에서 죽게 될 텐데 어찌 슬프지 않겠는가.

이 병사의 어머니는, 교환의 질서와 구분되는 증여의 질서를 정확하게 간파하고 있다. 말뜻 그대로 보자면 교환은 주고받는 것이고, 증여는 그냥 주는 것이다. 교환의 질서가 현재 우리 삶의 핵심적인 요소라는 점에는 긴 설명이 필요 없을 것이다. 자본주의 시장 경제의 으뜸가는 원리가 등가 교환이기 때문이다. 그렇다면 증여의 질서란 무엇인가. 단지 주기만 하는 것인가. 일단 간 것이 있는데 오는 것이 없기는 어렵다. 위의 예처럼 장군은 단지 자기 휘하 병사의 병을 걱정했을 뿐이지만 그 행위는 다른 형태로 보답받는다. 자기를 배려하고 인정해준 장군에게 병사가 돌려줄 수 있는 최고의 것은 목숨을 건 충성심일 것이다. 어머니가 슬퍼했던 것이 바로 그것이기도 했다. 내게 주어진 신뢰와 사랑이라는 무형의 선물을 목숨으로 갚아야 한다는 것.

그렇다면 교환이나 증여는 모두 주고받는 것이라는 점에서는 마찬가지가 아닌가. 이 둘은 어떻게 구분되는가. 최소한 세 가지 점을 지적할 수 있겠다. 첫째, 교환과 달리 증여는 계량 가능한 물질을 매개로 하지 않는다. 둘째, 교환에서는 주고받는 일이 동시적으로 이루어지지만, 선물을 둘러싼 증여와 답례는 시간을 두고 이어진다. 그래서 증여는 '지연된 교환'이다. 셋째, 교환과는 달리 증여에는 이해관계가 개입하지 않는다.

① 증여와 교환의 차이   ② 어머니의 자식 사랑

③ 자본주의 시장 경제의 원리   ④ 리더의 올바른 자세

 장군과 그 어머니에 관한 일화를 예로 들어 증여와 교환의 차이를 설명하고 있다.

Answer ➟ 59.①   60.①

61 밑줄 친 단어의 의미가 나머지 넷과 가장 거리가 먼 것은?

① 도전자의 얼굴에 자신감이 <u>배어</u> 있다.

② 민요는 서민의 정서가 <u>배어</u> 있는 음악이다.

③ 영수야, 땀이 <u>밴</u> 속옷을 갈아입어라.

④ 그의 웃는 얼굴에는 장난기가 <u>배어</u> 있다.

 ② 느낌, 생각 따위가 깊이 느껴지거나 오래 남아 있다.
①③④ 스며들거나 스며 나오다.

62 다음 밑줄 친 부분이 표준 발음법에 맞지 않는 것은?

① 그의 연설이 끝나자 관객들은 '<u>옳소[올소]</u>'라고 외치며 동조했다.

② 일제의 망언에 젊은이들은 피가 <u>끓는지[끌른지]</u> 눈이 벌겋게 충혈되었다.

③ 예전에는 제 먹을 <u>몫은[목쓴]</u> 타고난다고 해서 아이를 낳는 데까지 낳았다.

④ 사람으로 태어났다면 사람으로서의 <u>값어치는[가버치는]</u> 다하도록 노력해야 한다.

 ① 옳소[올쏘]

63 다음 글의 ( )에 들어갈 접속어를 순서대로 나열한 것은?

> 〈2001 : 스페이스 오디세이〉에서 스탠리 큐브릭은 영화 음악으로 상당한 예술적 성과를 거두었다. 원래 큐브릭은 알렉스 노스에게 영화음악을 의뢰했었다. ( ) 영화를 편집할 때 임시 사운드 트랙으로 채택했던 클래식 음악들에서 만족스러운 효과를 얻자 그는 그 음악들을 그대로 영화에 사용했다. ( ) 요한 슈트라우스의 '아름답고 푸른 다튜브'와 리하르트 슈트라우스의 '차라투스트스라는 이렇게 말했다'가 인간이 우주를 인식하고 새로운 경지의 정신에 다다르는 경이로운 장면들에 배경 음악으로 등장하게 되었다. 클래식 음악이 대중적인 오락물과 결합할 때, 그 음악은 평이한 수준으로 전락해 버리는 것이 흔한 일이다. ( ) 큐브릭의 영화는 이미지와 결부된 클래식 음악의 가치가 높아진, 거의 유일한 경우이다.

① 그러나 – 그리고 – 그런데
② 하지만 – 그래서 – 그러나
③ 그런데 – 그리고 – 그러나
④ 그리고 – 따라서 – 그러나

 큐브릭은 알렉스 노스에게 영화음악을 의뢰하려다 만족스러운 효과를 얻자 그대로 영화에 사용했다고 했으므로 역접의 '그러나, 하지만, 그런데'가 들어가는 것이 적절하다. 영화에 사용하면서 두 곡이 배경 음악으로 등장하게 되었으므로 '그래서'가 들어가는 것이 적절하다. 평이한 수준으로 전락해 버리는 것이 흔한 일이지만, 큐브릭의 영화는 유일한 경우라고 했으므로 '그러나'가 들어가야 한다.

Answer ▸ 61.② 62.① 63.②

64 다음 글에 대한 평가로 적절한 것은?

> 김 과장은 아들 철수가 최근 출시된 '디아블로' 게임에 몰두한 나머지 학업을 소홀히 하고 있다는 것을 알았다. 그러던 중 컴퓨터 게임과 학업 성적에 대한 다음과 같은 연구 결과를 접하게 되었다. 그 연구 결과에 의하면, 하루 1시간 이내로 게임을 하는 아이들은 1시간 이상 게임을 하는 아이들보다 성적이 높았고 상위권에 속했으나, 하루 1시간 이상 게임을 하는 아이들의 경우 게임을 더 오래 하는 아이들의 성적이 더 낮은 것으로 나타났다. 연구보고서는 아이들이 게임을 하는 시간을 부모가 1시간 이내로 통제한다면, 아이들의 학교 성적이 상위권에서 유지될 것이라고 결론을 내리고 있다.

① 게임을 하는 시간보다 책 읽는 시간이 더 많은 아이들이 그렇지 않은 아이들보다 성적이 더 높았다면, 이는 위 글의 결론을 강화한다.

② 하루 1시간 이상 3시간 이내 게임을 하던 아이들의 게임 시간을 줄였으나 성적이 오르지 않았다면, 이는 위 글의 결론을 강화한다.

③ 하루에 게임을 하는 시간을 1시간 이내로 줄인 아이들이 여분의 시간을 책 읽는 데 썼다면, 이는 위 글의 결론을 약화한다.

④ 아이들이 게임 시간을 하루 1시간 이상으로 늘려도 성적에 변화가 없었다면, 이는 위 글의 결론을 약화한다.

 ② 하루 1시간 이상 3시간 이내 게임을 하던 아이들의 게임 시간을 줄였으나 성적이 오르지 않았다면, 이는 위 글의 결론을 약화한다.
③ 하루에 게임을 하는 시간을 1시간 이내로 줄인 아이들이 여분의 시간을 책 읽는 데 썼다면, 이는 위 글의 결론을 강화한다.

65 다음 글에서 알 수 없는 것은?

왕세자는 다음 왕위를 계승할 후계자로서 왕세자의 위상을 높이는 각종 통과의례를 거쳐야 했다. 책봉례, 입학례, 관례, 가례가 대표적인 의례이다.

책봉례는 왕세자가 왕의 후계자가 되는 가장 중요한 공식 의식으로, 왕이 왕세자로 책봉한다는 임명서를 수여하고 왕세자가 이를 하사받는 의식이다. 왕세자의 책봉을 위해 책례도감을 설치하였는데, 책례도감에서는 의장과 물품을 준비하고, 행사가 끝나면 책례도감의궤를 작성하였다. 왕세자는 적장자 세습 원칙에 따라 왕비 소생의 장자가 책봉되어야 하는 것이 원칙이었다. 그러나 실제로 조선시대를 통틀어 적장자로서 왕위에 오른 왕은 문종, 단종, 연산군, 인종, 현종, 숙종, 순종 이렇게 일곱 명에 불과했다. 적장자로 태어나 왕세자로 책봉은 되었지만 왕위에 오르지 못한 왕세자도 여러 명이었다. 덕종, 순회세자, 소현세자, 효명세자, 양녕대군, 연산군의 장자 등이 그들이다.

책봉례 후 왕세자는 조선시대 최고 교육기관인 성균관에서 입학례를 치렀다. 성균관에 입학하는 사대부 자녀와 마찬가지로 대성전에 있는 공자의 신위에 잔을 올리고, 명륜당에서 스승에게 예를 행하고 가르침을 받는 의식을 거쳐야 했다. 왕세자의 신분으로 입학례를 처음 치른 사람은 문종으로 8세가 되던 해에 성균관 입학례를 치렀다. 왕세자 입학례는 '차기의 태양'인 왕세자를 위한 중요한 통과의례였기에 기록화로 남겨졌다. 입학례 이후에 거행되는 관례는 왕세자가 성인이 되는 통과의례이다. 이것은 오늘날의 성년식과 같다. 관례를 치르면 상투를 틀고 관을 쓰기 때문에 관례라 하였다. 일반 사대부의 자녀는 보통 혼례를 치르기 전 15세에서 20세에 관례를 치르지만, 왕세자는 책봉된 후인 8세에서 12세 정도에 관례를 치렀다. 관례를 치르고 어엿한 성인이 된 왕세자는 곧이어 가례, 즉 혼례를 행하였다.

혼례식은 관례를 행한 직후에 이루어졌다. 관례가 8세에서 12세 정도에 이루어진 만큼 혼례식은 10세에서 13세 정도에 거행되었다. 왕이나 왕세자의 혼례식 전 과정은 가례도감의궤로 남겨졌다.

① 왕이 된 왕세자가 모두 적장자는 아니었다.
② 사대부 자녀도 입학례, 관례, 혼례의 통과의례를 거칠 수 있었다.
③ 왕세자의 통과의례가 거행될 때마다 행사의 내용을 의궤로 남겼다.
④ 왕세자의 대표적 통과의례 중 성인이 된 후 치른 의례는 가례였다.

 ③의 내용은 알 수 없다.

Answer ➔ 64.④ 65.③

66 다음 글의 내용과 부합하는 것은?

> 대체재와 대안재의 구별은 소비자뿐만 아니라 판매자에게도 중요하다. 형태는 달라도 동일한 핵심 기능을 제공하는 제품이나 서비스는 각각 서로의 대체재가 될 수 있다.
>
> 대안제는 기능과 형태는 다르나 동일한 목적을 충족하는 제품이나 서비스를 의미한다.
>
> 사람들은 회계 작업을 위해 재무 소프트웨어를 구매하여 활용하거나 회계사를 고용해 처리하기도 한다. 회계 작업을 수행한다는 측면에서, 형태는 다르지만 동일한 기능을 갖고 있는 두 방법 중 하나를 선택할 수 있다.
>
> 이와는 달리 형태와 기능이 다르지만 같은 목적을 충족시켜주는 제품이나 서비스가 있다. 여가 시간을 즐기고자 영화관 또는 카페를 선택해야 하는 상황을 보자. 카페는 물리적으로 영화관과 유사하지도 않고 기능도 다르다. 하지만 이런 차이에도 불구하고 사람들은 여가 시간을 보내기 위한 목적으로 영화관 또는 카페를 선택한다.
>
> 소비자들은 구매를 결정하기 전에 대안적인 상품들을 놓고 저울질한다. 일반 소비자나 기업 구매자 모두 그러한 의사결정 과정을 갖는다. 그러나 어떤 이유에서인지 우리가 파는 사람의 입장이 됐을 때는 그런 과정을 생각하지 못한다. 판매자들은 고객들이 대안 산업군 전체에서 하나를 선택하게 되는 과정을 생각하지 못한다. 반면에 대체재의 가격 변동, 상품 모델의 변화, 광고 캠페인 등에 대한 새로운 정보는 판매자들에게 매우 큰 관심거리이므로 그들의 의사결정에 중요한 역할을 한다.

① 판매자들은 대안제보다 대체재 관련 정보에 민감하게 반응한다.
② 판매자들은 소비자들의 대안제 선택 과정을 잘 이해한다.
③ 재무 소프트웨어와 회계사는 서로 대안재의 관계에 있다.
④ 영화관과 카페는 서로 대체재의 관계에 있다.

 ② 판매자들은 소비자들의 대안제 선택 과정을 생각하지 못한다.
③ 재무 소프트웨어와 회계사는 서로 대체재의 관계에 있다.
④ 영화관과 카페는 서로 대안재의 관계에 있다.

67 다음 글의 주된 내용 전개 방법과 가장 유사한 것은?

> 앞으로는 모든 세계와 연결된 인터넷을 통해 각 나라의 박물관과 도서관을 구경하고, 인터넷 세계 엑스포에서 구축(構築)한 센트럴파크를 산책(散策)하며, 칸느 영화제나 재즈 콘서트, 각국의 민속 공연을 관람할 수 있을 것이다. 올해는 '정보 엑스포'가 개최되며, 전 세계에 흩어져 있는 전시관을 언제든지 관람할 수 있도록 24시간 개방된 전시회가 열리고 있다. 따라서, 서울 센트럴파크에 들어가면 다양한 멀티미디어 서비스의 세계로 안내를 받을 수 있으며 연구원이나 학생뿐만 아니라 주부나 일반인들도 이러한 광속 여행을 통해 일상의 스트레스를 해소할 수 있고, 지구촌이 자기의 손가락 끝에 있음을 인식할 수 있을 것이다.

① 사회 문제란 사회 구성원의 대다수가 문제로 여기는 객관적인 사회 상황이다.

② 오늘 신문에도 예외 없이 끔찍한 사건들이 올라와 있다. 비행기 테러, 인질극, 분신 자살…….

③ 현대 산업 사회는 물질만능주의를 만들어 냈고, 그 결과 문명 경시와 인간 소외의 사회를 만들게 되었다.

④ 유인원의 집단 생활은 창조적인 인간의 가족 생활과 유사한 점이 많다. 그러나 그것은 다만 본능에 따른 것이므로 창조적인 인간의 그것과는 구별된다.

 주어진 글의 주된 내용 전개 방식은 '예시'이다.
①정의 ③인과 ④비교, 대조

68~70 다음 글을 읽고 물음에 답하시오.

　　인체나 규모가 큰 소재들을 다루는 큰 작품을 만들기 위한 예비적인 단계로 조각가들은 조그맣게 축소된 조각을 점토나 밀랍으로 만들어 본다. 그것을 '마케트'라 부른다. 그런데 이 작은 마케트들은 조각가가 작품을 구상하는 데 매우 쓸모가 있다. 특히 조각이 가지고 있는 서로 다른 두 개의 공간인 실공간(Positive space)과 허공간(Negative space)의 변화를 보는 데에 안성맞춤이다.

　　조각에서 실공간이란 작품이 차지하고 있는 실재의 공간을 뜻하고 허공간이란 작품에 실재하는 것은 아니지만 작품이 이루어내는 조형적인 가상공간을 말한다. 쉽게 말해 알베르토 자코메티의 '개'에서 개의 몸과 사지(四肢)가 차지하는 부피는 실공간이 되고 몸과 바닥 사이, 사지 사이의 공간 등은 허공간이 되는 셈이다. 노자가 말하던 그릇과 수레바퀴의 빈 공간처럼 이 허공간은 조각을 이루는 중요한 요소가 된다. 그것은 이 허공간에 어떤 다른 물체가 놓여 그 공간을 훼방 놓고 있다면 어떨까를 상상해 보면 금방 알 수 있다.

　　조각에 필요한 것이 이 실공간이나 허공간만은 아니다. 한 점의 조각이 제대로 보이기 위해서는 그것을 포용할 수 있는 넉넉한 공간이 있어야 한다. 예를 들면 피라미드가 아무 것도 거치적거리는 것이 없는 사막이 아니라 피라미드보다 높은 산에 둘러싸여 있다면 어떻게 보일까를 상상해 보면 금방 이해가 될 것이다. 오늘날 도시 여기 저기에 있는 빌딩 앞의 조각들의 일부는 바로 이런 자신들의 터전을 빼앗겨 버리고 있다. 때문에 사방 팔방에서 바라보아야 하는 조각을 제한된 방향에서밖에 볼 수 없게 만들어 버렸다. 조각이 살 수 있는 공간이 잠식되어 버린 것이다. 그럴 경우 조각은 환조라기보다는 부조에 가깝게 되어 버린다.

　　조각은 입체다. 그러나 조각이 공간을 차지하고 있는 입체라는 이 간단한 생각을 조각가들이 깨달은 것은 그렇게 오래되지 않았다. 조각이 건축에 종속된 것이 아니라 독립된 영역으로 자리잡는 데도 오래 걸렸지만 회화와는 다르다는 것을 인식하는 데도 오래 걸렸다. 미켈란젤로는 이에 대해 회화가 구도상의 문제에서 부조의 효과에 접근할 때는 매우 우수한 작품으로 평가받을 수 있지만 부조가 회화적인 효과를 내려고 든다면 그것은 훌륭하지 못하다고 한 적이 있다. 이는 회화란 평면 위에 3차원의 효과를 내기 위한 것이기 때문에 부조 같은 입체감을 가져도 괜찮겠지만, 그러나 ㉠<u>부조가 평면적인 회화를 흉내 내는 것은 넌센스라는 뜻</u>이다. 실제로 르네상스 시대 이후에도 대다수의 조각가들은 입체가 아니라 표면의 효과가 얼마나 그럴 듯한가에 매달렸다.

　　조각이 표면 효과가 아니라 입체 효과를 내야 한다는 사실을 정확히 인식한 사람은 로댕이었다. 영화 〈까미유 끌로델〉에서도 로댕은 끌로델이 만들고 있는 작품을 보고 ㉡<u>'표면을 보지 말고 윤곽을 보라.'</u>고 말한다. 로댕은 인체의 각 부분을 단순한 평면으로 생각지 않고 내부에 있는 볼륨이 터져 나올 듯이 표현할 때에야만 인체가 단순한 표면적인 형태가 아니라 꽃과 같이 밖으로 피어나는 생명체가 될 수 있다고 말했다.

68 윗글의 내용과 일치하지 않는 것은?

① 조각은 건축과는 별도의 영역이며 회화와도 구별된다.

② 자코메티의 '개'는 조각의 공간 이해에 적합한 작품이다.

③ 피라미드를 조각품으로 감상할 때 공간 배치가 잘못되었다.

④ 조각가들이 조각의 특성을 파악하기까지는 오랜 시간이 걸렸다.

 넓은 사막이 피라미드의 조형적 미를 드러내는 데 기여하고 있으므로 조각의 공간이해에 적합한 사례이므로 ③번이 잘못된 진술이다.

69 ㉠의 문맥적 의미와 유사한 속담이 쓰인 것은?

① 그게 도대체 무엇이길래 '댕기 끝에 진주'처럼 꼭 감추고 있니?

② 운동복 입고 구두 신은 모습이야말로 '개발에 주석 편자'격이야.

③ '물은 차면 넘친다'고 사람의 일도 전성기가 지나면 쇠퇴하기 마련이야.

④ '남의 장단에 춤춘다'고 하더니 도대체 네가 줏대 있게 하는 일이 뭐니?

 ① 굉장히 귀하게 취급하는 물건이라는 의미
③ 사람의 일이 전성기가 지나면 쇠퇴한다는 뜻
④ 줏대 없는 행동을 비아냥거리는 말

70 윗글을 바탕으로 ㉡의 의미를 바르게 해석한 것은?

① 대상의 실공간에 주목하지 말고 허공간에 주목하라.

② 작품의 전체적 인상보다는 표면적인 형태에 치중하라.

③ 대상 그 자체를 중시하지 말고 대상이 놓일 위치를 중시하라.

④ 회화적인 효과에 치중하지 말고 입체적 질감을 드러내는 데 치중하라.

 ㉡은 조각의 입체성을 강조하기 위해 로댕이 한 말을 인용한 구절이므로 ④가 정답이다.

Answer → 68.③ 69.② 70.④

▌1~5▐ 다음 조건을 보고 각 물음에 답하시오.

〈조건〉

상태 계기판을 확인하고, 각 계기판이 가리키는 수치들을 표와 대조하여, 아래와 같은 적절한 행동을 취하시오.
㉠ 안전 : 그대로 둔다.
㉡ 경계 : 파란 레버를 내린다.
㉢ 경고 : 빨간 버튼을 누른다.
　알림은 안전, 경계, 경고 순으로 격상되고, 역순으로 격하한다.

〈표〉

상태	허용 범위	알림
α	A와 B의 평균≤ 10	안전
	$10 <$ A와 B의 평균 < 20	경계
	A와 B의 평균≥ 20	경고
χ	$|A - B| \leq 20$	안전
	$20 < |A - B| < 30$	경계
	$30 \leq |A - B|$	경고
π	$3 \times A > B$	안전
	$3 \times A = B$	경계
	$3 \times A < B$	경고

1

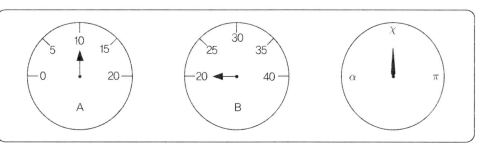

① 그대로 둔다.

② 파란 레버를 내린다.

③ 파란 레버를 올린다.

④ 빨간 버튼을 누른다.

 χ 상태이므로, $|A-B| = |10-20| = 10$

$|A-B| \le 20$ 이므로 안전이다.

2

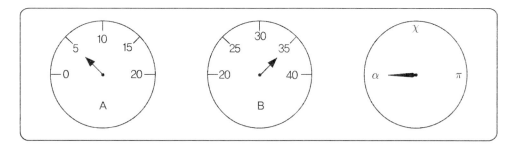

① 그대로 둔다.

② 파란 레버를 내린다.

③ 파란 레버를 올린다.

④ 빨간 버튼을 누른다.

 α 상태이므로, A와 B의 평균은 $\dfrac{5+35}{2} = 20$

$|A-B| \ge 20$ 이므로 경고다.

Answer 1.① 2.④

3

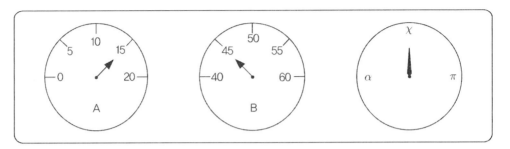

① 그대로 둔다.

② 파란 레버를 내린다.

③ 파란 레버를 올린다.

④ 빨간 버튼을 누른다.

> (Tip) χ상태이므로, $|A-B|=|15-45|=30$
> $30 \leq |A-B|$이므로 경고다.

4

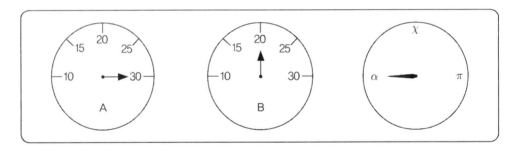

① 그대로 둔다.

② 파란 레버를 내린다.

③ 파란 레버를 올린다.

④ 빨간 버튼을 누른다.

> α상태이므로, A와 B의 평균은 $\dfrac{30+20}{2}=25$
> A와 B의 평균 ≥ 20이므로 경고다.

5

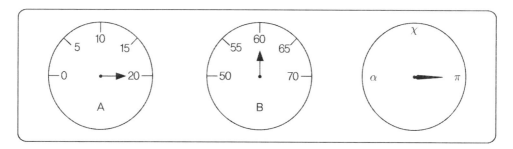

① 그대로 둔다.

② 파란 레버를 내린다.

③ 파란 레버를 올린다.

④ 빨간 버튼을 누른다.

 π상태이므로, $3 \times A = 60$

$3 \times A = B$이므로 경계다.

▌6~10▌ 휴대폰 판매점의 위치가 다음과 같다. 교통수단으로는 지하철을 이용하고, 지하철로 한 정거장을 이동할 때는 3분이 소요되며, 환승하는 시간은 6분이 소요된다. 각 물음에 답하시오.

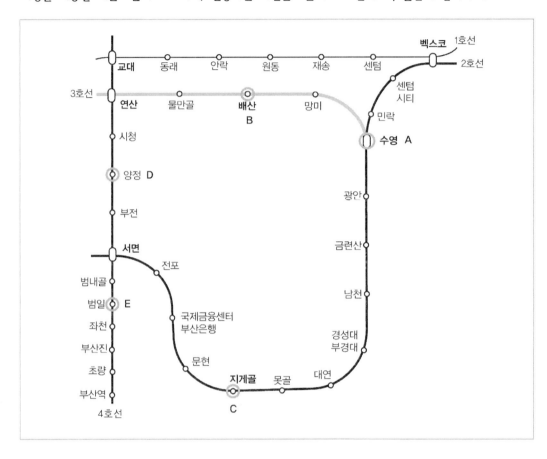

6 당신은 지금 A역에서 휴대폰을 알아보고 있다. 1시에 거래처와 중요한 미팅이 E역에서 있어 반드시 10분 전에는 도착해야 한다면, 최소 몇 시에 출발해야 하는가?

① 12시 14분   ② 12시 15분
③ 12시 16분   ④ 12시 17분

  3호선을 타고 연산에서 환승한 뒤, E역으로 가는 것이 가장 효율적이다.
10개의 정거장과 1번의 환승을 거치게 되므로 총 36분이 걸린다. 12시 50분까지 도착하기 위해서는 12시 14분에는 출발해야 한다.

7 오늘 휴대폰 매장을 모두 들려서 가격비교를 해보려고 한다. 다음 중 가장 효율적으로 이동할 수 있는 경로는 무엇인가?

① A − B − D − E − C

② A − C − E − D − B

③ A − B − D − C − E

④ A − C − D − E − B

 ①의 경로로 이동하면 총 16정거장과 2번의 환승을 거치게 되므로 가장 효율적인 이동 경로가 된다.

8 위와 같이 이동할 때 이동시간만 최소 몇 분이 소요되는가?

① 50분   ② 55분

③ 60분   ④ 65분

 A − B : 2정거장 = 6분
B − D : 4정거장, 1번 환승 = 18분
D − E : 4정거장 = 12분
E − C : 6정거장, 1번 환승 = 24분
6 + 18 + 12 + 24 = 60(분)

9 D역에서 휴대폰을 알아보고 있는데, 친구에게 C와 E역 판매점의 가격 조건이 더 좋다는 전화를 받았다. C역과 E역 판매점은 각각 6시에 문을 닫는다. 두 개의 판매점을 모두 들르기 위해서는 최소 몇 시에 출발해야 하는가? (단, 둘러보는 시간은 포함하지 않는다)

① 5시 30분   ② 5시 28분

③ 5시 26분   ④ 5시 24분

 D − E : 4정거장 = 12분
E − C : 6정거장, 1번 환승 = 24분
12 + 24 = 36(분)
따라서 5시 24분 전에는 출발해야 한다.

Answer ↱ 6.① 7.① 8.③ 9.④

10 오늘은 세 곳의 가격만 비교해보려고 집으로 돌아갈 예정이다. 집이 있는 민락역에서 12시에 출발해서 B, C, E 순으로 이동한다면, 마지막 E역에 도착하는 시간은 몇 시인가?

① 1시 2분　　　　　　　　　② 1시 12분

③ 1시 22분　　　　　　　　　④ 1시 32분

 민락 – B : 3정거장, 1번 환승 = 15분
B – C : 9정거장, 1번 환승 = 33분
C – E : 6정거장, 1번 환승 = 24분
총 소요되는 시간은 15+33+24 = 72분이다.
따라서 E역에 도착하는 시간은 1시 12분이다.

|11~15| 다음 조건을 보고 각 물음에 답하시오.

〈조건〉

㉠ 월요일, 수요일은 정기검침 일이다.

㉡ 정기검침 일에는 PSD code의 절반 값을 적용한다.

㉢ 첫 번째 계기판 눈금이 (+)에 위치할 경우, 가장 오른쪽 숫자는 고려하지 않는다.

㉣ Serial Mode : 2개 또는 3개의 총합

㉤ Parallel Mode : 2개 또는 3개의 평균값

〈표〉

허용 범위	알림
$X \leq PSD\ CODE$	안전
$PSD\ CODE < X \leq PSD\ CODE+2$	경계
$X > PSD\ CODE+2$	경고

㉠ 안전 : 그대로 둔다.

㉡ 경계

 • Serial Mode : 빨간 버튼을 누른다.

 • Parallel Mode : 파란 버튼을 누른다.

㉢ 경고 : 두 버튼을 모두 누른다.

11

2월 5일 월요일

PSD CODE : 10

Mode : Serial

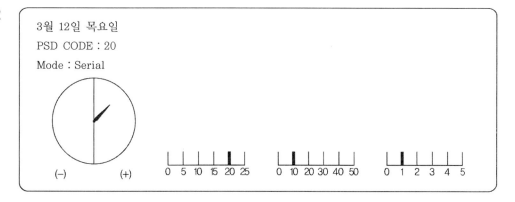

① 그대로 둔다.

② 빨간 버튼을 누른다.

③ 파란 버튼을 누른다.

④ 두 버튼을 모두 누른다.

 월요일로 정기 검침일이므로 PSD CODE는 5이다.

Serial Mode이므로, 2개 또는 3개의 총합을 구한다.

계기판 눈금이 (+)이므로, 3+10=13이다.

13은 경고 상태이므로, 두 버튼을 모두 누른다.

12

3월 12일 목요일

PSD CODE : 20

Mode : Serial

① 그대로 둔다.

② 빨간 버튼을 누른다.

③ 파란 버튼을 누른다.

④ 두 버튼을 모두 누른다.

PSD CODE는 20이다.

Serial Mode이므로, 2개 또는 3개의 총합을 구한다.

계기판 눈금이 (+)이므로, 20+10=30이다.

30은 경고 상태이므로, 두 버튼을 모두 누른다.

Answer → 10.② 11.④ 12.④

13

4월 25일 수요일

PSD CODE : 30

Mode : Parallel

(−)　　　(+)

0 1 2 3 4 5　　　0 5 10 15 20 25　　　5 6 7 8 9 10

① 그대로 둔다.　　　② 빨간 버튼을 누른다.

③ 파란 버튼을 누른다.　　　④ 두 버튼을 모두 누른다.

 수요일로 정기 검침일이므로 PSD CODE는 15이다.

Parallel Mode이므로, 2개 또는 3개의 평균값을 구한다.

계기판 눈금이 (−)이므로, $\dfrac{4+10+7}{3}=7$이다.

7은 안전 상태이므로, 그대로 둔다.

14

1월 16일 금요일

PSD CODE : 30

Mode : Serial

(−)　　　(+)

0 10 20 30 40 50　　　0 5 10 15 20 25　　　0 1 2 3 4 5

① 그대로 둔다.　　　② 빨간 버튼을 누른다.

③ 파란 버튼을 누른다.　　　④ 두 버튼을 모두 누른다.

 PSD CODE는 30이다.

Serial Mode이므로, 2개 또는 3개의 총합을 구한다.

계기판 눈금이 (−)이므로, 30+5+2=37이다.

37은 경고 상태이므로, 두 버튼을 모두 누른다.

15

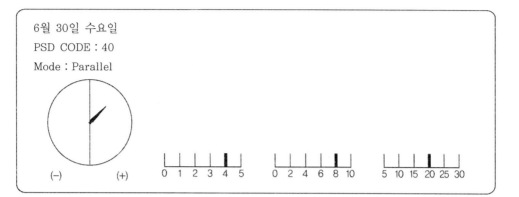

① 그대로 둔다.

② 빨간 버튼을 누른다.

③ 파란 버튼을 누른다.

④ 두 버튼을 모두 누른다.

 수요일로 정기 검침일이므로 PSD CODE는 20이다.

Parallel Mode이므로, 2개 또는 3개의 평균값을 구한다.

계기판 눈금이 (+)이므로, $\frac{4+8}{2}=6$이다.

6은 안전 상태이므로, 그대로 둔다.

║16~20║ 다음은 L사의 회사규정이다. 각 물음에 답하시오.

1. 직원의 구분
   회사의 직원은 간부직, 일반기능직, 일반사무직, 별정직, 임시직, 일용직 직원으로 구분한다.

2. 직급의 구분
   회사 직원의 직급은 1급 : 부장, 차장(수석직장), 2급 : 과장(직장), 대리, 3급 : 계장(기사), 4급주임
   (반장), 사원, 5급 : 대졸사원, 6급 : 고졸사원으로 구분한다.

3. 신규채용
   ㉠ 직원의 신규채용은 공개 경쟁시험을 원칙으로 하되 필요한 경우 특별채용할 수도 있다.
   ㉡ 전문대 이상의 졸업자는 5급사원, 고등학교 졸업자 이하는 6급사원으로 채용한다.
   ㉢ 학력, 경력, 기술 등이 특별히 우수한 자는 그 해당 자격에 준한 직규에 임용할 수 있다.

4. 별정직의 채용
   별정직인 운전기사, 경비, 사환, 잡역부, 청소부 등 채용에 관하여는 총무부의 추천에 의하여 채용한다.

5. 승진방법
   ㉠ 간부직으로의 승진은 승진대상 직위의 차하위 직급의 직원 중에서 승진 발령함을 원칙으로 한
      다. 다만 차하위직급자 중에서 적임자가 없거나 특별한 사정이 있는 경우에는 예외로 한다.
   ㉡ 승진은 승진평가 채점표에 의하여 고득점자의 순으로 한다.
   ㉢ 승진을 위한 평정관련 사항은 따로 정하여 실시한다.

6. 승진소요 최저년수
   직원이 승진함에 있어서 다음의 승급기준년수를 경과하여야 한다. 다만, 이사회에서 인물 능력 및
   근무성적이 탁월하다고 인정된 자에 대하여는 예외로 한다.

승급기준표

승급 \ 학력	고졸이하	전문대졸이상
6급사원 → 5급사원	1년	0
5급사원 → 4급사원	2년	
4급사원 → 4급(주임, 반장)	2년	
4급주임 → 3급(계장, 기사)	2년	
3급계장 → 2급대리	3년	
2급대리 → 2급(과장, 직장)	2년	
2급과장 → 1급(차장, 수장)	3년	
1급차장 → 1급부장	3년	

7. 승진임용의 제한

다음 각 호에 해당하는 자는 승진임용될 수 없다.

㉠ 직위해제, 휴직 중인 자

㉡ 징계처분의 집행이 종료된 날로부터 다음기간이 경과되지 않은 자

• 출근정지 및 감급 : 12월

• 견책 : 6개월

• 위에 해당하는 자가 다시 징계처분을 받았을 경우, 승진 제한기간은 전처분 만료일 익일부터 가산한다.

16 다음 중 별정직에 해당하는 사원이 아닌 것은?

① 반장   ② 운전기사

③ 사환   ④ 경비

 ① 별정직에는 운전기사, 경비, 사환, 잡역부, 청소부가 해당된다.

17 주원이는 전문대를 졸업하였다. L사에 6급 사원으로 입사했다면, 몇 년이 지나야 5급 사원으로 승진할 수 있는가?

① 0년   ② 1년

③ 2년   ④ 3년

 ① 전문대졸 이상은 6급 사원에서 5급 사원으로 승진하는데 승급기준년수가 적용되지 않는다.

18 다음 중 승진임용의 제한을 받는 자가 아닌 사람은?

① 견책 처분을 받고 5개월이 지난 이부장

② 출근정지 징계처분을 받고 1년이 지난 윤차장

③ 직위해제 중인 박과장

④ 육아 휴직 중인 김대리

 ② 출근정지 징계처분을 받고 12개월이 지나면 승진임용의 제한을 받지 않는다.

Answer┌→ 16.① 17.① 18.②

19 다음 중 직급 구분의 연결이 바르지 않은 것은?

① 1급 - 부장   ② 2급 - 대리

③ 3급 - 계장   ④ 4급 - 대졸사원

 ④ 4급은 주임 또는 반장이다.

20 2급 대리가 1급 차장이 되려면 몇 년이 경과해야 하는가?

① 1년   ② 3년

③ 5년   ④ 7년

 2급 대리가 2급 과장으로 진급하기 위해서는 2년, 2급 과장이 1급 차장으로 진급하기 위해서는 3년이 경과해야 한다. 따라서 총 5년이 경과해야 한다.

▌21~25▐ 다음은 L사의 사내 '화재예방 및 화재대피 안전교육 자료'이다. 각 물음에 답하시오.

화재예방 및 화재대피 안전교육 자료

1. 화재예방 [전기 합선·단락·누전, 가스누출 및 담배꽁초 관리 등 발화요인 제거]
㉠ 전기 누전차단기 작동여부 수시 점검
㉡ 전열기 사용 금지
㉢ 외출시 선풍기, 컴퓨터 등 전원 차단
㉣ 전기 합선요인 차단(문어발식 콘센트 연결 금지) 여부 점검
㉤ 인화물질 반입금지
㉥ 실내 금연 및 담배꽁초 투척 금지
㉦ 실내 정리정돈 및 콘센트 청결 유지(먼지 제거)
㉧ 이상이 있을 경우 총무과 및 당직실로 신속한 신고

2. 소방훈련의 5단계
㉠ (통보훈련) 누구든지 화재를 발견하면 전 교직원 및 학생들에게 사실을 알리고 소방관서에 통보한다.
㉡ (조치) 화재의 현장 상황을 판단하여 지체 없이 적절한 조치를 취해야 한다.
㉢ (대피 및 구조훈련) 모든 인원의 대피를 유도하고 부상자가 있을 경우 구조 작업을 실시해야 한다.
㉣ (소화훈련) 화재현장에서 가장 근거리에 있는 소화기 및 옥내소화전 시설을 이용하여 소화 작업을 실시하여야 한다.
㉤ (의료구호훈련) 화재가 확산되지 않는 곳에 중요 물품 등 반출이 가능한 물건을 질서있게 밖으로

운반한다. 또한 화재 중이나 대피 중에 발생된 부상자는 구조 활동으로 즉시 병원으로 이송 조치하여야 한다.

3. 침착한 소화활동
㉠ 소화요원은 화재현장 상황을 정확히 판단 후 침착하게 행동해야 한다.
㉡ 대피하지 못한 사람은 우선적으로 구출해야 한다.
㉢ 화점으로 접근할 때에는 낮은 자세를 취하여야 한다.
㉣ 화점을 중심으로 포위하여 소방시설을 최대한 활용해야 한다.

4. 인명구조요령
㉠ 인명탐색 중 인명을 발견했을 때에는 생사 여부를 확인하여 처리한다.
㉡ 부상자 발견 시 상처를 확인·보호하여 신속히 안전한 곳으로 구출하여 병원으로 이송한다.

5. 교통 통제 요령
㉠ 소방차가 도착하면 소방차의 이동을 원활하게 유도하여야 한다.
㉡ 소화작업 요원과 관계자 이외에는 현장 출입을 금지 시킨다.
㉢ 화재 현장 물품 및 중요문서 등의 도난 방지를 철저히 한다.

6. 응급 복구 요령
㉠ 화재 현장에서 꺼낸 물건을 정리·정돈하여 주의 징비를 신속히 한다.
㉡ 소화활동에 동원된 모든 장비기구를 점검 정비하여 보관하여야 한다.
㉢ 복구 가능한 것은 즉시 복구하고 정상 업무에 지장 없게 한다.
㉣ 즉시 복구 가능한 곳은 계획을 수립하여 쉬운 것부터 점차적으로 복구한다.

7. 화재 발생시 연락체계

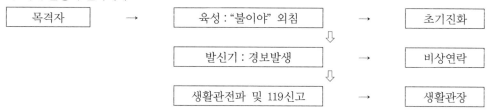

8. 소화기 사용방법
㉠ 바람을 등지고 안전핀 링에 손가락을 건다.
㉡ 안전핀 링을 잡아 뺀다.
㉢ 노즐을 잡아 화점을 향한다.
㉣ 상하 레버를 강하게 쥔다.

Answer↪ 19.④ 20.③

※ 소화기 사용요령

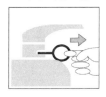  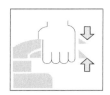 

| 1. 안전핀을 뽑고 | 2. 화점을 향하여 | 3. 손잡이를 강하게 움켜쥐고 | 4. 비로 쓸듯이 소화한다 |

21 L사의 사무실에 화재가 발생했다. 다음 중 침착하게 대응하지 못한 사람은?

① 김대리는 대피하지 못한 사원을 도와 빠져나왔다.

② 박사원은 낮은 자세를 취하여 대피하였다.

③ 처음으로 화재를 발견한 최부장은 "불이야"를 외쳤다.

④ 불을 보자 무서워 김과장은 조용히 밖으로 대피했다.

Tip ④ 화재를 발견하면 육성으로 "불이야"를 외쳐 상황을 알리고, 초기 진화를 해야 한다.

22 다음 중 화재예방 수칙을 잘 지키고 있는 사람은?

① 윤과장은 자리를 비울 때면, 선풍기와 컴퓨터 등 전원을 반드시 끄고 나간다.

② 일주일에 한 번씩 김대리는 콘센트의 먼지를 제거한다.

③ L사는 실내 금연을 실시하고 있다.

④ 박주임은 날씨가 쌀쌀해지면 전열기를 사용한다.

Tip ④ 화재예방을 위해 전열기 사용을 자제해야 한다.

23 다음 중 소화기 사용방법에 대한 설명이 바르지 않은 것은?

① 바람을 마주하고 안전핀 링에 손가락을 건다.

② 화점을 향해 호스를 댄다.

③ 상하 레버를 강하게 쥔다.

④ 비로 쓸듯이 소화한다.

Tip ① 바람을 등지고 안전핀 링에 손가락을 걸어야 한다.

24 다음 중 소방훈련의 5단계에 관한 연결이 바르지 않은 것은?

① 통보훈련 – 누구든지 화재를 발견하면 전 교직원 및 학생들에게 사실을 알리고 소방 관서에 통보한다.

② 조치 – 화재의 현장 상황을 판단하여 지체 없이 적절한 조치를 취해야 한다.

③ 대피 및 구조훈련 – 모든 인원의 대피를 유도하고 부상자가 있을 경우 구조 작업을 실시해야 한다.

④ 의료구호훈련 – 화재현장에서 가장 근거리에 있는 소화기 및 옥내소화전 시설을 이용하여 소화 작업을 실시하여야 한다.

Tip ④ 소화훈련에 관한 설명이다.

25 다음 중 화재 발생시 연락체계의 순서로 바른 것은?

① 육성→발신기→119 신고　　② 발신기→육성→119 신고

③ 119 신고→육성→발신기　　④ 119 신고→발신기→육성

Tip 화재 발생시 연락체계

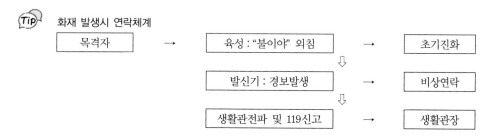

| 26~30 | 다음은 L사의 '2017년 사내동호회 운영계획'이다. 각 물음에 답하시오.

1. 지원개요
㉠ 지원예산 : 29,500천 원
- 예산과목 : 관서운영비, 정원가산업무비, 동호회활동지원
- 예산지원 용도 : 물품(행사)지원금, 활동지원금, 포상금
㉡ 지원방향 : 예산범위내 합리적 배분을 통한 동호회 활동 활성화 유도

2. 기본방향
㉠ 동호회 구성원들의 참여율을 높이기 위한 동기부여 제공
㉡ 직원들의 동호회 신규가입 장려 및 동호회 활동 자율성 확대

3. 현황('17년 2월 현재) : 24개 동호회, 569명 ('17년도 동호회 명단 별첨)

구분		동호회명(회원수)						비고
정규	1	야구동호회(33)	2	축구동호회(47)	3	영톡스클럽(21)		
	4	영화감상회(22)	5	산악회(26)	6	헬스회(24)		
	7	테니스회(21)	8	기우회(20)	9	배드민턴동호회(24)		
	10	디지털영상동호회(22)	11	족구동호회(20)	12	누비밴드(28)		
	13	탁사랑(20)	14	농구동호회(20)	15	당구동호회(20)		
	16	독토리(26)	17	사랑봉사(23)	18	문화탐방(20)		
	19	볼링(21)						
	20	아내집(24)	21	오픈워터(20)	22	동물행동풍부화(23)		2017년 정규 편입
예비	23	따봉동호회(22)	24	Car detailing(22)				

4. 동호회 등록 기준 및 활동실적 관리
㉠ 등록요건
- 인적 구성요건 : 정회원 20명 이상, 5개 부서 이상의 직원 구성
- 활동 기준요건 : 다음 각 호에 해당하는 경우 등록 불가
 −구체적인 활동내용이 부재한 단순 친목 도모성 개별적 모임
 −기 등록된 동호회에서 파생된 동호회 또는 성격이 유사한 동호회
 −기타 사회통념상 동호회로 인정할 수 없는 모임이나 단체
 −등록자격 박탈 : 분기별 활동실적 1회 미만인 경우 다음년도 등록 제외
  ※ 예비동호회의 경우 분기별 활동실적 보고서 기한내 미제출시 정규동호회 등록불가
㉡ 활동실적 관리(제출기한 미준수 시 감점)
- 인정기준 : 동호회원 서명 및 사진으로 확인 가능한 실적만 인정

- 실적제출 : 해당분기 다음달 10일(4분기는 12월15일)까지 각 동호회 게시판 게시
- 실적공개 : 담당자가 해당분기 다음달 25일까지 동호회 게시판 게시
- 제출기한 엄수 : 15일 지체시 "C등급" 부여 및 우수동호회 선정 제외

5. 기본 운영 지원금
㉠ 지원금액 : 동호회 정회원 1인당 1만 원 지원
㉡ 지급시기 : 연중 수시지급(*당초 연초 일괄지급)
   ※ 수령일로부터 7일 전까지 사용계획서 총무처 담당자에게 제출
㉢ 사용용도
- 동호회 활동과 관련된 물품 구입 및 대여
- 동호회 활동과 부합되는 관람료, 공연료, 대관료
- 동호회 관련 행사 및 경비(참가비 등 통념상 인정되는 범위)

26 다음 정규동아리 중 가장 회원수가 많은 동호회는?

① 야구동호회   ② 산악회
③ 축구동호회   ④ 사랑봉사

(Tip) ① 33명 ② 26명 ③ 47명 ④ 23명

27 박대리는 신규 동호회 등록을 위해 준비 중이다. 다음 중 동호회 등록 기준으로 바르지 않은 것은?

① 총무부, 홍보부, 인사부에서 각각 8명씩 구성하였다.
② 구체적인 활동 계획안을 작성하였다.
③ 분기별로 3회씩 활동하기로 정하였다.
④ 정회원은 30명으로 구성하였다.

(Tip) ① 정회원은 20명 이상이어야 하며, 5개 부서 이상의 직원으로 구성되어야 한다.

Answer → 26.③ 27.①

28 다음 중 기본 운영 지원금에 관한 설명으로 옳지 않은 것은?

① 탁사랑은 회원이 20명으로 총 20만원의 기본 운영 지원금을 받는다.

② 탁사랑과 같은 기본 운영 지원금을 받는 동호회는 총 5개이다.

③ 기본 운영 지원금을 받기 위해서는 수령일로부터 10일 전까지 사용계획서를 제출해야 한다.

④ 기본 운영 지원금은 관람료, 공연료, 대관료로 사용할 수 있다.

 ③ 기본 운영 지원금을 받기 위해서는 수령일로부터 7일 전까지 사용계획서를 제출해야 한다.

29 L사의 **동호회 현황**에 대한 설명으로 옳지 않은 것은?

① 2017년에 정규 편입된 동호회는 총 3개다.

② 올해 동호회 지원예산은 29,500천 원이다.

③ 총 24개의 정규 동호회가 개설되어 있다.

④ 현대 동호회 회원수는 총 569명이다.

 ③ 22개의 정규 동호회와, 2개의 예비 동회회가 개설되어 있다.

30 다음 중 동호회 기본 운영 지원금 사용 용도로 적절하지 않은 것은?

① 물품 구입 및 대여   ② 식사비

③ 대관료   ④ 참가비

 ② 식사비는 해당되지 않는다.

전원 켜기 · 끄기 / 절전모드 진입 · 해제

절전모드 : [절전] 버튼을 4초 이상 길게 누름

전원 : [전원] 버튼을 3초 이상 길게 누름

① 전원 켜기
• [전원] 버튼을 약 3초간 길게 누르면 전면의 LED가 점등됩니다.
• 모든 LED가 파란색으로 순차 점멸하는 부팅 과정이 끝나면 사용이 가능합니다.
② 전원 끄기 : 전원이 켜진 상태에서 [전원] 버튼을 약 3초간 길게 누르면 모든 LED가 소등되며 전원이 꺼집니다.
③ 절전모드 진입
• [절전] 버튼을 약 4초간 길게 누르면 모든 LED가 꺼진 후 절전모드로 진입합니다.
• 절전모드 상태에서 전원 버튼을 짧게 눌러 배터리 LED를 통해 절전 상태임을 확인할 수 있습니다.
④ 절전모드 해제
 [절전] 버튼을 약 4초간 길게 누르면 모든 LED가 현재 상태를 표시하며 절전모드가 해제됩니다.

LED 확인

LTE 신호세기 LED		
	파란색 점등	LTE 신호세기 (강)
	분홍색 점등	LTE 신호세기 (중)
	빨간색 점등	LTE 신호세기 (약)
	빨간색 점멸	LTE 서비스 음영 지역
	파란색 점멸	LTE 네트워크 접속 중
	분홍색 점멸	LTE 네트워크 접속 실패/인증 오류

Answer ⤷ 28.③ 29.③ 30.②

WiFi LED		
	파란색 점등	2.4GHz WiFi 동작 중
	녹색 점등	5GHz WiFi 동작 중
	노란색 점등	블루투스 절전 통신 상태
	노란색 점멸	블루투스 페어링 상태
	파란색 점멸	2.4GHz Guest WiFi 동작 중
	녹색 점멸	5GHz Guest WiFi 동작 중
	분홍색 점등	문자 메시지 수신 및 미확인 문자 메시지 존재
	빨간색 점등	Web 설정 화면에서 지정한 일/월별 알림 데이터 사용량 초과
	빨간색 점멸	Web 설정 화면에서 지정한 일/월별 최대 데이터 사용량 초과
배터리 LED		
	파란색 점등	배터리 잔량 100 ~ 50% 또는 충전 완료 (충전기 연결 시)
	분홍색 점등	배터리 잔량 49 ~ 20%
	빨간색 점등	배터리 잔량 19 ~ 2% 또는 충전 진행 중 (충전기 연결 시)
	빨간색 점멸	배터리 잔량 1% 미만
기타 상태 표시 LED		
	분홍색 동시 점멸	소프트웨어 업데이트 중
	빨간색 동시 점멸	제품 초기화
	파란색 동시 점멸	개통된 USIM 카드 삽입 후 최종 개통 진행 중
	빨간색 & 분홍색 교차 점멸	자동 개통 완료 (사용자에 의한 재시작 필요)
	파란색 & 분홍색 교차 점멸	USIM 카드 미장착/타사 USIM 카드 장착/USIM PIN Lock/PUK 코드 입력 대기 상태

31 전원을 켜기 위해서는 [전원] 버튼을 몇 초간 눌러야 하는가?

① 1초　　　　　　　　　　② 2초

③ 3초　　　　　　　　　　④ 4초

(Tip) [전원] 버튼을 약 3초간 길게 누르면 전면의 LED가 점등된다.

32 [전원]이 켜졌을 때 LED에 무슨 색 불이 켜지면 사용이 가능한가?

① 빨간색

② 파란색

③ 분홍색

④ 노란색

> (Tip) 모든 LED가 파란색으로 순차 점멸하는 부팅 과정이 끝나면 사용이 가능하다.

33 다음 LED의 상태 표시가 '파란색 동시 점멸'을 한다면, 어떤 상태인가?

📶 📶 🔋

① 자동 개통 완료

② 제품 초기화

③ 개통된 USIM 카드 삽입 후 최종 개통 진행 중

④ 소프트웨어 업데이트 중

> (Tip) LED의 상태 표시가 '파란색 동시 점멸'을 한다면 '개통된 USIM 카드 삽입 후 최종 개통 진행 중'의 표시다.

34 다음 LED의 상태 표시가 '녹색 점멸'을 한다면, 어떤 상태인가?

① 2.4GHz WiFi 동작 중

② 5GHz WiFi 동작 중

③ 2.4GHz Guest WiFi 동작 중

④ 5GHz Guest WiFi 동작 중

 LED의 상태 표시가 '녹색 점멸'을 한다면, '5GHz Guest WiFi 동작 중'의 표시다.

35 다음 배터리 LED가 '빨간색 점등' 상태라면, 배터리는 얼마나 남아있는가?

① 배터리 잔량 1% 미만

② 배터리 잔량 19 ~ 2%

③ 배터리 잔량 49 ~ 20%

④ 배터리 잔량 100 ~ 50%

Tip 배터리 LED

파란색 점등	배터리 잔량 100 ~ 50% 또는 충전 완료 (충전기 연결 시)
분홍색 점등	배터리 잔량 49 ~ 20%
빨간색 점등	배터리 잔량 19 ~ 2% 또는 충전 진행 중 (충전기 연결 시)
빨간색 점멸	배터리 잔량 1% 미만

┃36~40┃ 대구에서 들러야 할 출장지는 다음과 같다. 교통수단으로는 지하철을 이용하고, 지하철로 한 정거장을 이동할 때는 2분이 소요되며, 환승하는 경우 환승하는 시간은 15분이 소요된다. 각 물음에 답하시오.

가. 장소
A : 대구역
B : 계명대
C : 경대병원
D : 만촌
E : 반야월

나. 지하철 노선도

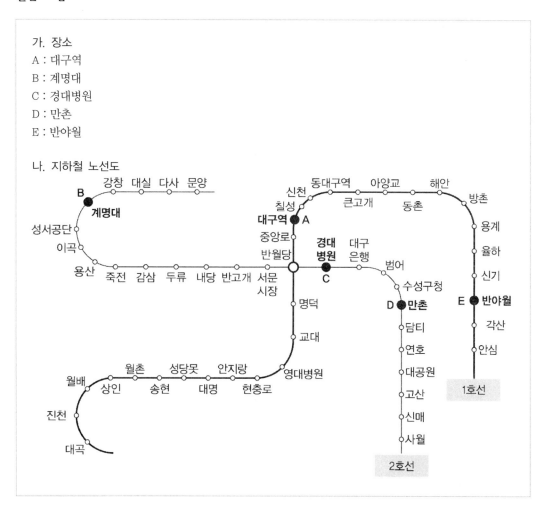

36 당신은 지금 C역에 있다. 현재 시간이 오전 11시라면, E역에 도착하면 몇 시가 되는가?

① 11시 35분 ② 11시 40분

③ 11시 45분 ④ 11시 55분

(Tip) 총 15정거장과 1번의 환승을 거친다. 45분이 소요되므로, 11시 45분에 도착하게 된다.

Answer⟶ 34.④ 35.② 36.③

37 A→B→C→D→E의 순으로 움직인다면, 반월당역에는 총 몇 번을 지나가게 되는가?

① 1번   ② 2번

③ 3번   ④ 4번

> **Tip** A→B, B→C, D→E로 가는 경우에 반월당역을 지난다. 따라서 총 3번을 지나가게 된다.

38 B역에서 A를 거쳐 E역으로 간다면, 총 몇 개의 정거장을 거쳐야 하는가?

① 21개   ② 22개

③ 23개   ④ 24개

> **Tip** 계명대(B) – 대구역(A) : 12정거장
> 대구역(A) – 반야월(E) : 12정거장

39 당신은 지금 E역에 있다. 3시까지 늦지 않게 D역에 가려면 최소 몇 시에는 출발해야 하는가?

① 2시   ② 2시 10분

③ 2시 20분   ④ 2시 30분

> **Tip** 19정거장과 1번의 환승을 거쳐야 하므로 53분이 소요된다.

40 A역에서 B를 거쳐 C로 간다면 몇 분이 소요되는가?

① 58분   ② 61분

③ 63분   ④ 65분

> **Tip** 23정거장과 1번의 환승을 거친다. 따라서 61분이 소요된다.

41~45 L사의 지점은 다음과 같다. 교통수단으로는 지하철을 이용하고, 지하철로 한 정거장을 이동할 때는 4분이 소요되며, 환승하는 경우 환승하는 시간은 10분이 소요된다. 각 물음에 답하시오.

가. 지점

사업소	담당자	희망시간대
A	이희원	오전 9시~11시
B	이지원	오전 10시~오후 2시
C	김하나	오전 12시~오후 4시
D	박현규	오전 10시~12시
E	최한석	오후 2시~6시

나. 지하철 노선도

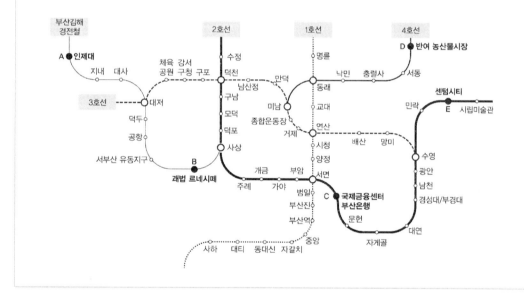

41 다음 중 희망 방문시간을 고려하여 이동했을 때 가장 적합한 경로는?

① B − C − E − D − A

② B − C − D − A − E

③ A − B − C − D − E

④ A − D − B − C − E

(Tip) 거리를 제외하고 희망 방문시간을 고려하면 ④의 순서가 적절하다.

42 당신은 지금 E지점에 있다. B지점에 10시까지 도착하려면 최소한 몇 시에는 출발해야 하는가?

① 8시 40분　　　　　　　　　② 8시 50분

③ 9시　　　　　　　　　　　　④ 9시 10분

> (Tip) 센텀시티(E) - 사상 - 괘법 르네시떼(B)가 가장 최소의 시간이 걸린다. 모두 16개의 정거장과 1번의 환승을 거친다. 따라서 74분이 소요된다.

43 D지점에서 A지점으로 가는데 걸리는 최소 시간은 얼마인가?

① 70분　　　　　　　　　　　② 75분

③ 80분　　　　　　　　　　　④ 85분

> (Tip) 총 15개의 정거장과 2번의 환승을 거친다. 따라서 총 80분이 걸린다.

44 A지점에서 B지점을 거쳐 C지점으로 돌아가려고 한다. 최소의 시간이 걸려 도착하려면 총 몇 개의 정거장을 이동해야 하는가?

① 11개　　　　　　　　　　　② 12개

③ 13개　　　　　　　　　　　④ 14개

> (Tip) 인제대(A) - 괘법 르네시떼(B) - 사상 - 국제금융센터 부산은행(C)

45 C지점에서 1시에 출발해 최소의 시간으로 E지점에 갔다가 D지점으로 갈 때, 총 이동하는 정거장 수와 환승하는 횟수로 옳은 것은?

	정거장 수	환승 수
①	22	3
②	22	2
③	20	3
④	20	2

> (Tip) C지점에서 E지점까지 9정거장, E지점에서 D지점까지 13정거장과 2번의 환승을 거친다.

┃46~50┃ 다음은 프레젠테이션 콘텐츠 제작 프로그램 설명서이다. 각 물음에 답하시오.

설치하기

① 사이트에 로그인 후 처음 [콘텐츠 제작]을 실행하면, Xinics SilverStream Producer 인스톨러를 다운로드하여 설치할 수 있습니다.

② 사용권 계약 내용을 확인하고 [예]를 누릅니다.

③ 프로그램을 설치할 위치를 선택합니다.

기본 폴더는 'C:₩Program Files₩Xinics'로 되어 있습니다. 설치 폴더를 지정할 때는 프로그램에서 기본으로 지정된 폴더에 설치하는 것이 좋습니다. 다른 폴더에 설치하려면 [찾아보기] 버튼을 눌러 위치를 선택합니다. 위치 지정이 완료되면 [다음] 버튼을 누릅니다.

④ 이제 설치가 완료되었습니다. [확인] 버튼을 눌러 설치를 마친 후, 사이트 상의 [콘텐츠 제작] 버튼을 클릭하여 프로그램을 실행합니다.

제거하기

① 바탕 화면의 '내 컴퓨터' 아이콘을 선택하거나, 작업 표시줄의 [시작] 버튼을 누른 후 '제어판'을 선택합니다.

② '프로그램 추가·제거'를 실행합니다. '현재 설치된 프로그램'의 항목 중 제거할 프로그램을 선택하고, '변경·제거' 버튼을 누릅니다.

③ 설치·제거 마법사 창이 나타나면, '제거' 항목을 선택합니다.

④ [다음] 버튼을 누르면, '선택한 응용 프로그램과 모든 구성 요소를 완전히 제거하시겠습니까?'라는 메시지가 나타납니다.

⑤ [확인] 버튼을 누르면 해당 프로그램이 제거됩니다.

제품 업데이트

Xinics SilverStream Producer 실행 시 자동으로 업데이트를 체크하여 최신 상태가 아닌 경우, 제품 업데이트를 하도록 하는 안내 메시지가 나타납니다. 제품 업데이트를 하기 위해서는 인터넷에 연결되어 있어야 합니다.

실행 환경

OS	Windows XP/Windows Vista/Windows 7(최신 서비스팩 설치) 및 DirectX 9.0c 지원
CPU	Intel Pentium Dual Core 이상 / AMD 애슬론 64 X2 이상
RAM	2GB 이상
그래픽 카드	nVidia Geforce 7600 이상 / AMD Radeon X2600 이상
HDD	5GB 이상의 여유 공간
Application	Windows Media Player 11 이상, Silverlight 4 이상, .net framework 4 이상, Windows Media Encoder 9
디스플레이	최소 1024x768 디스플레이 해상도

Answer┌→ 42.① 43.③ 44.④ 45.②

SilverStream Producer는 다국어를 지원하여 아래 해당 언어 OS 환경에서 실행할 경우, 모든 제작 환경이 해당 언어로 표시됩니다.

● 지원하는 언어
✓ 한국어
✓ English
✓ 日本語

메뉴
① 파일
  • 새로 만들기 : 새로운 작업을 시작합니다.
  • 열기 : SilverStream Producer에서 제작한 결과물 파일(*.ssz)을 불러옵니다.
  • 저장하기 : 작업한 내용을 결과물(*.ssz)로 저장합니다.
  • 다른 이름으로 저장하기 : 작업한 내용을 다른 이름의 결과물(*.ssz)로 저장합니다.
  • 최근 항목 : 최근에 작업한 항목을 표시합니다.
  • 제품 정보 : 제품의 정보를 확인합니다.
  • 종료 : 프로그램을 종료합니다.
② 제작 : 콘텐츠 제작 화면을 표시합니다.
③ 내보내기 : 제작을 완료한 콘텐츠를 결과물로 만들어 업로드합니다.
④ 미리보기 : 제작을 완료한 콘텐츠에 배경 설정한 뷰어를 적용하여 미리 확인합니다.

46 다음 중 '설치하기'에 관한 설명으로 옳지 않은 것은?

① [콘텐츠 제작]을 실행하면, Xinics SilverStream Producer 인스톨러를 다운로드하여 설치할 수 있다.
② 프로그램을 다른 폴더에 설치하려면 [다른 이름으로 저장하기]를 눌러야 한다.
③ 설치가 완료되면 사이트 상의 [콘텐츠 제작] 버튼을 클릭하여 프로그램을 실행한다.
④ 설치할 위치의 기본 폴더는 'C:\Program Files\Xinics'이다.

Tip ② 다른 폴더에 설치하려면 [찾아보기] 버튼을 눌러 위치를 선택한다.

47 다음 중 '제거하기'에 관한 설명으로 옳지 않은 것은?

① 바탕 화면의 '내 컴퓨터' 아이콘을 선택하거나, 작업 표시줄의 [시작] 버튼을 누른 후 '제어판'을 선택할 수 있다.

② 선택한 응용 프로그램과 모든 구성 요소를 완전히 제거하시겠습니까?'라는 메시지가 나타날 때 '확인' 버튼을 누르면 프로그램이 제거된다.

③ '현재 설치된 프로그램'의 항목 중 제거할 프로그램을 선택하고, '설치' 버튼을 누른다.

④ 설치 · 제거 마법사 창이 나타나면, '제거' 항목을 선택한다.

 ③ '현재 설치된 프로그램'의 항목 중 제거할 프로그램을 선택하고, '변경 · 제거' 버튼을 누른다.

48 다음 중 실행 환경의 연결이 바르지 않은 것은?

① OS – Windows XP/Windows Vista/Windows 7

② RAM – 3GB 이상

③ 디스플레이 – 최소 1024×768 디스플레이 해상도

④ HDD – 5GB 이상의 여유 공간

OS	Windows XP/Windows Vista/Windows 7(최신 서비스팩 설치) 및 DirectX 9.0c 지원
CPU	Intel Pentium Dual Core 이상 / AMD 애슬론 64 X2 이상
RAM	2GB 이상
그래픽 카드	nVidia Geforce 7600 이상 / AMD Radeon X2600 이상
HDD	5GB 이상의 여유 공간
Application	Windows Media Player 11 이상, Silverlight 4 이상, .net framework 4 이상, Windows Media Encoder 9
디스플레이	최소 1024×768 디스플레이 해상도

Answer → 46.② 47.③ 48.②

49 다음 중 메뉴에서 '파일'의 항목에 해당하지 않는 것은?

① 내보내기   ② 열기

③ 저장하기   ④ 최근 항목

 메뉴에서 '파일'에 해당하는 항목은 새로 만들기, 열기, 저장하기, 다른 이름으로 저장하기, 최근 항목, 제품 정보, 종료이다.

50 다음 중 프로그램에서 지원하지 않는 언어는?

① 한국어   ② 중국어

③ 영어   ④ 일본어

 지원하는 언어는 한국어, 영어, 일본어이다.

▌51~55 ▌ 다음은 부기보드의 제품 설명서이다. 각 물음에 답하시오.

기술사양

① 치수
 • 제품 크기 : 283mm×190×11 (11.1인치×7.5×0.4)
 • LCD 크기 : 241mm (9.5인치)
② 무게
 • 제품 무게 : 312g (11온스)
③ 온보드 메모리
 • 용량 : 최대 1,000개의 PDF 파일
④ 연결성
 • Bluetooth 2.1+EDR
 −비행기 모드 : 지우기 버튼을 누르고 있는 동안 전원 켜짐
 −Bluetooth® 페어링 모드 : 저장 버튼을 누르고 있는 동안 전원 켜짐
 • 마이크로USB 포트
⑤ 전원
 • 켜기/끄기 버튼
 • 한 번의 충전으로 일반적으로 최대 일주일 사용
 • 절전 모드 : 1시간의 비활성 후
⑥ 색
 • 장식을 위한 오렌지색 및 검은색
⑦ 호환성

- Mac OSX 10.8 이상
- Windows (Vista, 7, 8)
- Android 및 iOS(모바일 앱)
⑧ 보관
- 보관 온도 : −10℃ ~ 65℃(15℉ ~ 145℉) 온도 범위에서 보관
- 작동 온도 : 10℃ ~ 40℃(50℉ ~ 100℉) 온도 범위에서 작동

문제 해결

문제	솔루션
Boogie Board Sync가 반응하지 않습니다. 어떻게 해야 합니까?	1. 켜거나 끄려면 전원 버튼을 누르십시오. 2. USB 케이블을 연결해 Boogie Board Sync eWriter를 반드시 완전히 충전해 두십시오. 3. Boogie Board Sync eWriter를 뒤집어 리셋 버튼의 위치를 찾으십시오. 뭉툭한 핀이나 작은 물체를 이용해 버튼을 누르십시오.
노트 내용과 그림이 기기의 메모리에 저장되지 않습니다.	1. 쓰기는 반드시 제공된 Sync Stylus로 하시기 바랍니다. 상태표시등은 펜이 Boogie Board Sync eWriter에 댈 때 녹색으로 깜빡여야 합니다. 2. 그리기를 마친 후 이미지를 지우기 전에 저장 버튼을 실제로 눌러 파일을 메모리에 저장하도록 하십시오. 3. 기기는 반드시 충전된 상태여야 합니다. 4. 기기의 메모리는 꽉 채우지 않도록 하십시오(꽉 채우면 쓰기를 할 때 상태표시등이 적색으로 깜빡이게 됩니다). 5. 기기가 마이크로 USB 케이블을 통해 컴퓨터에 연결되지 않도록 하십시오. 연결 상태에서는 저장 기능이 작동되지 않습니다. 기기가 무선 연결된 경우에서는 저장이 가능합니다. 6. 뒷면의 리셋 기능으로 데이터가 사라지지 않습니다.
연결시켰는데도 Boogie Board Sync eWriter에 쓰기를 할 때 컴퓨터에 아무 것도 나타나지 않습니다.	먼저 웹사이트 http://www.improvelectronics.com/support/downloads/에서 Sync Virtual Download Companion(VDC)을 내려 받아 시작해야 합니다.

51 펜이 Boogie Board Sync eWriter에 댈 때 상태표시등은 무슨 색으로 깜빡여야 하는가?

① 노란색　　　　　　　　　　　② 적색

③ 파란색　　　　　　　　　　　④ 녹색

(Tip) ④ 상태표시등은 펜이 Boogie Board Sync eWriter에 댈 때 녹색으로 깜빡여야 한다.

52 Boogie Board Sync가 반응하지 않을 때, 해결 방안으로 적절하지 않은 것은?

① 뭉툭한 핀이나 작은 물체를 이용해 리셋 버튼을 누른다.

② 리셋 버튼을 눌러 데이터를 삭제한다.

③ 켜거나 끄려면 전원 버튼을 누른다.

④ USB 케이블을 연결해 Boogie Board Sync eWriter를 반드시 완전히 충전해 둔다.

(Tip) Boogie Board Sync가 반응하지 않을 때의 해결방안
　　ⓐ 켜거나 끄려면 전원 버튼을 누르십시오.
　　ⓑ USB 케이블을 연결해 Boogie Board Sync eWriter를 반드시 완전히 충전해 두십시오.
　　ⓒ Boogie Board Sync eWriter를 뒤집어 리셋 버튼의 위치를 찾으십시오. 뭉툭한 핀이나
　　　작은 물체를 이용해 버튼을 누르십시오.

53 기기의 메모리를 꽉 채우면 쓰기를 할 때 상태표시등은 무슨 색으로 깜빡이는가?

① 노란색　　　　　　　　　　　② 적색

③ 파란색　　　　　　　　　　　④ 녹색

(Tip) ② 꽉 채우면 쓰기를 할 때 상태표시등이 적색으로 깜빡이게 된다.

54 다음 중 보관 온도로 적절한 것은?

① 10℃ ~ 65℃

② 10℃ ~ 40℃

③ −10℃ ~ 40℃

④ −10℃ ~ 65℃

 보관 온도는 −10℃ ~ 65℃(15℉ ~ 145℉)이다.

55 다음 중 호환이 되지 않는 사양은?

① Mac OSX 10.8 이상

② Windows 10

③ Windows Vista

④ Android 및 iOS

 호환성
ㄱ Mac OSX 10.8 이상
ㄴ Windows (Vista, 7, 8)
ㄷ Android 및 iOS(모바일 앱)

Answer → 51.④ 52.② 53.② 54.④ 55.②

|56~60| 다음은 대전 지하철 노선도이다. 교통수단으로는 지하철을 이용하고, 지하철로 한 정거장을 이동할 때는 3분이 소요되며, 환승하는 경우 환승하는 시간은 5분이 소요된다. 각 물음에 답하시오.

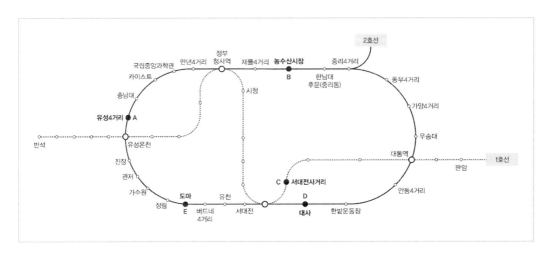

56 A역에서 D역으로 이동하기 위해서는 몇 정거장을 거쳐야 하는가?

① 10정거장   ② 11정거장

③ 12정거장   ④ 13정거장

 11정거장을 거쳐야 한다.

57 당신은 지금 C역에 있다. 12시에 중요한 점심약속이 B역에서 있다. 약속 시간 30분 전에 도착하려면 최소 몇 시에 출발해야 하는가?

① 11시 17분   ② 11시 15분

③ 11시 9분   ④ 11시 1분

 8정거장과 1번의 환승을 거쳐야 한다. 따라서 29분이 소요된다. 11시 30분까지 도착하기 위해서는 최소 11시 1분에는 출발해야 한다.

58 C역에서 A역까지 가는데 걸리는 최소 시간은 얼마인가?

① 30분   ② 33분

③ 35분   ④ 38분

(Tip) 11정거장과 1번의 환승을 한다. 따라서 38분이 걸린다.

59 A − E − D의 순으로 이동한다면, 몇 정거장을 이동하게 되는가?

① 10정거장   ② 11정거장

③ 12정거장   ④ 13정거장

(Tip) A − E : 6정거장
E − D : 5정거장
따라서 11정거장을 이동하게 된다.

60 두 사람이 각각 A역과 E역에 있다. 거리상 중간에서 만나기로 약속했다면, 어느 역에서 만나야 하는가? (환승 시간을 고려하지 않는다)

① 진잠   ② 관저

③ 가수원   ④ 정림

(Tip) A역과 E역의 중간은 3정거장이 떨어진 관저역이다.

Answer┌→ 56.② 57.④ 58.④ 59.② 60.②

회의일시	2016년 6월 10일	부서	식음료팀	작성자	박서원
참석자	총괄 매니저, 식음료 매니저, 식음료 캡틴, 바텐더				
회의안건	1. 여름 신상음료 개발 2. 고객 응대 방법 3. 식자재 정리와 재고파악 방법 4. 직원교육 방법				

	내용
회의내용	1. 여름 신상음료 개발 　－고객 취향 수집 　－여름 제철과일 확보 　－레시피 개발 　－내부 시음회 및 투표 　－배너 제작 　－직원 교육 활성 2. 고객 응대 방법 　－고객 동선 파악 　－직원 위치 조정 　－인사법 교육 3. 식자재 정리 및 재고파악 방법 – 주1회 　－직원 동선 파악 후, 제조시 동선이 가장 짧고 편하게 기물과 식자재 배치 　－재고 시트 작성 폼 만든 후, 보안점 수정 　－캡틴, 매니저, 총괄 매니저 순으로 서류 결재 후, 식자재 주문 　－재고 시트 작성방법 직원에게 교육 후, 빠른 시일 내에 제출 4. 직원교육 방법 　－매니저 책임 교육 　－리셉션 방법(캡틴) 　－재고 시트 작성(총괄 매니저)

결정사항	내용	진행일정
	제철과일 확보	금일부터
	롤플레잉 실시	6월 20일
	재고 파악	6월 15일 후부터
	교육시간 확보	매주 월요일

61 식자재 주문을 위한 절차가 맞는 것은?

① 캡틴→매니저→총괄 매니저→서류 결재 후→식자재 주문

② 매니저→캡틴→총괄 매니저→서류 결재 후→식자재 주문

③ 서류 결재 후→캡틴→총괄 매니저→매니저→식자재 주문

④ 매니저→총괄 매니저→캡틴→서류 결재 후→식자재 주문

 ① 식음료팀은 식자재를 주문하기까지 캡틴, 매니저, 총괄 매니저 순으로 서류 결재가 이루어진 후 식자재를 주문할 수 있다.

62 회의록을 통해 조직 간의 관계를 알 수 있는 내용이 아닌 것은?

① 이 조직은 10명으로 이루어져 있다.

② 재고 시트 작성 교육은 총괄 매니저에 의해서 시행된다.

③ 식음료팀 회의 내용이다.

④ 회의는 4명 구성으로 이루어졌다.

 ① 회의록을 통해서는 조직이 몇 명으로 이루어졌는지는 알 수 없다.

63 회의록을 보고 알 수 있는 내용이 아닌 것은?

① 회의주제   ② 실행날짜

③ 회의 내용   ④ 급여

 ④ 급여에 대한 정보는 나와 있지 않다.

Answer 61.① 62.① 63.④

64 회의 결과 가장 먼저 해야 할 업무는 무엇인가?

① 제철과일 확보

② 재고 파악

③ 롤플레잉 실시

④ 고객 동선 파악 후 직원 위치 조정

> (Tip) ① 제철과일 확보의 진행일정이 금일부터라고 되어 있으므로, 회의 결과 가장 먼저 해야 할 업무라는 것을 알 수 있다.

65 다음 중 회의안건에 대한 회의내용으로 언급되지 않은 것은?

① 인사법 교육을 통해 고객 응대에 대비한다.

② 여름 신상음료 개발을 위해 고객 취향을 수집한다.

③ 매니저 교육을 통해 서비스를 향상시킨다.

④ 주 1회마다 식자재 정리를 해야 한다.

> (Tip) ③ 매니저가 책임 교육을 통해 직원을 교육한다는 내용은 나와있지만, 매니저 교육에 관한 내용은 나와있지 않다.

66 귀하는 3개 시에 있는 지역본부 담당자에게 대외비 문서를 오늘 중 도착할 수 있도록 하라는 지시를 받았다. 귀하는 바쁜 관계로 터미널로 가서 고속버스 화물 택배로 정확히 같은 시각에 3개 지역본부로 내려 보내려고 한다. 안내원에게 문의했더니 3개 시로 가는 고속버스는 09시에 동시에 출발했고, 배차 간격은 각각 15분, 9분, 12분이라고 한다. 화물 택배를 의뢰하는 업무는 10분이면 끝낼 수 있다. 귀하는 늦어도 몇 시까지 터미널로 도착해야 업무를 처리할 수 있는가?

① 11시 10분 전에는 도착해야 한다.

② 11시 10분까지는 도착해야 한다.

③ 12시 10분 전에는 도착해야 한다.

④ 12시 10분까지는 도착해야 한다.

> (Tip) 배차 간격이 15분, 9분, 12분이기 때문에 180분 후에 동시 출발이 이뤄진다. 문제에서는 9시에 동시 출발을 했으니, 다음 번에는 12시에 동시 출발을 하는 것이며, 업무처리는 10분이면 된다고 했기 때문에 정답은 ③이 된다.

┃67~70┃ 다음은 전기 자동차의 계기판, 표시등 및 경고등에 관한 내용이다. 각 물음에 답하시오.

〈계기판〉	
㉠ 속도계	차량의 주행 속도를 나타냅니다.
㉡ 회생 제동 /ECO/파워게이지	회생 제동/ECO/파워게이지는 경제운전 안내 시스템입니다. 주행할 때 효율적인 연비로 운전할 수 있는 영역을 계기판에 표시하여 운전자에게 알려 줌으로써 연비 향상에 도움을 줍니다. • 운전자의 주행 조건에 따라 게이지가 움직이게 됩니다. − CHARGE 구간으로 내려올수록 감속 에너지를 전기 에너지로 많이 변환하고 있음을 표시합니다. − ECO 구간에 게이지가 움직이고 있으면 효율적인 경제운전을 하고 있음을 의미하며, 파워구간으로 올라갈수록 연비가 불리합니다. − POWER 구간은 가속, 오르막 길 주행 시 모터 소비 전력을 표시합니다. 전기 에너지가 많이 소모될수록 눈금이 올라갑니다.
㉢ 구동용 배터리 충전량 표시계	시동 「ON」인 상태에서 구동용 배터리 충전 상태를 나타냅니다. • 구동용 배터리 충전 상태를 나타냅니다. 표시계에서 L(Low) 위치는 구동용 배터리 잔량이 부족하여 충전이 필요한 상태이며, H(High) 위치는 구동용 배터리 완전 충전 상태를 표시합니다. • 고속도로나 자동차 전용도로를 주행할 경우는 주행 전에 구동용 배터리 충전이 충분한지 미리 확인하십시오. • 구동용 배터리 충전 표시계 눈금이 2개일 때 배터리 잔량 경고등이 켜집니다. • 경고등이 켜진 이후에 주행 가능한 거리는 약 30~40km 정도입니다(주행 속도, 냉난방 사용, 날씨, 운전 습관 등 사용 환경에 따라 달라짐). 충전이 필요합니다.

	주행 가능 표시등	차량이 주행 가능한 상태를 나타내며 시동 후 주행 준비가 완료되면 켜집니다. • 켜짐 : 정상 주행 가능 상태 • 꺼짐 : 정상 주행 불가능 상태, 고장 발생시 • 깜빡임 : 비상 운전 상태 표시등이 꺼지고, 깜빡일 경우 이상이 발생한 것이므로 가까운 자사 직영 서비스센터나 블루핸즈에서 점검 및 정비를 받으십시오.
	서비스 경고등	시동을 「ON」하면 경고등이 켜졌다가 3초 후에 꺼집니다. 전기차 제어 시스템과 관련된 센서의 고장이나 액츄에이터, 에어컨용 전동압축기 등에 이상이 있을 때 켜집니다. 주행 중에 경고등이 켜지거나 시동 후 꺼지지 않는 경우 가까운 자사 직영 서비스센터나 블루핸즈에서 점검 및 정비를 받으십시오.
	파워다운 경고등	다음과 같은 경우, 전기차의 안전을 위해 차량 출력이 제한 되는 경우에 켜집니다. • 구동용 배터리의 잔량이 약 12% 이하일 때, 전압이 낮아지고 있을 때, 모터나 구동용 배터리의 온도가 높거나 낮을 때, 냉각 시스템에 이상이 있을 경우, 정상적인 주행에 문제가 되는 고장이 발생한 경우
	충전 표시등	구동용 배터리 충전 상태를 표시합니다. 충전중이면 적색등이 켜집니다.
	구동용 배터리 잔량 경고등	구동용 배터리의 잔량이 약 20% 이하일 때 경고등이 켜집니다. 경고등이 켜지면 바로 충전하십시오. 경고등이 켜지면 배터리 잔량으로 주행 가능한 거리가 30~40km 정도이므로 즉시 충전하십시오. (단, 주행 가능 거리는 주행 조건에 따라 변경될 수 있습니다)
	전동 파워 스티어링(MD PS) 경고등	시동을 「ON」 하면 약 3초 동안 켜졌다가 꺼집니다. 3초 후에도 계속 경고등이 켜져 있거나 깜빡이면 전동 파워 스티어링 시스템에 이상이 있는 것이므로 가까운 자사 직영 서비스센터나 블루핸즈에서 점검 및 정비를 받으십시오.

(ABS)	ABS 경고등	시동을 「ON」 하면 약 3초 동안 켜졌다가 꺼집니다. 3초 후에도 계속 경고등이 켜져 있으면 ABS 장치에 이상이 있는 것이므로 가까운 자사 직영 서비스센터나 블루핸즈에서 점검 및 정비를 받으십시오. 주행 중에 ABS 경고등이 켜졌을 때는 1. 안전한 장소에 차를 세우고 시동을 끄십시오. 2. 다시 시동을 걸어 경고등이 켜졌다가 3초 후 꺼지면 이상 이 없는 것입니다. 경고등이 꺼지지 않거나 주행하는데 다시 켜진 경우에는 ABS 장치가 고장이 난 것이므로 자사 직영 서비스센터나 블루핸즈에서 점검과 정비를 받으십시오.
	보조 배터리 충전 경고등	보조 배터리가 방전 되었거나, LDC 등 충전 시스템에 이상이 생겼을 경우 경고등이 켜집니다. 주행 중 경고등이 켜질 경우, 차량을 안전한 곳으로 이동시키고 시동을 끈 후 다시 시동을 걸어 경고등이 꺼졌는지 확인하고, 경고등이 켜져 있으면 즉시 가까운 자사 직영 서비스센터나 블루핸즈에서 점검을 받으십시오. 경고등이 바로 꺼지더라도 가까운 자사 직영 서비스센터 또는 전기차 지정 블루핸즈에서 차량 점검을 받으십시오. 경고등이 켜진 상태로 주행하면 차량의 속도가 제한될 수 있으며, 보조 배터리의 방전 등의 문제가 발생할 수 있습니다.
EPB	전자식 파킹 브레이크(EPB) 경고등	전자식 파킹 브레이크에 이상이 있으면 경고등이 켜집니다. 가까운 자사 직영 서비스센터나 블루핸즈에서 점검 및 정비를 받으십시오.
AUTO HOLD	자동 정차 기능 표시등	자동 정차 기능 상태에 따라 표시등 색상은 변경됩니다. • 흰색 : AUTO HOLD 버튼을 눌러 기능이 켜졌을 때(준비 상태) • 녹색 : 주행 중에 브레이크 페달을 밟아 차량이 멈추면서 자동 정차 기능이 작동할 때 (다시 차량이 출발하면 흰색으로 변경됨) • 황색 : 자동 정차 기능에 이상이 있을 때 가까운 자사 직영 서비스센터나 블루핸즈에서 점검 및 정비를 받으십시오.

	전방 충돌방지 보조 시스템 경고등	시동을 「ON」하면 약 3초 동안 켜졌다가 꺼집니다. 3초 후에도 계속 경고등이 켜져 있으면 전방 충돌방지 보조 시스템에 이상이 있는 것이므로 가까운 자사 직영 서비스센터나 블루핸즈에서 점검 및 정비를 받으십시오.
	차로 이탈방지 보조 시스템 경고등	차로 이탈방지 보조 시스템 상태에 따라 표시등 색상이 변경합니다. • 흰색 : 버튼을 눌러 시스템이 켜졌을 때(준비 상태) • 녹색 : 시스템이 작동할 때 • 황색 : 시스템에 이상이 있을 때 가까운 자사 직영 서비스센터나 블루핸즈에서 점검 및 정비를 받으십시오.
	차체자세 제어(ESC) 장치 작동 표시등	시동을 「ON」하면 표시등이 켜지고 ESC 장치에 이상이 없으면 약 3초 후에 꺼집니다. 운전 중에 ESC가 작동할 때는 작동하는 동안 깜빡입니다. 단, 작동 표시등이 꺼지지 않고 계속 켜지거나 주행 중에 켜질 경우 ESC 장치에 이상이 있는 것이므로 가까운 자사 직영 서비스센터나 블루핸즈에서 점검을 받으십시오.
	차체자세 제어(ESC) 장치 작동 정지 표시등	시동을 「ON」하면 표시등이 켜지고 ESC 장치에 이상이 없으면 약 3초 후에 꺼집니다. [🚗]버튼을 눌러 ESC를 끄면 🚗표시등이 켜져 ESC 장치가 작동되지 않고 있음을 알려줍니다.
	키 확인 표시등	키 확인 표시등은 상황에 따라 다음과 같이 켜지거나 꺼집니다. 스마트 키가 차 안에 있을 경우에 시동 버튼 「ACC」또는 「ON」상태에서는 표시등이 수초 동안 켜져 시동을 걸 수 있음을 알려 줍니다. 그러나 스마트 키가 차 안에 없을 경우에는 시동 버튼을 누르면 표시등이 수초 동안 깜빡이며 시동을 걸 수 없음을 알려 줍니다. 이때는 시동이 걸리지 않습니다.

67 다음 중 시동 후 계속 켜져 있을 경우 자동차에 이상이 발생한 것임을 나타내는 표시등 및 경고등이 아닌 것은?

① ② ③ ④

> **Tip** 주행 가능 표시등의 경우 차량이 주행 가능한 상태를 나타내며 시동 후 주행 준비가 완료되면 켜진다. 표시등이 꺼진 경우 정상 주행이 불가능한 상태이거나 고장이 발생한 것이다.

68 주행 중인 차량 계기판에 다음과 같은 경고등이 들어온 이유로 옳지 않은 것은? (단, 경고등이 계기판에서 검은색으로 색칠되어 있을 경우 켜진 것으로 간주한다)

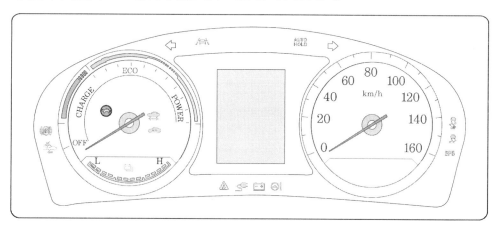

① 구동용 배터리의 잔량이 15%일 때
② 전압이 낮아지고 있을 때
③ 구동용 배터리의 온도가 높거나 낮을 때
④ 냉각 시스템에 이상이 있을 때

> **Tip** 파워다운 경고등의 경우 구동용 배터리의 잔량이 약 12% 이하일 경우 켜진다.

Answer 67.② 68.①

69 L그룹 영업부에 근무하는 甲은 거래처로 이동하기 위해 오르막 길을 오르던 중 구동용 배터리 잔량 경고등이 들어온 것을 확인하고 3시 방향에 위치한 전기차 충전소로 들어가려고 속도를 30km/h로 올렸다. 이때의 계기판 표시로 적절한 것은? (단, 경고등 및 표시등이 계기판에서 검은색으로 색칠되어 있을 경우 켜진 것으로 간주한다)

①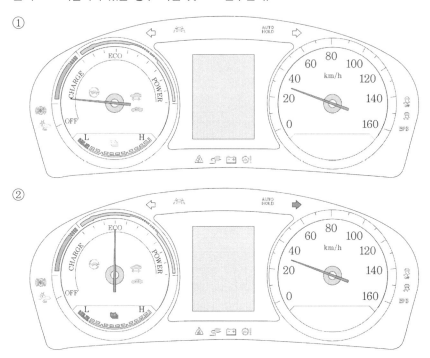

②

③

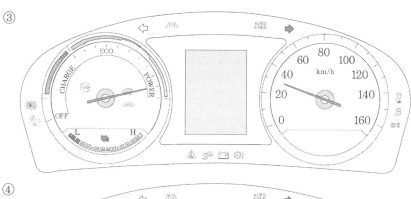

④

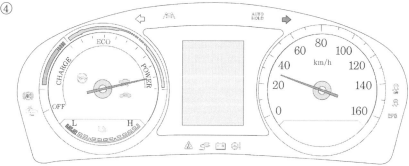

Tip 구동용 배터리 잔량 경고등이 들어왔으므로 구동용 배터리 충전 표시계 눈금이 2개이며 구동용 배터리 잔량 경고등이 점등된다. 오르막 길을 주행 중이므로 회생 제동/ECO/파워게이지의 바늘은 POWER쪽에 위치해야 한다. 3시 방향에 위치한 전기차 충전소로 들어가려고 속도를 30km/h로 올렸으므로 오른쪽 방향 전환 지시등이 점등되고 속도계의 바늘은 20과 40 중간에 위치한다.

Answer 69.③

70 다음 중 색상이 3가지로 변경될 수 있는 표시등 및 경고등과 보조 배터리가 방전 되었을 때 켜지는 경고등이 점등된 상태의 계기판으로 적절한 것은? (단, 경고등 및 표시등이 계기판에서 검은색으로 색칠되어 있을 경우 켜진 것으로 간주한다)

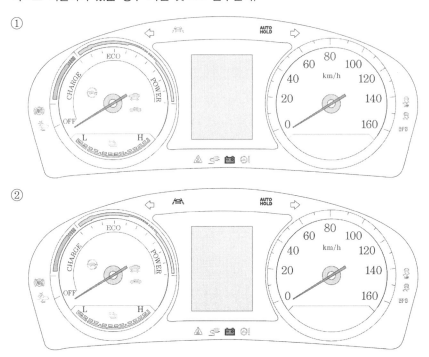

③

④

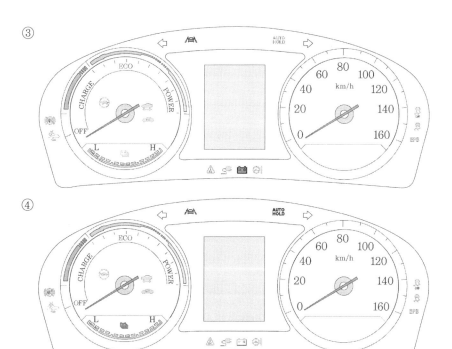

(Tip) 차로 이탈방지 보조 시스템 경고등, 자동 정차 기능 표시등, 보조 배터리 충전 경고등이 검
은색으로 색칠 되어야 한다.

Answer↱ 70.②

자료해석

1~2 다음 표는 2014년 A지역의 20세 이상 인구의 소득수준별 선호음악 장르를 나타낸 것이다.

(단위 : %)

장르 \ 연소득	연소득 1억 원 이상	연소득 7천만~1억 원	연소득 5천~7천만 원	연소득 2천~5천만 원	연소득 2천만 원 이하
트로트	21.0	19.5	20.1	25.2	33.5
댄스	7.2	18.4	18.5	22.7	22.9
발라드	30.4	37.5	35.2	33.3	30.1
클래식	41.4	24.6	26.2	18.8	13.5

1 표에 대한 설명으로 옳지 못한 것은?

① 연소득 1억 원 이상 구간에서는 클래식을 선호하는 비중이 가장 높다.

② 연소득 2천만 원 이하 구간에서는 발라드가 두 번째로 선호도가 높다.

③ 트로트를 좋아하는 연소득 1억 원 이상의 인구는 발라드를 좋아하는 연소득 1억 원 이상 인구의 절반 이상이다.

④ 트로트를 좋아하는 인구의 절반 이상이 연소득 7천만 원 이상이다.

Tip ④ 연소득 7천만 원 이상인 사람 중 트로트를 좋아하는 인구는 21.0＋19.5＝40.5(%)이다.

2 위의 표를 보고 학생들이 발표한 내용이다. 다음 중 틀린 언급을 한 학생을 고르면?

① 혜원 : 연소득이 높을수록 클래식을 좋아하는 것을 보니 클래식 선호와 연소득은 인과관계가 있구나.

② 주은 : 연소득이 낮아질수록 댄스음악을 좋아하는 비중은 꾸준히 증가하고 있어.

③ 려원 : 연소득 7천만 원 이상의 인구의 선호음악 비중과 연소득 5천만 원 미만의 선호음악 비중은 차이를 보여.

④ 희철 : 연소득이 높은 상위 1구간에서는 댄스음악 선호도가 가장 낮구나.

 ① 1구간에서는 클래식, 2~4구간에서는 발라드, 5구간에서는 트로트를 선호한다. 클래식 선호와 연소득은 인과관계가 없다.

▌3~4▌ 다음은 서원중학교 학생들의 하루 평균 TV시청 시간을 조사한 것이다. 물음에 답하시오.

시청 시간(분)	도수(명)	상대도수
0 이상 ~ 30 미만	2	
30 이상 ~ 60 미만		
60 이상 ~ 90 미만	A	0.4
90 이상 ~ 120 미만		0.25
120 이상 ~ 150 미만		0.1
합계	40	1

3 A에 알맞은 수를 구하면?

① 14　　　　　　　　　　　② 15

③ 16　　　　　　　　　　　④ 17

 상대도수 $= \dfrac{\text{해당 계급의 도수}}{\text{전체 도수}}$ 이므로,

$\dfrac{A}{40} = 0.4$

$\therefore A = 16$

Answer 1.④　2.①　3.③

4 하루 평균 TV시청 시간이 60분 미만인 학생은 몇 명인가?

① 8명   ② 9명
③ 10명   ④ 11명

시청 시간(분)	도수(명)	상대도수
0 이상 ~ 30 미만	2	0.05
30 이상 ~ 60 미만	8	0.2
60 이상 ~ 90 미만	16	0.4
90 이상 ~ 120 미만	10	0.25
120 이상 ~ 150 미만	4	0.1
합계	40	1

∴ 2 + 8 = 10(명)

5 다음은 상용근로자 5인 이상 사업체에 종사하고 있는 근로자의 근무 조건에 대한 분석 결과이다. 자료를 해석한 것으로 적절하지 않은 것은?

(단위 : 일, 시간, 천 원)

구분	2014년	2015년	2016년	2017년	2018년
근로 일수	21.5	21.5	21.2	21.1	20.9
근로 시간	185	180.6	180.2	178	177
임금 총액	3,047	3,019	3,178	3,299	3,378

① 월 평균 근로 일수는 감소하고 있는 추세이다.

② 2016년 상용 근로자의 하루 평균 근로 시간은 8.5시간이다.

③ 근로 시간은 감소하며 임금 총액은 증가하고 있다.

④ 2018년에는 평균적으로 1시간당 20,000원 미만의 임금을 수령했다.

Tip   ③ 2014년에서 2015년 사이에는 임금총액이 감소하였다.

6 다음은 개인정보를 활용한 보이스피싱(전화금융사기) 피해신고 건수 및 금액에 대한 자료이다. 이에 대한 설명으로 옳은 것은?

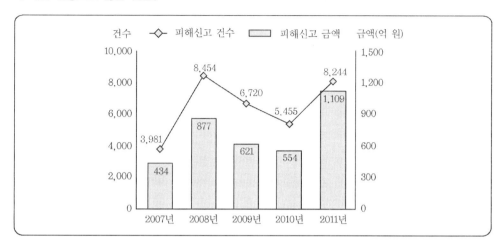

① 보이스피싱 피해신고 건수는 2008년 이후 점차 감소하다가 2011년에 다시 급격히 증가하였다.

② 보이스피싱 피해신고 건수 및 금액이 가장 많았던 해와 적었던 해는 각각 같다.

③ 2007년 ~ 2011년 보이스피싱 피해신고 금액의 평균은 700억 원에 미치지 못한다.

④ 전년 대비 2011년 보이스피싱 피해신고 건수의 증가율은 50% 이하이다.

② 보이스피싱 피해신고 건수가 가장 많았던 해는 2008년이고, 금액이 가장 많았던 해는 2011년이다.
③ 2007년 ~ 2011년 보이스피싱 피해신고 금액의 평균은 719억 원이다.
④ 전년 대비 2011년 보이스피싱 피해신고 건수의 증가율은 50% 이상이다.

｜7~9｜ 다음은 5가구의 평균 소득과 소비지출에 관한 표이다. 물음에 답하라.

구분	A	B	C	D	E
가구당 평균소득 (천 원)	3,460.3	806.1	2,514.0	5,885.7	1,770.0
가구당 평균지출 (천 원)	2,270.5	1,015.7	1,847.4	3,223.1	1,525.5
소비지출 구성비(%)	100.0	100.0	100.0	100.0	100.0
식료품	28.4	33.7	30.6	25.4	31.2
(외식)	13.3	10.0	13.5	12.1	12.4
주거	2.9	5.5	3.1	2.5	4.0
광열수도	3.3	5.4	3.8	2.7	4.2
가구가사용품	4.0	3.6	3.8	4.6	3.4
피복신발	4.3	3.6	3.9	4.8	3.9
보건의료	4.1	6.2	4.6	4.4	5.3
교육	14.2	8.4	12.8	14.2	11.5
교양오락	4.8	4.1	4.4	6.1	3.2
교통통신	18.1	16.0	17.2	15.9	17.7
(통신)	6.9	7.6	7.3	5.3	7.5
기타 소비지출	15.9	13.6	15.7	19.3	14.4
(잡비)	12.2	9.6	11.7	15.6	10.3

7 위의 표를 보고 해석한 내용으로 옳지 않은 것은?

① B의 경우 평균 지출보다 평균 소득이 더 적다.

② 소비지출 구성비에서 A가 C보다 보건의료비에 지출하는 비율이 크다.

③ B와 D 사이의 평균 소득 격차는 약 7.3배이고, 평균 소비지출의 격차는 약 3.2배이다.

④ 평균 소득이 높은 가구의 교육비 지출비용이 상대적으로 높아, D의 해당지출의 구성비는 B에 비해 5.8%p가 높다.

 ② 소비지출 구성비에서 A가 보건의료비에 지출하는 비율은 4.1%, C가 보건의료비에 지출하는 비율은 4.6%로 A보다 C의 지출이 더 크다.

8 B와 D 사이의 교육비 지출의 차이는 얼마인가?

① 20 ~ 25만 원

② 26 ~ 30만 원

③ 31 ~ 35만 원

④ 36 ~ 40만 원

 B 교육비 지출 금액 : $1,015,700 \times 0.084 = 85,318.8$
D 교육비 지출 금액 : $3,223,100 \times 0.142 = 457,680.2$
$457,680.2 - 85,318.8 = 372,361.4$(원)

9 A와 C 사이의 식료품 지출의 차이는 얼마인가?

① 1 ~ 5만 원

② 6 ~ 10만 원

③ 11 ~ 15만 원

④ 16 ~ 20만 원

 A 식료품 지출 금액 : $2,270,500 \times 0.284 = 644,822$
C 식료품 지출 금액 : $1,847,400 \times 0.306 = 565,304.4$
$644,822 - 565,304.4 = 79,517.6$(원)

Answer → 7.② 8.④ 9.②

■10~11 ■ 다음은 만화산업의 지역별 수출, 수입액 현황에 대한 자료이다. 각 물음에 답하시오.

(단위 : 천 달러)

구분		중국	일본	동남아	북미	유럽	기타	합계
수출액	2016년	986	6,766	3,694	2,826	6,434	276	20,982
	2017년	1,241	7,015	4,871	3,947	8,054	434	25,562
	2018년	1,492	8,165	5,205	4,208	9,742	542	29,354
수입액	2016년	118	6,388	—	348	105	119	7,078
	2017년	112	6,014	—	350	151	198	6,825
	2018년	111	6,002	—	334	141	127	6,715

10 2018년 전체 수출액 중 가장 높은 비중을 차지하는 지역의 수출액 비중과, 2018년 전체 수입액 중 가장 높은 비중을 차지하는 지역의 수입액 비중의 차를 구한 것은? (단, 각 비중은 소수점 이하 셋째 자리에서 반올림한다)

① 56.2%p
② 58.4%p
③ 60.6%p
④ 62.8%p

 2018년 유럽 : $\frac{9,742}{29,354} \times 100 ≒ 33.18$

2018년 일본 : $\frac{6,002}{6,715} \times 100 ≒ 89.38$

$89.38 - 33.18 = 56.2(\%p)$

11 2016년 전체 수출액 중 가장 낮은 비중을 차지하는 지역의 수출액 비중과, 2016년 전체 수입액 중 가장 낮은 비중을 차지하는 지역의 수입액 비중의 차를 구한 것은? (단, 각 비중은 소수점 이하 둘째 자리에서 반올림한다, 기타 지역은 제외한다)

① 1.2%p
② 3.2%p
③ 5.1%p
④ 7.3%p

 2016년 중국 : $\frac{986}{20,982} \times 100 ≒ 4.7$

2016년 유럽 : $\frac{105}{7,078} \times 100 ≒ 1.5$

$4.7 - 1.5 = 3.2(\%p)$

12 다음은 국립공원 중 일부의 면적 현황에 관한 자료이다. 이에 대한 설명으로 옳지 않은 것은?

(단위 : km^2)

구분	2011년	2012년	2013년	2014년	2015년~2018년
지리산	471,758	471,758	471,625	483,022	483,022
계룡산	64,683	64,683	64,602	65,335	65,335
한려해상	545,627	545,627	544,958	535,676	535,676
속리산	274,541	274,541	274,449	274,766	274,766
내장산	81,715	81,715	81,452	80,708	80,708
가야산	77,074	77,074	77,063	76,256	76,256
덕유산	231,650	231,650	231,649	229,430	229,430
북한산	79,916	79,916	79,789	76,922	76,922
월악산	287,977	287,977	287,777	287,571	287,571
소백산	322,383	322,383	322,051	322,011	322,011

① 2014년 이후로는 모든 국립공원이 동일한 면적을 유지하고 있다.

② 면적의 감소 여부와 상관없이 가장 면적이 넓은 국립공원은 한려해상 국립공원이다.

③ 2013년부터 2014년 사이 면적이 늘어난 국립공원은 총 4개이다.

④ 2011년 덕유산 국립공원의 면적은 같은 해 계룡산 국립공원 면적의 3배 이상이다.

 ③ 2013년부터 2014년 사이 면적이 늘어난 국립공원은 지리산, 계룡산, 속리산 총 3개이다.

∥13~14∥ 다음은 2006년 ~ 2012년까지 ○○과수원의 과일 A와 과일 B의 수확량을 나타낸 그래프이다. 물음에 답하라.

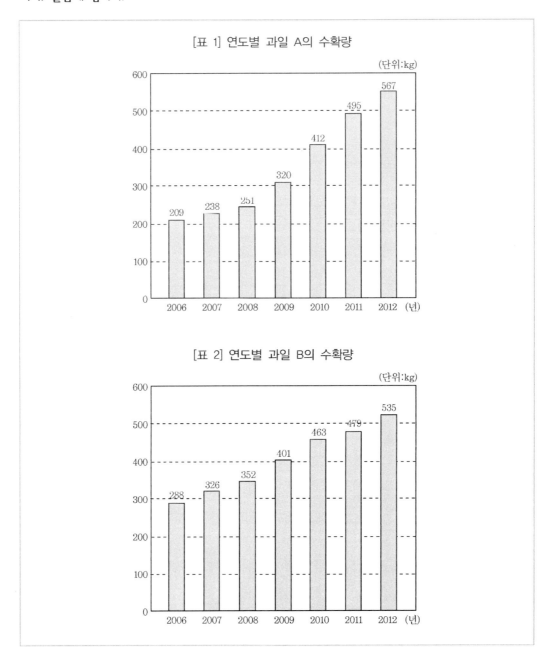

[표 1] 연도별 과일 A의 수확량

[표 2] 연도별 과일 B의 수확량

13 다음 중 옳은 것은?

① 과일 A수확량의 전년 대비 증가율은 2011년이 2010년보다 높다.

② 연도별로 살펴보면, 과일 B의 수확량은 계속해서 줄어들고 있다.

③ 2008년부터 2012년까지 과일 B의 평균 수확량은 460kg이다.

④ 2012년 과일 B의 수확량은 전년 대비 11% 이상의 증가율을 보인다.

 ① 과일 A수확량의 전년 대비 증가율은 2010년이 2011년보다 높다.
② 연도별로 살펴보면, 과일 B의 수확량은 2011년을 제외하고 계속해서 증가하고 있다.
③ $352 + 401 + 463 + 479 + 535 = 446$(kg)

14 2013년에 과일 A의 수확량이 전년 대비 12% 증가하였다면, 2012년 과일 A의 수확량은 얼마인가?

① 약 604kg

② 약 618kg

③ 약 626kg

④ 약 635kg

 $567 + \left(567 \times \dfrac{12}{100}\right) = 635.04$(kg)

Answer ⌐→ 13.④   14.④

|15~16| 다음 표는 미성년자 흡연율에 관한 자료이다. 물음에 답하시오.

(단위 : %)

학년	미성년자 흡연율		
	2016년	2017년	2018년
고3	16.4	15.8	15.0
고2	16.0	15.7	15.3
고1	15.7	15.0	14.8
중3	14.9	14.4	14.3
중2	14.4	13.1	13.0
중1	10.6	10.4	10.4

15 다음 중 표에 대한 해석으로 옳지 않은 것은?

① 2016년 대비 2017년에 학년별 흡연율 감소가 큰 순으로 나열하면, 중2 > 고1 > 고3 순이다.

② 2017년 대비 2018년에 학년별 흡연율 감소가 큰 순으로 3개 학년을 나열하면, 고3 > 고2 > 고1 순이다.

③ 2016년 대비 2018년에 학년별 흡연율 감소가 큰 순으로 나열하면, 고3 > 중2 > 고1 > 고2 > 중3 > 중1 순이다.

④ 2018년에 학년별 흡연율이 높은 순서대로 나열하면, 고2 > 고3 > 고1 > 중3 > 중2 > 중1 순이다.

 ③ 2016년 대비 2018년에 학년별 흡연율 감소는 고3과 중2가 1.4%로 같다.

16 다음 중 옳지 않은 것은?

① 2016년 학년별 흡연율이 높은 3번째와 4번째는 고1, 중3이다.

② 2018년 학년별 흡연율이 낮은 2번째와 3번째는 중2, 중3이다.

③ 2017년 흡연을 하는 학생 수는 고3이 고2보다 더 많다.

④ 2017년 고1의 흡연율이 2016년 중3의 흡연율보다 더 낮다.

 ④ 2017년 고1의 흡연율이 2016년 중3의 흡연율보다 0.1%p 더 높다.

▌17~18 ▌ 다음은 해외여행 상품의 비용에 관한 자료이다. 다음 질문에 답하시오.

여행지	일정	1인당 요금	할인 조건
스위스	7일	280만 원	1. 주중 출발 20% 할인(단, 주중 월~목 출발)
괌	10일	420만 원	2. 사전 예약 할인 (1) 3개월 전 예약 20% 할인 (2) 2개월 전 예약 10% 할인
푸켓	5일	160만 원	(3) 1개월 전 예약 5% 할인 3. 미성년자 : 성인 요금의 80% 할인
세부	6일	210만 원	4. 만 65세 이상 : 여행 요금의 10% 할인(단, 주중 출발에 　는 적용되지 않음)

17 어느 노부부가 결혼 50주년 여행을 가려고 모아 둔 300만 원을 가지고 한 달 뒤인 6월 12일(월)에 여행을 간다고 했을 때, 가능한 여행지를 고르면? (단, 2명 모두 70세 이상이다)

① 스위스　　　　　　　　　　② 괌
③ 푸켓　　　　　　　　　　　④ 세부

 주중 출발 할인 20%와 1개월 전 예약 할인 5%를 받을 수 있다.

여행지	2인 요금	할인된 요금
스위스	560만 원	$560 \times 0.75 = 420$(만 원)
괌	840만 원	$840 \times 0.75 = 630$(만 원)
푸켓	320만 원	$320 \times 0.75 = 240$(만 원)
세부	420만 원	$420 \times 0.75 = 315$(만 원)

18 다음 주 토요일에 가족 여행을 떠나려고 계획하고 있다. 어머니(55세), 아버지(50세), 나(27세), 동생(초등학생) 4명이서 해외여행을 가려고 할 때, 하루당 비용이 두 번째로 비싼 여행지는? (단, 예약은 지금 바로 하는 것을 기준으로 한다)

① 스위스
② 괌
③ 푸켓
④ 세부

여행지	성인 하루당 비용	미성년자 하루당 비용	가족 전체 하루당 비용
스위스	40만 원	8만 원	$40 \times 3 + 8 = 128$
괌	42만 원	8.4만 원	$42 \times 3 + 8.4 = 134.4$
푸켓	32만 원	6.4만 원	$32 \times 3 + 6.4 = 102.4$
세부	35만 원	7만 원	$35 \times 3 + 7 = 112$

19 다음 표는 2018년 6월~9월 한국의 4개국에 대한 수출과 수입 현황을 나타낸 자료이다. 다음 중 표에 대한 해석으로 옳지 않은 것은?

(단위 : 천만 달러)

구분	수출	수입
중국	1,861	1,213
일본	764	1,578
미국	1,376	1,019
러시아	345	306

① 한국이 적자를 보고 있는 국가는 일본이다.
② 수입에 대한 수출의 비율이 가장 큰 국가는 중국이다.
③ 한국의 수출액이 가장 높은 국가는 미국이다.
④ 일본에서 수입하는 것은 러시아에서 수입하는 것의 5배 이상이다.

③ 한국의 수출액이 가장 높은 국가는 중국이다.

20 다음 표는 A고교의 교내 동아리별 학생 수를 나타낸 것이다. 도서반의 전년대비 증가율이 2017년과 2018년이 같을 때, 2018년의 도서반 학생 수를 고르면? (단, 각 동아리는 고1, 고2만으로 구성되어 있으며, 증가율은 소수 둘째 자리, 학생 수는 소수 첫째 자리에서 반올림한다)

동아리 명	2015년	2016년	2017년	2018년
방송반	17	17	16	18
화학반	21	22	20	19
RCY	32	35	36	38
도서반	29	20	30	

① 45명

② 46명

③ 47명

④ 48명

 ㉠ 전년대비 2017년 도서반 학생 수의 증가율

$$\frac{30-20}{20} \times 100 = 50\%$$

㉡ 2018년 도서반 학생 수를 x라 하면,

$$\frac{x-30}{30} \times 100 = 50\%$$

$$\therefore x = 45명$$

21~22 다음 표는 2018년의 전국과 수도권의 교통사고 사망자 수와 십만 명당 사망자 수를 나타낸 자료이다. 다음 질문에 답하라.

(단위 : 명)

지역	성별	사망자 수	십만 명당 사망자 수
전국	남	15,325	57.3
	여	11,425	42.3
서울특별시	남	2,671	39.2
	여	1,509	38.5
인천광역시	남	405	48.2
	여	503	40.2
경기도	남	4,563	43.5
	여	1,123	35.2

21 표에 대한 해석으로 옳지 않은 것은?

① 전국적으로 봤을 때, 사망자 수는 여자보다 남자가 더 많다.
② 여자의 십만 명당 사망자 수가 가장 많은 곳은 경기도이다.
③ 남자의 십만 명당 사망자 수가 가장 많은 곳은 인천광역시이다.
④ 사망자 수가 가장 적은 지역은 인천광역시이다.

(Tip) ② 여자의 십만 명당 사망자 수가 가장 많은 곳은 인천광역시이다.

22 다음 중 2018년에 경기도의 인구수로 옳은 것은? (단, 소수점 이하 둘째 자리에서 반올림한다)

① 12,350,000명
② 13,680,000명
③ 20,120,000명
④ 21,320,000명

(Tip) 남 : $4,563 \div 43.5 = 104.9$
여 : $1,123 \div 35.2 = 31.9$
$\therefore (104. + 31.9) \times 100,000 = 13,680,000$(명)

▌23~24▐ 다음 그래프는 우리나라 통신 3사의 시장 점유율을 나타낸 것이다. 다음 질문에 답하라.

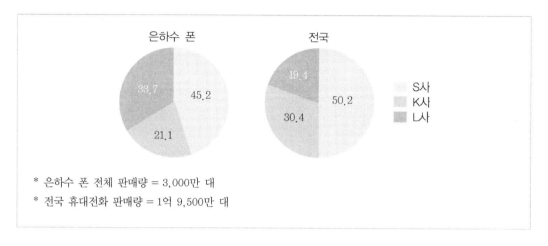

은하수 폰

전국

S사
K사
L사

* 은하수 폰 전체 판매량 = 3,000만 대
* 전국 휴대전화 판매량 = 1억 9,500만 대

23 다음 중 L사의 은하수 폰 판매량을 고르면?

① 515만 대 ② 633만 대
③ 821만 대 ④ 1,011만 대

 $3,000 \times 0.337 = 1,011$(만 대)

24 K사와 L사로 전국에서 판매한 휴대전화 개수의 합이 S사에서 판매한 휴대전화의 개수와 같아지려면 몇 대를 더 팔아야 하는가?

① 75만 대 ② 78만 대
③ 81만 대 ④ 84만 대

 K사+L사 : $19.4 + 30.4 = 49.8\%$
S사 - (K사+L사) : $50.2 - 49.8 = 0.4\%$
$19,500 \times 0.004 = 78$(만 대)

Answer ↪ 21.② 22.② 23.④ 24.②

▌25~27 ▐ 다음 표는 시현, 지인, 우진이의 수능 성적 중에서 국어, 수학, 영어의 원점수를 나타낸 것이다. 다음 질문에 답하시오.

구분	국어	수학	영어
시현	91	74	81
지인	85	82	90
우진	80	90	75
전체 평균	75	70	75
표준편차	2	4	3

* 표준점수 $= \dfrac{\text{원점수} - \text{응시집단 전체 평균}}{\text{표준편차}} \times 10 + 100$

25 우진이의 수학에 대한 표준점수를 고르면?

① 110점   ② 125점

③ 150점   ④ 165점

(Tip) $\dfrac{90-70}{4} \times 10 + 100 = 150(\text{점})$

26 시현이의 영어에 대한 표준점수를 고르면?

① 100점   ② 110점

③ 120점   ④ 130점

(Tip) $\dfrac{81-75}{3} \times 10 + 100 = 120(\text{점})$

27 다음 중 국어의 표준점수가 가장 높은 사람은?

① 시현   ② 지인

③ 우진   ④ 모두 같다.

시현 : $\dfrac{91-75}{2} \times 10 + 100 = 180$(점)

지인 : $\dfrac{85-75}{2} \times 10 + 100 = 150$(점)

우진 : $\dfrac{80-75}{2} \times 10 + 100 = 125$(점)

▌28~29▐ 다음 표는 2012년부터 2017년까지 4년제 대학 졸업 또는 졸업 예정인 학생들의 대학원 진학률에 관한 자료이다. 다음 질문에 답하시오.

구분	2012년	2013년	2014년	2015년	2016년	2017년
대학원 진학률	15.9	15.4	15.2	15.3	15.3	14.9
교육 대학원	38.5	38.2	37.9	37.9	37.7	37.4
일반 대학원	33.1	33.0	32.7	32.8	32.9	32.6

* 교육 대학원, 일반 대학원의 진학률은 대학원에 진학한 사람을 기준으로 산정한 것이다.

28 2017년 4년제 대학 졸업 예정인 학생이 30만 명이라고 할 때, 대학원에 진학한 학생 중 일반 대학원에 진학한 사람의 수를 고르면? (단, 십의 자리에서 반올림한다.)

① 14,600명   ② 15,800명

③ 16,600명   ④ 17,200명

$300,000 \times \dfrac{14.9}{100} = 44,700$(명)

$44,700 \times \dfrac{32.6}{100} = 14,572.2$(명)

29 다음 중 제시된 표에 대한 해석으로 옳지 않은 것을 고르면?

① 2013년 대학원 진학률은 전년 대비 0.5%p 감소하였다.

② 2012년부터 2014년까지 교육 대학원과 일반 대학원의 진학률의 증감 추이는 비슷하다.

③ 대학원 진학률이 가장 낮을 때와 교육 대학원의 진학률이 가장 높을 때는 모두 2017년이다.

④ 교육 대학원과 일반 대학원의 진학률의 합이 가장 작았을 때는 2017년이다.

 ③ 2017년은 대학원 진학률과 교육대학원의 진학률이 가장 낮을 때이다.

▌30~31▐ 다음 표는 북한산 둘레길 코스에 관한 자료이다. 다음 질문에 답하시오.

구분	편도 거리(올라갈 때)	걸린 시간	평균 속도
A코스	5km	1시간 15분	4km/h
B코스	4km	( )	$\frac{8}{3}$ km/h
C코스	5km	1시간 45분	$\frac{20}{7}$ km/h
D코스	6km	1시간 30분	4km/h

* 내려올 때는 올라간 속도의 1.5배 속력으로 내려온다.

30 다음 중 괄호 안에 들어갈 수로 알맞은 것을 고르면?

① 1시간 ② 1시간 15분

③ 1시간 30분 ④ 1시간 45분

  $\dfrac{4}{x} = \dfrac{8}{3}$

$8x = 12$

$\therefore x = 1.5$

31 모든 코스는 정상과 연결되어 있다고 할 때, 다음 왕복 코스 중 가장 빨리 도착하는 코스를 고르면?

① A - B코스
② B - A코스
③ C - D코스
④ D - C코스

구분	편도 거리 (올라갈 때)	걸린 시간 (올라갈 때)	평균 속도 (올라갈 때)	평균 속도 (내려갈 때)	걸린 시간 (내려갈 때)
A코스	5km	75분	4km/h	6km/h	50분
B코스	4km	90분	$\frac{8}{3}$ km/h	4km/h	60분
C코스	5km	105분	$\frac{20}{7}$ km/h	4.3km/h	70분
D코스	6km	90분	4km/h	6km/h	60분

① A - B코스 : 75+60 = 135(분)
② B - A코스 : 90+50 = 140(분)
③ C - D코스 : 105+60 = 165(분)
④ D - C코스 : 90+70 = 160(분)

Answer ⟩ 29.③ 30.③ 31.①

│32~33│ 다음 자료를 보고 이어지는 물음에 답하시오.

〈2015~2019년 A국의 예산 및 세수입 실적〉

(단위 : 십억 원)

연도＼구분	예산액	징수결정액	수납액	불납결손액
2015	175,088	198,902	180,153	7,270
2016	192,620	211,095	192,092	8,200
2017	199,045	208,745	190,245	8
2018	204,926	221,054	195,754	2,970
2019	205,964	237,000	208,113	2,321

〈2019년 A국의 세수입항목별 세수입 실적〉

(단위 : 십억 원)

세수입항목＼구분	예산액	징수결정액	수납액	불납결손액
총 세수입	205,964	237,000	208,113	2,321
내국세	183,093	213,585	185,240	2,301
교통 · 에너지 · 환경세	13,920	14,110	14,054	10
교육세	5,184	4,922	4,819	3
농어촌 특별세	2,486	2,674	2,600	1
종합부동산세	1,281	1,709	1,400	6

※ 미수납액 = 징수결정액 − 수납액 − 불납결손액

※ 수납비율(%) = $\dfrac{수납액}{예산액} \times 100$

32 다음 자료에 대한 설명으로 옳지 않은 것은?

① 미수납액이 가장 큰 연도는 2019년이다.

② 2019년 내국세 미수납액은 총 세수입 미수납액의 95% 이상을 차지한다.

③ 2019년 세수입항목 중 수납비율이 가장 높은 항목은 종합부동산세이다.

④ 2019년 교통·에너지·환경세 미수납액은 교육세 미수납액보다 크다.

> (Tip)
> ④ $14,110 - 14,054 - 10 = 46$, $4,922 - 4,819 - 3 = 100$
> $\therefore\ 46 < 100$
> ① 2019년이 $237,000 - 208,113 - 2,321 = 26,566$ 십억 원으로 가장 크다.
> ② 2019년 내국세 미수납액: $213,585 - 185,240 - 2301 = 26,044$ 십억 원
>   2019년 총 세수입 미수납액: $237,000 - 208,113 - 2,321 = 26,566$ 십억 원
> $\therefore\ \dfrac{26,044}{26,566} \times 100 = 98\%$
> ③ $\dfrac{1,400}{1,281} \times 100 = 109\%$로 수납비율이 가장 높은 항목은 종합부동산세이다.

33 2015년과 2019년의 수납비율을 옳게 나열한 것은? (단, 계산 값은 소수점 둘째 자리에서 반올림한다)

2015	2019
① 95.6%	95.5%
② 99.7%	95.6%
③ 102.9%	101%
④ 101%	95.6%

> (Tip)
> 2015 : $\dfrac{180,153}{175,088} \times 100 = 102.9\%$
> 2019 : $\dfrac{208,113}{205,964} \times 100 = 101\%$

Answer↪ 32.④　33.③

34 다음 표는 2019년 3 ～ 4월 甲씨의 휴대폰 모바일 앱별 데이터 사용량에 대한 자료이다. 이에 대한 설명으로 옳은 것은?

월 앱 이름	3월	4월
G인터넷	5.3 GB	6.7 GB
HS쇼핑	1.8 GB	2.1 GB
톡톡	2.4 GB	1.5 GB
앱가게	2.0 GB	1.3 GB
뮤직플레이	94.6 MB	570.0 MB
위튜브	836.0 MB	427.0 MB
쉬운지도	321.0 MB	337.9 MB
JJ맴버십	45.2 MB	240.0 MB
영화예매	77.9 MB	53.1 MB
날씨정보	42.8 MB	45.3 MB
가계부	–	27.7 MB
17분운동	–	14.8 MB
NEC뱅크	254.0 MB	9.7 MB
알람	10.6 MB	9.1 MB
지상철	5.0 MB	7.8 MB
어제뉴스	2.7 MB	1.8 MB
S메일	29.7 MB	0.8 MB
JC카드	–	0.7 MB
카메라	0.5 MB	0.3 MB
일정관리	0.3 MB	0.2 MB

※ '–'는 해당 월에 데이터 사용량이 없음을 의미한다.

※ 제시된 20개의 앱 외 다른 앱의 데이터 사용량은 없다.

※ 1 GB(기가바이트)는 1,024 MB(메가바이트)에 해당한다.

① 3월과 4월에 모두 데이터 사용량이 있는 앱 중 3월 대비 4월 데이터 사용량의 증가량이 가장 큰 앱은 '뮤직플레이'이다.

② 'G인터넷'과 'HS쇼핑'의 3월 데이터 사용량의 합은 나머지 앱의 3월 데이터 사용량의 합보다 많다.

③ 4월에만 데이터 사용량이 있는 모든 앱의 총 데이터 사용량은 '날씨정보'의 4월 데이터 사용량보다 많다.

④ 3월과 4월에 모두 데이터 사용량이 있는 앱 중 3월 대비 4월 데이터 사용량이 감소한 앱은 9개이고 증가한 앱은 8개이다.

 ② 'G인터넷'과 'HS쇼핑'의 3월 데이터 사용량의 합(7.1 GB)은 나머지 앱의 3월 데이터 사용량의 합(약 6.1 GB)보다 많다.

① 증가량이 가장 큰 앱은 G인터넷이다.

③ 27.7 + 14.8 + 0.7 < 45.3

④ 사용량 증가는 7개, 사용량 감소는 10개이다.

Answer ↱ 34.②

| 35~36 | 다음 자료를 보고 이어지는 물음에 답하시오.

〈전기자동차 충전요금 산정기준〉

월 기본요금(원)	전력량 요율(원/kWh)			
	시간대 ＼ 계절	여름 (6~8월)	봄(3~5월), 가을(9~10월)	겨울 (1~2월, 11~12월)
2,390	경부하	57.6	58.7	80.7
	중간부하	145.3	70.5	128.2
	최대부하	232.5	75.4	190.8

※ 월 충전요금(원) = 월 기본요금
　　+(경부하 시간대 전력량 요율 × 경부하 시간대 충전 전력량)
　　+(중간부하 시간대 전력량 요율 × 중간부하 시간대 충전 전력량)
　　+(최대부하 시간대 전력량 요율 × 최대부하 시간대 충전 전력량)
※ 월 충전요금은 해당 월 1일에서 말일까지의 충전 전력량을 사용하여 산정한다.
※ 1시간에 충전되는 전기자동차의 전력량은 5 kWh이다.

〈계절별 부하 시간대〉

시간대 ＼ 계절	여름 (6~8월)	봄(3~5월), 가을(9~10월)	겨울 (1~2월, 11~12월)
경부하	00 : 00 ~ 09 : 00 23 : 00 ~ 24 : 00	00 : 00 ~ 09 : 00 23 : 00 ~ 24 : 00	00 : 00 ~ 09 : 00 23 : 00 ~ 24 : 00
중간부하	09 : 00 ~ 10 : 00 12 : 00 ~ 13 : 00 17 : 00 ~ 23 : 00	09 : 00 ~ 10 : 00 12 : 00 ~ 13 : 00 17 : 00 ~ 23 : 00	09 : 00 ~ 10 : 00 12 : 00 ~ 17 : 00 20 : 00 ~ 22 : 00
최대부하	10 : 00 ~ 12 : 00 13 : 00 ~ 17 : 00	10 : 00 ~ 12 : 00 13 : 00 ~ 17 : 00	10 : 00 ~ 12 : 00 17 : 00 ~ 20 : 00 22 : 00 ~ 23 : 00

35 다음 자료를 참고할 때 옳은 설명은?

① 모든 시간대에서 봄, 가을의 전력량 요율이 가장 낮다.

② 월 100 kWh를 충전했을 때 월 충전요금의 최댓값과 최솟값 차이는 16,000원 이하이다.

③ 중간부하 시간대의 총 시간은 6월 1일과 12월 1일이 동일하다.

④ 22시 30분의 전력량 요율이 가장 높은 계절은 여름이다.

 ③ 각각 8시간으로 동일하다. (○)

① 여름(경부하)이 봄 · 가을(경부하)보다 전력량 요율이 더 낮다. (×)

② 최소 : 57.6 × 100 = 5,760원, 최대 : 232.5 × 100 = 23,250원이며 차이는 16,000원 이상이다. (×)

④ 22시 30분에 최대부하인 계절은 겨울이다. (×)

36 다음 〈보기〉에서 충전 요금의 총합(㉠ + ㉡)은 얼마인가?

> ㉠ 12월 중간부하 시간대에만 100 kWh를 충전한 월 충전요금
> ㉡ 6월 경부하 시간대에만 100 kWh를 충전한 월 충전요금

① 22,430원

② 22,850원

③ 23,120원

④ 23,360원

 ㉠ 12월 겨울 중간부하 요율 : 128.2 × 100 = 12,820 + 2,390(기본) = 15,210원

㉡ 6월 여름 경부하 요율 : 57.6 × 100 = 5,760 + 2,390(기본) = 8,150원

∴ 15,210 + 8,150 = 23,360원

Answer 35.③ 36.④

| 37~39 | 다음 자료를 보고 이어지는 물음에 답하시오.

〈3D기술 분야 특허등록건수 상위 10개국의 국가별 영향력 지수와 기술력 지수〉

국가＼구분	특허등록건수(건)	영향력지수	기술력지수
미국	500	(㉠)	600.0
일본	269	1.0	269.0
독일	(㉡)	0.6	45.0
한국	59	0.3	17.7
네덜란드	(㉢)	0.8	24.0
캐나다	22	(㉣)	30.8
이스라엘	17	0.6	10.2
태국	14	0.1	1.4
프랑스	13	0.3	3.9
핀란드	9	0.7	6.3

※ 해당국가의 기술력지수 = 해당국가의 특허등록건수 × 해당국가의 영향력지수

※ 해당국가의 영향력지수 $= \dfrac{해당국가의\ 피인용비}{전세계\ 피인용비}$

※ 해당국가의 피인용비 $= \dfrac{해당국가의\ 특허피인용건수}{해당국가의\ 특허등록건수}$

※ 3D기술 분야의 전세계 피인용비는 10이다.

37 다음 자료의 ㉠~㉣에 들어갈 수로 옳지 않은 것은?

① ㉠ - 1.2

② ㉡ - 75

③ ㉢ - 30

④ ㉣ - 1.3

(Tip) 위의 자료를 참고하여 다음과 같은 표를 만들 수 있다.

구분 국가	특허등록건수(건)	영향력지수	기술력지수	해당국가의 피인용비	특허피인용건수
미국	500	(1.2)	600.0	12	6000
일본	269	1.0	269.0	10	2690
독일	(75)	0.6	45.0	6	450
한국	59	0.3	17.7	3	177
네덜란드	(30)	0.8	24.0	8	240
캐나다	22	(1.4)	30.8	14	308
이스라엘	17	0.6	10.2	6	102
태국	14	0.1	1.4	1	14
프랑스	13	0.3	3.9	3	39
핀란드	9	0.7	6.3	7	63

따라서 정답은 ④이다.

38 다음 중 위의 자료에 대한 올바른 설명은?

① 캐나다의 영향력지수는 미국의 영향력지수보다 작다.

② 프랑스와 태국의 특허피인용건수의 차이는 프랑스와 핀란드의 특허피인용건수의 차이보다 크다.

③ 특허등록건수 상위 10개국 중 한국의 특허피인용건수는 네 번째로 많다.

④ 네덜란드의 특허등록건수는 한국의 특허등록건수의 50% 미만이다.

 ② 프랑스와 태국의 특허피인용건수의 차이는 프랑스와 핀란드의 특허피인용건수의 차이보다 크다. (○)
① 캐나다의 영향력지수(1.4)는 미국의 영향력지수(1.2)보다 크다. (×)
③ 특허등록건수 상위 10개국 중 한국의 특허피인용건수는 네 번째로 많다.
→ 한국의 특허피인용건수는 여섯 번째로 많다. (×)
④ 네덜란드의 특허등록건수는 한국의 특허등록건수의 50% 미만이다.
→한국의 특허등록건수의 50% 미만(29.5) (×)

39 한국, 네덜란드, 캐나다, 이스라엘 4개 국가를 특허피인용건수가 많은 순서부터 차례대로 나열한 것은?

① 네덜란드-한국-캐나다-이스라엘

② 네덜란드-캐나다-이스라엘-한국

③ 캐나다-한국-네덜란드-이스라엘

④ 캐나다-네덜란드-한국-이스라엘

 캐나다(308)-네덜란드(240)-한국(177)-이스라엘(102)

40 다음 자료는 甲, 乙 기업의 경력사원채용 지원자 특성에 관한 자료이다. 이에 대한 설명 중 옳은 것은?

지원자 특성	기업	甲 기업	乙 기업
성별	남성	53	57
	여성	21	24
최종학력	학사	16	18
	석사	19	21
	박사	39	42
연령대	30대	26	27
	40대	25	26
	50대 이상	23	28
관련 업무 경력	5년 미만	12	18
	5년 이상 ~ 10년 미만	9	12
	10년 이상 ~ 15년 미만	18	17
	15년 이상 ~ 20년 미만	16	9
	20년 이상	19	25

※ 甲 기업과 乙 기업에 모두 지원한 인원은 없다.

① 甲 기업 지원자 중 남성 지원자의 비율은 관련 업무 경력이 10년 이상인 지원자의 비율보다 높다.

② 甲, 乙 기업 전체 지원자 중 40대 지원자의 비율은 35% 미만이다.

③ 기업별 여성 지원자의 비율은 甲 기업이 乙 기업보다 높다.

④ 최종학력이 석사 또는 박사인 甲 기업 지원자의 비율은 80%를 넘는다.

> (Tip)
> ② 甲, 乙 기업 전체 지원자 : 155명
> 40대 지원자 : 51명
> ∴ $\frac{51}{155} \times 100 = 32.9\%$
>
> ① 甲 기업 지원자 중 남성 지원자의 비율과 관련 업무 경력이 10년 이상인 지원자의 비율은 서로 같다.
>
> ③ 甲 기업 : $\frac{21}{74} \times 100 = 28.4\%$, 乙 기업 : $\frac{24}{81} \times 100 = 29.6\%$
>
> ④ $\frac{58}{74} \times 100 = 78.4\%$로 80%를 넘지 않는다.

Answer ↱ 38.② 39.④ 40.②

｜41~44｜ 다음 표는 2008～2013년 '갑'국 농·임업 생산액과 부가가치 현황에 대한 자료이다. 각 물음에 답하시오.

〈표1〉 농·임업 생산액 현황

(단위 : 10억 원, %)

구분 \ 연도		2008	2009	2010	2011	2012	2013
농·임업 생산액		39,663	42,995	43,523	43,214	46,357	46,648
분야별 비중	곡물	23.6	20.2	15.6	18.5	17.5	18.3
	화훼	28.0	27.7	29.4	30.1	31.7	32.1
	과수	34.3	38.3	40.2	37.0	34.6	34.8

※ 1) 분야별 비중은 농·임업 생산액 대비 해당 분야의 생산액 비중임
   2) 곡물, 화훼, 과수는 농·임업의 일부 분야임

〈표2〉 농·임업 부가가치 현황

(단위 : 10억 원, %)

구분 \ 연도		2008	2009	2010	2011	2012	2013
농·임업 부가가치		22,587	23,540	24,872	26,721	27,359	27,376
GDP 대비 비중	농업	2.1	2.1	2.0	2.1	2.0	2.0
	임업	0.1	0.1	0.2	0.1	0.2	0.2

※ 1) GDP 대비 비중은 GDP 대비 해당 분야의 부가가치 비중임
   2) 농·임업은 농업과 임업으로만 구성됨

41 다음 중 농 · 임업 생산액이 전년보다 작은 해는?

① 2009년   ② 2010년

③ 2011년   ④ 2012년

 농 · 임업 생산액이 전년보다 작은 해는 2011년이다.

42 다음 중 2008년의 화훼 생산액은?

① 11,105   ② 11,909

③ 12,501   ④ 13,007

 $39,663 \times 0.28 = 11,105.64$

43 다음 중 2012년의 과수 생산액은?

① 15,427   ② 15,675

③ 16,039   ④ 16,432

 $46,357 \times 0.346 = 16,039.52$

44 다음 중 곡물 생산액이 과수 생산액의 50% 이상이 되지 않는 해는?

① 2009년   ② 2010년

③ 2011년   ④ 2012년

곡물 생산액이 과수 생산액의 50% 이상이기 위해서는 곡물 비중이 과수 비중의 50% 이상 이어야 한다. 2010년에는 이를 만족하지 못한다.

Answer 41.③   42.①   43.③   44.②

┃45~46┃ 다음 표는 A ~ F로만 구성된 '갑'반 학생의 일대일 채팅방 참여 현황을 표시한 자료이며, 다음과 같은 규칙을 갖는다. 각 물음에 답하시오.

학생	F	E	D	C	B
A	0	1	0	0	1
B	1	1	0	1	
C	1	0	1		
D	0	1			
E	0				

※ 학생들이 참여할 수 있는 모든 일대일 채팅방의 참여 여부를 '0'과 '1'로 표시함

〈규칙〉

• 서로 다른 두 학생이 동일한 일대일 채팅방에 참여하고 있으면 '1'로, 그 이외의 경우에는 '0'으로 나타내며, 그 값을 각 학생이 속한 행 또는 열이 만나는 곳에 표시한다.

• 학생 수가 n일 때 학생들이 참여할 수 있는 모든 일대일 채팅방의 개수는 $\dfrac{n(n-1)}{2}$ 이다.

일대일 채팅방 밀도 = $\dfrac{\text{학생들이 참여하고 있는 일대일 채팅방의 개수}}{\text{학생들이 참여할 수 있는 모든 일대일 채팅방의 개수}}$

45 다음 중 참여하고 있는 일대일 채팅방의 수가 가장 많은 학생은 누구인가?

① A
② B
③ C
④ D

 채팅방 참여 현황은 다음과 같다.
(A, B), (A, E), (B, C), (B, E), (B, F), (C, D), (C, F), (D, E)
A는 2개, B는 4개, C는 3개, D는 2개, E는 3개, F는 2개이다.

46 '갑'반의 일대일 채팅방 밀도는 얼마인가?

① 0.42
② 0.533
③ 0.6
④ 0.71

 '갑'반의 학생 수는 6명이고 학생들이 참여할 수 있는 일대일 채팅방의 개수는 $\dfrac{6 \times 5}{2} = 15$이다.

따라서 일대일 채팅방 밀도는 $\dfrac{8}{15} ≒ 0.533$이다.

▮47~50▮ 다음 표는 A국의 2000~2013년 알코올 관련 질환 사망자 수에 대한 자료이다. 각 물음에 답하시오.

(단위 : 명)

연도\구분	남성		여성		전체	
	사망자 수	인구 10만명당 사망자 수	사망자 수	인구 10만명당 사망자 수	사망자 수	인구 10만명당 사망자 수
2000	2,542	10.7	156	0.7	2,698	5.9
2001	2,870	11.9	199	0.8	3,069	6.3
2002	3,807	15.8	299	1.2	4,106	8.7
2003	4,400	18.2	340	1.4	4,740	9.8
2004	4,674	19.2	374	1.5	5,048	10.2
2005	4,289	17.6	387	1.6	4,676	9.6
2006	4,107	16.8	383	1.6	4,490	9.3
2007	4,305	17.5	396	1.6	4,701	9.5
2008	4,243	17.1	400	1.6	4,643	9.3
2009	4,010	16.1	420	1.7	4,430	8.9
2010	4,111	16.5	424	1.7	(㉠)	9.1
2011	3,996	15.9	497	2.0	4,493	9.0
2012	4,075	16.2	474	1.9	(㉡)	9.1
2013	3,955	15.6	521	2.1	4,476	8.9

※ 인구 10만명당 사망자 수는 소수점 아래 둘째 자리에서 반올림한 값임

47 ㉠에 들어갈 수로 옳은 것은?

① 4,735   ② 4,625

③ 4,535   ④ 4,297

(Tip) 2010년 전체 사망자 수 : $4,111 + 424 = 4,535$

Answer ↦ 45.② 46.② 47.③

48 ⓛ에 들어갈 수로 옳은 것은?

① 4,268　　　　　　② 4,549

③ 4,675　　　　　　④ 4,751

 2012년 전체 사망자 수 : $4,075 + 474 = 4,549$

49 남성 인구 10만명당 사망자 수가 가장 많은 해는?

① 2001년　　　　　　② 2002년

③ 2003년　　　　　　④ 2004년

 2004년의 남성 인구 10만명당 사망자 수는 19.2명으로 가장 많다.

50 다음 중 여성 사망자 수가 전년에 비해 감소한 해는?

① 2003년　　　　　　② 2004년

③ 2005년　　　　　　④ 2006년

 2006년에는 여성 사망자 수가 전년보다 감소하였다.

┃51~53┃ 다음 표는 '갑'국의 4대 범죄 발생건수 및 검거건수에 대한 자료이다. 각 물음에 답하시오.

(단위 : 건, 천 명)

연도 \ 구분	발생건수	검거건수	총인구	인구 10만명당 발생건수
2009	15,693	14,492	49,194	31.9
2010	18,258	16,125	49,346	(㉠)
2011	19,498	16,404	49,740	39.2
2012	19,670	16,630	(㉡)	39.3
2013	(㉢)	19,774	50,248	44.4

51 ㉠에 들어갈 수로 옳은 것은?

① 35   ② 36

③ 37   ④ 38

 $\dfrac{18,258}{49,346} \times 100 ≒ 37$

52 ㉡에 들어갈 수로 옳은 것은?

① 50,051   ② 50,610

③ 51,346   ④ 51,236

 $\dfrac{19,670}{x} \times 100 = 39.3$

$39.3x = 1,967,000$

$\therefore x ≒ 50,051$

53 ㉢에 들어갈 수로 옳은 것은?

① 19,476   ② 21,138

③ 22,015   ④ 22,310

$\dfrac{x}{50,248} \times 100 = 44.4$

$100x = 44.4 \times 50,248 = 2,231,011.2$

$\therefore x ≒ 22,310$

|54~57| 다음 표는 2013년 10월 월매출액 상위 10개 자동차의 매출 현황이다. 각 물음에 답하시오.

(단위 : 억 원, %)

순위	자동차		월매출액	
			시장점유율	전월대비 증가율
1	A	1,139	34.3	60
2	B	1,097	33.0	40
3	C	285	8.6	50
4	D	196	5.9	50
5	E	154	4.6	40
6	F	149	4.5	20
7	G	138	4.2	50
8	H	40	1.2	30
9	I	30	0.9	150
10	J	27	0.8	40

※ 시장점유율(%) = $\dfrac{\text{해당 자동차 월매출액}}{\text{전체 자동차 월매출 총액}} \times 100$

54 H 자동차의 월매출액과 시장점유율을 이용하여 전체 자동차 월매출 총액을 구하면 얼마인가?

① 2,319억 원 ② 2,468억 원

③ 2,976억 원 ④ 3,333억 원

 H 자동차를 이용해 구하면

$\dfrac{40}{1.2} \times 100 ≒ 3,333.3$

55 2013년 9월 C 자동차의 월매출액은 얼마인가?

① 180억 원   ② 190억 원

③ 200억 원   ④ 210억 원

 2013년 10월 C 자동차의 월매출액은 285억 원이고, 이는 전월대비 50% 증가한 것이다.

$\dfrac{285}{1.5} = 190$(억 원)

56 다음 중 2013년 9월 매출액이 가장 큰 자동차는?

① A   ② B

③ D   ④ E

 A : $\dfrac{1,139}{1.6} \fallingdotseq 711.9$(억 원)

B : $\dfrac{1,097}{1.4} \fallingdotseq 783.6$(억 원)

D : $\dfrac{196}{1.5} \fallingdotseq 130.7$(억 원)

E : $\dfrac{154}{1.4} \fallingdotseq 110$(억 원)

57 2013년 10월 월매출액 상위 5개 자동차의 10월 월매출액 기준 시장점유율은 얼마인가?

① 85.0%   ② 86.1%

③ 86.4%   ④ 87.3%

 $34.3 + 33.0 + 8.6 + 5.9 + 4.6 = 86.4$(%)

Answer♪→ 54.④   55.②   56.②   57.③

∥58~60∥ 다음은 2013 ~ 2015년 기업역량개선사업에 선정된 업체와 선정 업체의 과제 이행 실적에 대한 자료이다. 각 물음에 답하시오.

〈표1〉 산업별 선정 업체 수

(단위 : 개)

연도＼산업	엔지니어링	바이오	디자인	미디어
2013	3	2	3	6
2014	2	2	2	6
2015	2	5	5	3

※ 기업역량개선사업은 2013년 시작되었고, 전 기간 동안 중복 선정된 업체는 없음

〈표2〉 선정 업체의 연도별 과제 이행 실적 건수

(단위 : 건)

연도	2013	2014	2015	전체
과제 이행 실적	12	24	19	55

※ 선정 업체가 이행하는 과제 수에는 제한이 없음

〈표3〉 선정 업체의 3년 간(2013 ~ 2015년) 과제 이행 실적별 분포

(단위 : 개)

과제 이행 실적	없음	1건	2건	3건	4건	5건	전체
업체 수	15	11	4	9	1	1	41

58 2013년 선정 업체 중 디자인 업체가 차지하는 비중은 얼마인가?

① 17.5%   ② 19.2%

③ 21.4%   ④ 23.7%

 $\frac{3}{14} \times 100 = 21.4(\%)$

59 다음 중 산업별 업체 수의 3년 간 합이 가장 많은 산업은?

① 엔지니어링   ② 바이오

③ 디자인   ④ 미디어

 미디어 15개, 디자인 10개, 바이오 9개, 엔지니어링 7개

60 2013년 과제 이행 실적이 한 건도 업체는 몇 개 이상인가?

① 1개   ② 2개

③ 3개   ④ 4개

 2013년 선정 업체 수는 14개, 과제 이행 실적 건수는 12건이므로 2개 업체를 유추할 수 있다. 또한 과제 이행 실적별 분포를 보면 1건인 업체는 11개이므로 12개 업체 중 최소 1개 업체는 과제 이행 실적이 없다. 따라서 3개 이상이다.

Answer → 58.③ 59.④ 60.③

|61~64| 다음 표는 2013 ~ 2015년 A국의 13대 수출 주력 품목에 관한 자료이다. 각 물음에 답하시오.

(단위 : %)

품목＼연도	2013	2014	2015
가전	1.83	2.35	2.12
무선통신기기	6.49	6.42	7.28
반도체	8.31	10.04	11.01
석유제품	9.31	8.88	6.09
석유화학	8.15	8.35	7.11
선박류	10.29	7.09	7.75
섬유류	2.86	2.81	2.74
일반기계	8.31	8.49	8.89
자동차	8.16	8.54	8.69
자동차부품	4.09	4.50	4.68
철강제품	6.94	6.22	5.74
컴퓨터	2.25	2.12	2.28
평판디스플레이	5.22	4.59	4.24
계	82.21	80.40	78.62

61 다음 중 2013년 수출액이 가장 작은 품목은?

① 가전   ② 컴퓨터

③ 섬유류   ④ 자동차

(Tip) ① 1.83% ② 2.25% ③ 2.86% ④ 8.16%

62 다음 중 2014년 수출액이 가장 큰 품목은?

① 석유제품   ② 석유화학

③ 일반기계   ④ 반도체

(Tip) ① 8.88% ② 8.35% ③ 8.49% ④ 10.04%

63 2013년에 비해 2015년에 전체 수출액 대비 수출액 비중이 상승한 품목은 모두 몇 개인가?

① 5개   ② 6개

③ 7개   ④ 8개

(Tip) 가전, 무선통신기기, 반도체, 일반기계, 자동차, 자동차부품, 컴퓨터로 총 7개이다.

64 2014년에 비해 2015년에 전체 수출액 대비 수출액 비중이 감소한 품목이 아닌 것은?

① 가전   ② 선박류

③ 섬유류   ④ 평판디스플레이

(Tip) 가전, 석유제품, 석유화학, 섬유류, 철강제품, 평판디스플레이가 해당한다.

Answer ⟶ 61.①   62.④   63.③   64.②

▌65~68 ▌ 다음 〈그림〉은 2012 ~ 2015년 L기업의 남성육아휴직제 시행 현황에 관한 자료이다. 각 물음에 답하시오.

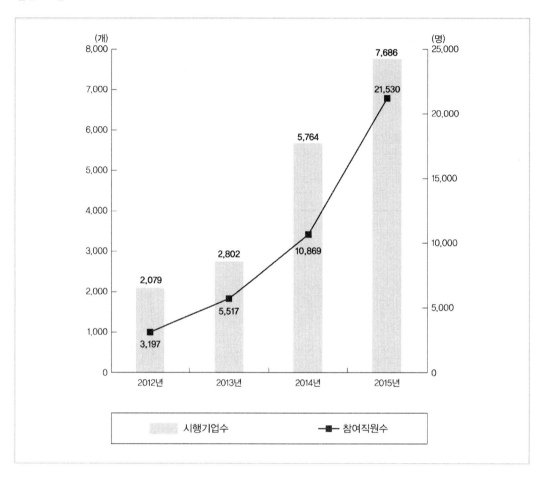

65 2013년 이후 전년보다 참여직원수가 가장 많이 증가한 해는 언제인가?

① 2012년

② 2013년

③ 2014년

④ 2015년

 그래프가 가장 급격하게 상승한 2015년이다.

66 2015년 남성육아휴직제 참여직원수는 2012년의 몇 배 이상인가?

① 5.2배

② 6.7배

③ 7.3배

④ 8.1배

 2012년 참여직원수는 3,197명, 2015년 참여직원수는 21,530명이다.
$21,530 \div 3,197 = 6.7$(배)

67 2013년 대비 2015년의 시행기업수의 증가율은 얼마인가?

① 165.2%

② 174.3%

③ 183.3%

④ 187.5%

 $\dfrac{7,686 - 2,802}{2,802} \times 100 = 174.3$(%)

68 2012 ~ 2015년 참여직원수 연간 증가인원의 평균은 얼마인가?

① 5,148명

② 5,462명

③ 6,111명

④ 6,324명

 $\dfrac{21,530 - 3,197}{3} = 6,111$(명)

Answer ➔ 65.④ 66.② 67.② 68.③

┃69~70 ┃ 인터넷 쇼핑몰에서 회원가입을 하고 MP3 플레이어를 구매하려고 한다. 다음은 구매하고자 하는 모델에 대하여 인터넷 쇼핑몰 세 곳의 가격과 조건을 조사한 표이다. 물음에 답하시오.

구분	A 쇼핑몰	B 쇼핑몰	C 쇼핑몰
정상가격	129,000원	131,000원	130,000원
회원혜택	7,000원 할인	3,500원 할인	7% 할인
할인쿠폰	5% 쿠폰	3% 쿠폰	5,000원
중복할인여부	불가	가능	불가
배송비	2,000원	무료	2,500원

69 표에 있는 모든 혜택을 적용하였을 때, MP3 플레이어의 배송비를 포함한 실제 구매가격을 바르게 비교한 것은? (단, 혜택의 적용은 할인율이 큰 순서로 한다)

① A < B < C

② B < C < A

③ C < A < B

④ C < B < A

 ㉠ A 쇼핑몰 : $129,000 - 7,000 + 2,000 = 124,000(원)$
㉡ B 쇼핑몰 : $131,000 \times 0.97 - 3,500 = 123,570(원)$
㉢ C 쇼핑몰 : $130,000 \times 0.93 + 2,500 = 123,400(원)$

70 MP3 플레이어의 배송비를 포함한 실제 구매가격이 가장 비싼 쇼핑몰과 가장 싼 쇼핑몰 간의 가격 차이는?

① 550원

② 600원

③ 650원

④ 700원

$124,000 - 123,400 = 600(원)$

04 언어논리(인문 · 상경계)

1 A팀과 B팀의 팀원 총 8명이 원탁 테이블에 앉아 회의를 진행하려고 한다. 다음 중 항상 거짓인 것은?

> • A팀의 팀원은 모두 여자로 구성되어 있으며, 수현, 혜원, 지호, 채윤이가 소속되어 있다.
> • B팀의 팀원은 모두 남자로 구성되어 있으며, 민혁, 현민, 태호, 기현이가 소속되어 있다.
> • 기현이의 왼쪽 자리에는 여자가 앉으며, 기현이는 현민이와 마주 보고 앉는다.
> • 지호의 오른쪽 자리에는 A팀의 팀원이 앉는다.
> • 혜원이의 옆에는 현민이가 앉는다.
> • 채윤이와 태호는 옆자리에 앉는다.
> • 같은 성별끼리는 세 명 이상 붙어 앉을 수 없다.

① 현민이 옆에는 지호가 앉는다.

② 태호 옆자리에 앉을 수 없는 사람은 두 사람이다.

③ 채윤이는 민혁이와 마주 보고 앉을 수 있다.

④ 혜원이의 왼쪽 자리에는 현민이가 앉는다.

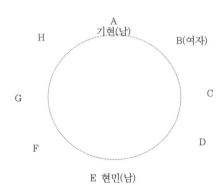

① 현민이 옆에 지호가 앉으려면 현민이 오른쪽(D)이 가능하다. 그러나 지호 오른쪽(C)에는 A팀원(여자)이 앉아야 하고, 기현이의 왼쪽(B)에도 여자가 앉아야 한다.
따라서 B, C, D가 모두 여성이기 때문에 조건(같은 성별끼리는 세 명 이상 붙어 앉을 수 없다)에 모순이 된다.

Answer ⌐ 69.④ 70.② / 1.①

2 다음 다섯 사람 중 한 사람만이 거짓말을 하고 있을 때, 거짓말을 하는 사람은?

> • A : B는 거짓말을 하고 있지 않다.
> • B : C의 말이 참이면 D의 말도 참이다.
> • C : E는 거짓말을 하고 있다.
> • D : B의 말은 참이고 C의 말도 참이다.
> • E : A의 말이 참이면 D의 말은 거짓이다.

① B　　　　　　　　　　　　　② C
③ D　　　　　　　　　　　　　④ E

 ㉠ A, B, D 중 누구라도 거짓말을 하면, 자동으로 C가 참이되어 E는 거짓말이 되므로 한 명만 거짓말을 한다는 조건에 모순된다.
㉡ C가 거짓말을 하면, E가 참이 되어 D의 말이 거짓이 되므로 이 역시 조건에 모순이 된다.
따라서 E가 거짓말을 할 수 있다.

3 다음 결론을 참으로 하는 전제2를 고르면?

> 전제1 : 모든 사원은 경기도에 거주한다.
> 전제2 : _____
> 결론 : 경기도에 거주하는 어떤 사원은 대중교통을 이용한다.

① 경기도에 거주하는 어떤 사람은 사원이다.
② 어떤 사원은 대중교통을 이용한다.
③ 어떤 사람은 대중교통을 이용한다.
④ 어떤 사원은 자가용을 이용한다.

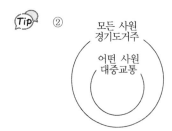

■ 4~5 ■ L사의 해외영업팀에 부장, 차장, 과장, 대리, 사원, 인턴이 있는데, 이들은 모두 다른 시간에 출근한다. 출근시간의 조건이 다음과 같을 때 각 물음에 답하시오.

- 부장은 사원보다 10분 늦게 출근하고, 8시와 9시 사이 시침과 분침이 만나는 시간에 출근한다. (단, 초 단위는 반올림한다)
- 인턴은 가장 먼저 출근하는 대리와 사원 사이에 출근하고, 이들은 5분 간격으로 출근한다.
- 대리는 과장보다 25분 일찍 출근한다.
- 차장은 인턴보다 10분 늦게 출근한다.

4 다음 중 세 번째로 출근하는 사람은?

① 사원   ② 차장
③ 부장   ④ 과장

 조건을 통해 출근시간을 정리하면 다음과 같다.

시침과 분침이 만나는 시간은 $240 + \frac{30}{60} \times x = \frac{360}{60} \times x$

$\therefore x = 44(분)$

대리	인턴	사원	차장	부장	과장
8시 24분	8시 29분	8시 34분	8시 39분	8시 44분	8시 49분

5 다음 중 네 번째로 출근하는 사람의 출근 시간은?

① 8시 29분   ② 8시 30분
③ 8시 34분   ④ 8시 39분

 네 번째로 출근하는 사람은 차창이고, 출근 시간은 8시 39분이다.

Answer ➥ 2.④ 3.② 4.① 5.④

6 A, B, C, D가 사각 식탁에서 각각 한 면씩 차지하고 밥을 먹고 있다. 다음 조건과 같을 때, C의 옆에 앉아 있는 사람은?

> • D는 C의 왼쪽에 있다.
> • D는 A와 마주 보고 앉았다.

① A와 B

② A와 C

③ A와 D

④ B와 C

 조건대로 나열해보면 다음과 같다.

7 항상 거짓말만 하는 서울 사람과 항상 진실만 말하는 부산 사람이 있다. A와 B가 대화를 하는 도중 A가 "적어도 우리 중 한 사람은 서울 사람이다"라고 말했다면, A와 B는 어느 지역 사람인가?

① A, B 모두 서울 사람이다.

② A는 서울, B는 부산 사람이다.

③ A는 부산, B는 서울 사람이다.

④ A, B 모두 부산 사람이다.

 ㉠ A가 부산 사람인 경우, 적어도 한 명이 서울 사람이라는 말이 진실이므로 B는 서울 사람이다.
㉡ A가 서울 사람인 경우, 적어도 한 명이 서울 사람이라는 말이 거짓이 되어야 하는데, 이미 A 자신이 서울 사람이므로 B의 명제는 성립이 되지 않는다.

8 가, 나, 다는 각각 사과, 배, 딸기 중 하나만을 먹었다. 세 사람 중 한 사람만 진실을 이야기 한다고 할 때, 배를 먹은 사람은 누구인가?

> • 가 : 나는 배를 먹었다.
> • 나 : 나는 배를 먹지 않았다.
> • 다 : 나는 딸기를 먹지 않았다.

① 가   ② 나

③ 다   ④ 알 수 없다.

 ㉠ 가의 말이 진실일 경우 : 가와 나의 말이 모순된다.
      ㉡ 나의 말이 진실일 경우 : 가의 말은 거짓이 되고, 나의 말이 진실이라면, 다가 배를 먹었어야 한다. 다가 딸기를 안 먹었다는 말은 진실이므로 한 사람만 진실을 말한다는 명제에 모순된다.
      따라서 다의 말이 진실이 되고, 가는 딸기, 나는 배, 다는 사과를 먹었다.

9 영진이는 파티를 위해 원형 장식물을 중심으로 주변에 음식을 세팅하려고 한다. 영진이가 세팅할 음식은 수박, 딸기, 샌드위치, 케이크, 스테이크, 연어, 스파게티, 볶음밥 8종류다. 다음과 같이 세팅할 때 스파게티 오른쪽에는 어떤 음식이 있겠는가?

> • 수박 맞은편에는 딸기가 있다.
> • 딸기로부터 왼쪽 두 번째에는 샐러드가 있다.
> • 연어 오른쪽에는 케이크가 놓여 있다.
> • 스테이크는 수박과 샐러드 사이에 있다.
> • 볶음밥 맞은편에는 케이크가 있다.

① 연어   ② 딸기

③ 샐러드   ④ 스테이크

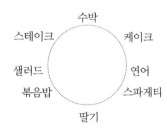

10 어떤 건물 한 층에 A~F 6개 사무실이 있다. 앞에서 세 번째에 위치한 사무실은?

> • 사무실 C와 F는 회의실이 딸려 있다.
> • A는 회의실이 없으며 맨 앞쪽 아니면 맨 뒤쪽에 위치한다.
> • 회의실이 있는 사무실 사이에는 회의실이 없는 사무실 세 개가 있다.
> • 회의실이 있는 사무실 하나는 맨 앞쪽, 다른 하나는 뒤에서 두 번째에 위치한다.
> • E는 회의실이 없는 사무실 중 맨 앞쪽에 위치하며, F보다 앞쪽에 있다.
> • D는 회의실이 있는 사무실 바로 앞에 위치한다.

① A   ② B
③ C   ④ D

 주어진 조건에 따르면 다음과 같다. (괄호 안은 회의실의 유무)

1	2	3	4	5	6
C(○)	E(×)	B(×)	D(×)	F(○)	A(×)

따라서 앞에서 세 번째에 위치한 사무실은 B이다.

11~12 ┃ 여섯 명의 수험생 A~F가 1, 2차를 패스하고 최종면접까지 올라갔다. 이들의 면접은 1시부터 1시간씩 차이를 두고 시간대별로 있다(1시, 2시, 3시, 4시, 5시, 6시). 각 물음에 답하시오.

- F보다 A가 먼저이다.
- B는 4시에 면접이다.
- D가 면접한 바로 전 혹은 바로 다음에 C가 면접이다.
- E의 면접 시간은 2시는 아니다.

---

11 면접관이 E를 면접한 후, 바로 다음이 A의 차례라면 A의 면접 시간은 몇 시인가?

① 2시 ② 3시

③ 4시 ④ 5시

 E의 면접 시간은 1시, 3시, 5시가 가능하다. E 면접 시간 바로 다음이 A이므로 E는 3시에 면접이 불가능하다. F보다 A가 먼저이므로 E는 5시에 면접이 불가능하다.

1시	2시	3시	4시	5시	6시
E	A	F	B	C ro D	D or C

따라서 E는 1시, A는 2시이다.

---

12 E, C, D가 차례로 면접을 봤다면, F의 면접 시간은 몇 시인가?

① 3시 ② 4시

③ 5시 ④ 6시

 E, C, D가 차례로 면접을 볼 수 있는 시간은 1시, 2시, 3시다. 따라서 F의 면접 시간은 6시다.

1시	2시	3시	4시	5시	6시
E	C	D	B	A	F

Answer → 10.② 11.① 12.④

13 A～F 6명은 일요일부터 토요일까지 한 명씩 돌아가면서 발표를 한다고 한다. E가 일요일, C가 토요일에 발표를 한다고 할 때, 항상 옳은 것은? (일주일의 시작은 일요일이다)

> • 하루에 한 사람씩 발표를 하며, 한 사람 당 한 번씩 발표를 한다.
> • A와 B 사이에는 적어도 1명 이상이 발표를 한다.
> • 목요일에는 D가 발표한다.

① A가 수요일에 발표를 하면 B는 월요일에 발표를 한다.

② A가 수요일에 발표를 하면 발표순서는 E − F − A − D − B − C이다.

③ B가 화요일에 발표를 하면 F는 월요일이나 금요일에 발표를 한다.

④ F는 금요일에 발표할 수 없다.

일	월	화	수	목	금	토
E				D		C

① B는 금요일도 발표가 가능하다.

② 발표순서는 E − B − F − A − D − C가 될 수도 있다.

③④ F는 월, 화, 수에 발표해야 한다. F가 금요일에 발표를 하면 A와 B 사이에 적어도 1명 이상이 발표해야 한다는 조건에 어긋난다.

▌14~15▐ 상훈, 시호, 승리, 진우, 중원 다섯 사람은 5층 아파트에 한 층에 한 명씩 살고 있다. 각 물음에 답하시오.

- 상훈의 층수에서 승리의 층수를 뺀 것은 진우의 층수에서 시호의 층수를 뺀 것의 2배이다.
- 상훈과 중원의 층수 차는 중원과 승리의 층수 차와 같다.
- 상훈은 맨 위층에 산다.

14 다음 중 옳은 것은?

① 중원은 가운데층에 산다. ② 중원은 승리보다 위층에 산다.

③ 시호는 승리보다 위층에 산다. ④ 승리는 3층 이상에 살지 않는다.

 5층 아파트이므로 첫 번째 조건에서 상훈과 승리의 층수 차와, 진우와 시호의 층수 차는 4 : 2, 2 : 1 둘 중에 하나다. 상훈이 맨 위층에 살고 있으므로 다음 두 가지 경우가 있게 된다.

5층	상훈	상훈
4층		
3층	승리	
2층		
1층		승리

승리가 가운데층일 경우, 진우과 시호의 층수 차이는 1이므로 2층이 진우, 1층이 시호가 되고 중원은 자동으로 4층에 살게 된다. 승리가 일층일 경우 진우과 시호의 층수 차이는 2이므로 진우가 4층, 시호가 2층이 되고 중원은 3층이 된다.

5층	상훈	상훈
4층	진우	중원
3층	중원	승리
2층	시호	진우
1층	승리	시호

15 승리가 1층에 산다면, 진우는 몇 층에 사는가?

① 1층 ② 2층

③ 3층 ④ 4층

 ④ 승리가 1층일 경우 진우가 4층, 시호가 2층, 중원은 3층이 된다.

Answer ⏎ 13.④ 14.② 15.④

│16~18│ A ~ G가 식사를 하려 한다. 아래 조건을 고려해 각 물음에 답하시오.

- 잔치국수, 짬뽕, 칼국수 중 각자 한 가지의 음식을 선택한다.
- 잔치국수 3개, 짬뽕 2개, 칼국수 2개가 있다.
- B는 G와 같은 종류의 음식을 먹지 않는다.
- C는 짬뽕을 먹지 않는다.
- A는 칼국수를 먹지 않으며, D와 같은 종류의 음식을 먹는다.
- G는 잔치국수를 먹으며, E와 같은 종류의 음식을 먹지 않는다.
- C는 잔치국수를 먹지 않으며, F와 같은 종류의 음식을 먹는다.
- D는 G와 같은 종류의 음식을 먹는다.

16 다음 중 잔치국수를 먹지 않는 사람은?

① A   ② C

③ D   ④ G

	A	B	C	D	E	F	G
잔치국수	○	×	×	○	×	×	○
짬뽕	×	○	×	×	○	×	×
칼국수	×	×	○	×	×	○	×

17 다음 중 짬뽕을 먹는 사람은?

① A   ② B

③ C   ④ D

 짬뽕 먹는 사람은 B와 E이다.

18 다음 중 칼국수를 먹는 사람으로만 짝지어진 것은?

① B, C   ② D, E

③ C, F   ④ F, G

 ③ 칼국수를 먹는 사람은 C, F이다.

▌19~20▐ 하루에 6시간까지 사용할 수 있는 회의실을 그 회사 6개 부서 A~F가 사용한다. 각 물음에 답하시오.

- 월요일부터 금요일까지 사용하며, 하루에 1~2시간까지 사용 가능하다.
- 각 팀은 전날 사용했던 시간대와 동일한 시간대를 다음 날 사용할 수 없다.
- 월요일 첫 시간은 F가, 2~3번째 시간은 A가, 4~5번째 시간은 D가 사용한다.
- 수요일 1~2번째 시간은 B가, 4~5번째 시간은 C가 사용한다.
- 목요일 2번째 시간은 A가 4번째 시간은 F가 사용한다.
- 금요일 첫 번째 시간은 E가 5~6번째 시간은 D가 사용한다.
- 화요일 6번째 시간은 C가 사용한다.

---

19 수요일 마지막 시간을 E가 사용했다면, 목요일 5~6번째 시간을 사용할 수 있는 부서는?

① B   ② D

③ E   ④ F

- 앞, 뒤 날의 같은 시간대의 C, E, D는 사용할 수 없다.
- F는 이미 목요일 4번째 시간을 사용하고 있다.

	월	화	수	목	금
1	F		B		E
2	A		B	A	
3	A				
4	D		C	F	
5	D		C		D
6		C	E		D

20 월요일 마지막 시간을 사용할 수 있는 부서로만 짝지어진 것은?

① A, B   ② B, C

③ B, E   ④ D, E

③ A, D는 두 시간을 모두 사용했고, 다음날 같은 시간에 C가 사용하므로 C는 사용할 수 없다.

Answer ↱ 16.② 17.② 18.③ 19.① 20.③

21

> 나이 : 주름 = 함박 : ( )

① 싸락   ② 추위
③ 겨울   ④ 물

(Tip) ① '나이'와 '주름'은 '살로 연결되어 있고, '함박'과 '싸락'은 '눈'과 연결되어 있다.

22

> ( ) : 촬영 = 경첩 : ( )

① 화보, 앨범   ② 조명, 문
③ 카메라, 연결   ④ 사진사, 가구

(Tip) ③ 카메라로 촬영을 하고, 경첩으로 연결을 한다.

23

> 거리 : 리 = 길이 : ( )

① 자   ② 되
③ 근   ④ 평

(Tip) ① '리'는 거리의 단위이고, '자'는 길이의 단위이다.

24

지갑 : 돈 = 컵 : ( )

① 라면 　　　　　　　　　② 물
③ 유리 　　　　　　　　　④ 손잡이

 ② 지갑은 돈을 담는 역할을 하며 컵은 물이나 음료를 담는 역할을 한다.

25

거만 : 겸손 = 거시 : ( )

① 겸시 　　　　　　　　　② 미시
③ 착시 　　　　　　　　　④ 소시

 '잘난 체하며 남을 업신여기는 데가 있음'을 뜻하는 '거만'의 반의어는 '남을 존중하고 자기
를 내세우지 않는 태도가 있음'을 뜻하는 '겸손'이다. '거시'는 '어떤 대상을 전체적으로 크게
봄'의 뜻으로 '작게 보임'을 뜻하는 '미시'의 반의어이다.

26 다음 중 '싸다'와 동의어를 모두 고르면?

ㄱ 덮다 　　　　　　　　　ㄴ 말다
ㄷ 꾸리다 　　　　　　　　ㄹ 메우다
ㅁ 포장하다

① ㄱㄷ 　　　　　　　　　② ㄴㅁ
③ ㄷㅁ 　　　　　　　　　④ ㄴㄷㅁ

 ㄱ 물건 따위가 드러나거나 보이지 않도록 넓은 천 따위를 얹어서 씌우다.
　ㄹ '뚫려 있거나 비어 있는 곳이 막히거나 채워지다'의 사동사

Answer ➞ 21.① 22.③ 23.① 24.② 25.② 26.④

27 다음 중 세 단어의 관계가 나머지와 다르게 연결된 것은?

① 밀 – 제빵사 – 빵　　　　　　　② 나무 – 목수 – 가구

③ 과수원 – 농부 – 과일　　　　　④ 철 – 대장장이 – 칼

 ①②④ '원재료 – 재료를 이용하는 사람 – 결과물'의 관계이다.

28 다음 문장들의 ( ) 안에 들어갈 단어로 적절하지 않은 것은?

> • 다음은 책의 일부를 ( )한 것이다.
> • 대학 정시 ( ) 원서접수가 일주일 앞으로 다가왔다.
> • 각 사업부문별로 기술과 능력을 갖춘 젊은 인재들을 대거 ( )했다.

① 등용　　　　　　　　　　　② 모집

③ 발췌　　　　　　　　　　　④ 선별

 순서대로 '발췌, 모집, 등용, 취사'가 들어가야 한다.
① 등용 : 인재를 뽑아서 씀
② 모집 : 사람이나 작품, 물품 따위를 일정한 조건 아래 널리 알려 뽑아 모음
③ 발췌 : 책, 글 따위에서 필요하거나 중요한 부분을 가려 뽑아냄
④ 선별 : 가려서 따로 나눔

29 다음 중 두 단어의 관계가 나머지와 다른 것은?

① 비 : 우산　　　　　　　　　② 추위 : 외투

③ 결혼 : 드레스　　　　　　　④ 황사 : 마스크

 비를 피하기 위해 우산을 쓰고, 추위를 피하기 위해 외투를 입는다. 황사를 피하기 위해 마스크를 쓴다.

30 다음 중 두 단어의 관계가 나머지와 다른 것은?

① 감상 : 감상문　　　　　　　　② 여행 : 기행문

③ 탐방 : 탐방기　　　　　　　　④ 토막 : 토막글

(Tip) ①②③ A : B에서 B는 A의 내용을 담아낸 글이다.

31 다음 중 '시리다'와 동의어를 모두 고르면?

┌───┐
│ ㉠ 차다　　　　　　　　　　㉡ 느끼다　　　　　│
│ ㉢ 깨닫다　　　　　　　　　㉣ 부수다　　　　　│
│ ㉤ 부시다　　　　　　　　　　　　　　　　　　│
└───┘

① ㉠㉡　　　　　　　　　　② ㉡㉢

③ ㉠㉤　　　　　　　　　　④ ㉠㉡㉢

(Tip) ㉡ 감각 기관을 통하여 어떤 자극을 깨닫다.
㉢ 감각 따위를 느끼거나 알게 되다.
㉣ 단단한 물체를 여러 조각이 나게 두드려 깨뜨리다.

32 다음 제시된 단어의 관계와 다른 것을 고르면?

┌───┐
│   문학 : 예술   │
└───┘

① 택시 : 교통수단　　　　　　② 봄 : 계절

③ 운동장 : 놀이터　　　　　　④ 소설 : 산문문학

(Tip) 문학은 예술의 종류 중 하나다.
①②④ 왼쪽이 오른쪽의 종류 중 하나에 해당한다.

Answer ➔ 27.③　28.④　29.③　30.④　31.③　32.③

33 다음 중 단어의 관계가 다른 것은?

① 각골난망 : 결초보은

② 구밀복검 : 표리부동

③ 우이독경 : 대우탄금

④ 고진감래 : 흥진비래

 ④ 반대되는 의미
①②③ 비슷한 의미

34 다음 중 단어의 관계가 다른 것은?

① 거부(拒否) : 거절(拒絕)

② 간병(看病) : 간호(看護)

③ 과오(過誤) : 실수(失手)

④ 민감(敏感) : 둔감(鈍感)

 ④ 반의어
①②③ 동의어

35 다음 중 단어의 관계가 다른 것은?

① 군인 – 무기 – 군대

② 교수 – 연구 – 대학

③ 의사 – 진료 – 병원

④ 판사 – 재판 – 법원

 ②③④ 직업 – 하는 일 – 근무지

┃36~40┃ 다음 제시된 단어와 같은 관계가 되도록 ( ) 안에 들어갈 단어를 고르시오.

36

> 배제(排除) : 제외(除外) = ( ) : ( )

① 기탄(忌憚)하다 : 꺼리다
② 양념 : 간장
③ 베틀 : 길쌈
④ 새 : 날개

 배제(排除)와 제외(除外)는 받아들이지 않고 떼어낸다는 의미로 동의관계이다. 보기 중 동의관계인 것은 ①이고, ②는 포함관계, ③은 도구관계, ④는 전체와 부분의 관계이다.

37

> 생물 : 동물 = ( ) : ( )

① 재해 : 지진
② 여자 : 남자
③ 국가 : 국민
④ 조기 : 고등어

 동물은 생물의 한 종류이므로 두 단어는 포함관계이다. 보기 중 포함관계에 있는 단어는 재해와 지진뿐이며, 국민은 국가의 구성요소로 전체와 부분관계, 조기와 고등어는 대등관계, 여자와 남자는 반의관계이다.

38

> 버스 : 지하철 = ( ) : 인천

① 서울
② 국제공항
③ 서해
④ 부산

 버스와 지하철은 대중교통의 한 종류이고, 부산과 인천은 모두 광역시이다.

Answer ➝ 33.④ 34.④ 35.① 36.① 37.① 38.④

39

> 명운 : ( ) = 얼개 : 구조

① 청운   ② 운명

③ 복운   ④ 행운

 명운은 인간을 포함한 모든 것을 지배하는 초인간적인 힘, 또는 그것에 의하여 이미 정하여져 있는 목숨이나 처지를 말한다.

40

> 두남두다 : 두둔하다 = 각다분하다 : ( )

① 인색하다   ② 고되다

③ 가쁘하다   ④ 괴팍하다

 두남두다는 '잘못을 두둔하다'의 뜻이고, 각다분하다는 '일을 해 나가기가 힘들고 고되다'의 뜻이다.

┃41~43┃ 다음 글에서 ㉠, ㉡의 관계와 같은 관계를 이루는 단어쌍을 고르시오.

41

> 보건당국이 ㉠간호사가 영양제 또는 ㉡정맥주사 투여행위를 할 때 의사가 반드시 현장에서 이를 지켜볼 필요가 없이 일반적인 지도·감독만으로도 수행이 가능하다는 해석을 내렸다. 대한전공의협의회 등에 따르면 보건복지부는 최근 신생아 사망사건과 관련해 「간호사 지질영양제 투여 시 의사의 지도 감독 범위」의 추가 질의에 이같이 답변했다. 복지부는 국민신문고를 통해 "간호사의 지질영양제를 비롯한 수액제재 정맥주사 행위는 '통상적인 간호업무'이며 의사의 입회가 반드시 필요한 것은 아니다"라고 규정했다.

① 교사 : 학생   ② 교회 : 목사

③ 미용사 : 염색   ④ 학생 : 친구

정맥주사는 간호사가 하는 간호업무 중 하나이다. 미용사는 염색을 한다.

42

> 최근 끊이지 않는 악재로 인해 민주당이 심상치 않은 분위기다. 안희정 전 충남지사와 정봉주 의원 등 정치권의 '미투(#MeToo)운동' 여파가 ㉠여당인 민주당에 집중되었기 때문이다. 또한 약 2달 앞으로 다가 온 6·13 지방선거를 두고 '민주당 경선이 곧 본선'이라는 말이 떠돌면서, 당 내부에서도 경선을 두고 혈투가 이어지고 있는 상황이다. 민주당은 여소야대(與小野大)의 구도 속에서 당내 지도력도, ㉡야당과의 협상력도 발휘하지 못한 채 지지부진한 모습이다.

① 하늘 : 바다　　　　　　　　② 남자 : 여자

③ 국가 : 나라　　　　　　　　④ 물 : 공기

 '여당'은 현재 정권을 잡고 있는 정당이고 '야당'은 현재 정권을 잡고 있지 않은 정당으로 반의 관계이다.

43

> 월요일 출근길 수도권을 중심으로 ㉠미세먼지 농도가 높게 나타난 데다 안개까지 겹쳐 뿌연 하늘을 보이고 있다. 환경부 대기환경정보 에어코리아에 따르면, 이날 오전 8시 미세먼지 농도는 서울 120$\mu g/㎥$, 경기 95$\mu g/㎥$, 인천 81$\mu g/㎥$, 대전 85$\mu g/㎥$, 광주 83 $\mu g/㎥$, 제주 104$\mu g/㎥$ 등으로 전국적으로 '나쁨' 수준을 보이고 있다. 특히 서울과 경기, 광주, 전북, 경남 지역에는 ㉡초미세먼지 주의보가 발령됐다. 초미세먼지는 미세먼지의 4분의 1 규모로 입자 크기가 매우 작아 코나 기관지에서 잘 걸러지지 않고 인체에 축적될 가능성이 높아 마스크 착용을 꼭 하는 것이 좋다.

① 카메라 : 디지털 카메라　　　② TV : 스마트TV

③ SD카드 : 마이크로 SD카드　　④ 톨게이트 : 하이패스

 초미세먼지는 미세먼지의 4분의 1규모로 입자 크기가 매우 작은 것을 말한다.

44 다음 나열된 단어의 관계가 다른 하나는?.

① 화요일 – 수요일 – 목요일　　② 아침 – 점심 – 저녁

③ 봄 – 여름 – 가을　　　　　　④ 기역 – 니은 – 디귿

 ①②③ 시간의 흐름

Answer ➔ 39.② 40.② 41.③ 42.② 43.③ 44.④

45 다음 나열된 단어의 관계가 다른 하나는?

① 호텔 – 호텔리어 – 외국인

② 의료 – 의사 – 환자

③ 교육 – 선생님 – 학생

④ 요리 – 요리사 – 손님

(Tip) ②③④ 업종 – 제공하는 사람 – 받는 사람

| 46~48 | 다음 제시된 전제에 따라 결론을 추론하시오.

46

> • 반도는 삼면이 모두 바다에 접해있다.
> • 인도는 반도이다.
> • 한국은 반도이다.
> • 이탈리아는 반도이다.
> • 그러므로 _____.

① 인도, 한국, 이탈리아는 삼면이 모두 대륙으로 이어진다.

② 인도, 한국, 이탈리아는 삼면이 모두 바다에 접해있다.

③ 인도, 한국, 이탈리아는 삼면이 모두 바다에 접해있지 않다.

④ 인도, 한국, 이탈리아는 모두 인구가 많다.

(Tip) 인도, 한국, 이탈리아는 반도이고, 반도는 삼면이 모두 바다에 접해있으므로 ②가 옳다.

47

> • 키가 큰 사람은 싱겁다.
> • 손이 작은 사람 중에는 재주있는 사람이 많다.
> • 그러므로 _____.

① 키가 크고 손이 작은 사람은 싱겁다.

② 키가 크고 손이 작은 사람은 재주가 많다.

③ 싱거운 사람은 키가 크다.

④ 재주가 많은 사람은 손이 작다.

 ① 키가 큰 사람은 싱거우므로 키가 크고 손이 작은 사람은 싱겁다.

48

> • A가 산이면 B는 바다가 아니다.
> • B는 바다다.
> • 그러므로 _____.

① 산은 B이다.

② A는 산이다.

③ A는 산이 아니다.

④ A가 산인지 알 수 없다.

 첫 번째 조건의 대우를 구하면, 'B가 바다면 A는 산이 아니다'가 된다. 따라서 ③이 들어가야 한다.

Answer ↱ 45.① 46.② 47.① 48.③

▌49~51▌ 한 여행사에서 가격이 다른 유럽 여행 상품 A, B, C, D, E를 판매하고 있다. 다음 조건을 모두 고려하였을 때, 각 물음에 답하시오.

- B상품과 D상품의 가격 차이는 30만 원이다.
- E상품의 가격은 C상품과 D상품의 평균 가격과 일치한다.
- B상품이 E상품보다 비싸다.
- B상품과 C상품의 가격 차이는 5만 원 이하이다.
- B상품이 A상품보다 싸다.

---

49 C상품이 A, B상품보다 비싼 경우 가장 비싼 상품은?

① A   ② B

③ C   ④ D

 가격이 비싼 상품부터 나열하면 다음과 같다.
ⓐ C상품이 A, B상품보다 싼 경우

1	2	3	4	5
A	B	C	E	D

ⓑ C상품이 A상품보다 싸고 B상품보다 비싼 경우

1	2	3	4	5
A	C	B	E	D

ⓒ C상품이 A, B상품보다 비싼 경우

1	2	3	4	5
C	A	B	E	D

50 항상 가장 싼 상품은?

① A   ② B

③ C   ④ D

 모든 경우에 가장 싼 상품은 D이다.

51 C상품이 A, B상품보다 비싼 경우 세 번째로 비싼 상품은?

① A   ② B

③ C   ④ D

1	2	3	4	5
C	A	B	E	D

│52~53│ 서로 다른 무게를 가진 공 5개가 있다. 각 물음에 답하시오.

- 파란공은 가장 무겁지도 않고, 세 번째로 무겁지도 않다.
- 빨간공은 가장 무겁지도 않고, 두 번째로 무겁지도 않다.
- 흰공은 세 번째로 무겁지도 않고, 네 번째로 무겁지도 않다.
- 검은공은 파란공과 빨간공보다는 가볍다.
- 노란공은 파란공보다 무겁고, 흰공보다는 가볍다.

52 다음 중 가장 무거운 공은?

① 흰공   ② 빨간공

③ 노란공   ④ 검은공

 무거운 순서로 나열하면 흰공 – 노란공 – 빨간공 – 파란공 – 검은공의 순서가 된다. 가장 무거운 공은 흰공이다.

53 다음 중 가장 가벼운 공은?

① 빨간공   ② 노란공

③ 파란공   ④ 검은공

가장 가벼운 공은 검은공이다.

Answer ➞ 49.③ 50.④ 51.② 52.① 53.④

┃54~55┃ 은지, 혜지, 진욱, 재진, 지환이가 1부터 5까지 쓰여 있는 5장의 카드를 한 장씩 나눈 후 카드에 적힌 숫자에 따라 순위를 정했다. 각 물음에 답하시오.

- 숫자가 클수록 더 높은 순위이다.
- 혜지의 카드에 적힌 숫자는 지환이의 카드에 적힌 숫자보다 크다.
- 재진이가 가지고 있는 카드에는 짝수가 적혀 있다.
- 진욱이의 순위는 3위도, 4위도 아니었다.
- 은지와 진욱이의 카드에 적힌 숫자의 차는 1이다.
- 진욱이와 재진이의 카드에 적힌 숫자의 합은 6이하이다.

54 혜지가 3위일 때, 재진이는 몇 위인가?

① 1위 ② 2위
③ 3위 ④ 4위

> (Tip) 혜지가 3위일 때, 재진이는 4위다.
>
> ㉠ 은지가 1위일 경우
>
> | | 1위 | 2위 | 3위 | 4위 | 5위 |
> |---|---|---|---|---|---|
> | 카드 숫자 | 5 | 4 | 3 | 2 | 1 |
> | 사람 | 은지 | 진욱 | 혜지 | 재진 | 지환 |
>
> ㉡ 은지가 3위일 경우
>
> | | 1위 | 2위 | 3위 | 4위 | 5위 |
> |---|---|---|---|---|---|
> | 카드 숫자 | 5 | 4 | 3 | 2 | 1 |
> | 사람 | 혜지 | 진욱 | 은지 | 재진 | 지환 |
>
> ㉢ 은지가 4위일 경우
>
> | | 1위 | 2위 | 3위 | 4위 | 5위 |
> |---|---|---|---|---|---|
> | 카드 숫자 | 5 | 4 | 3 | 2 | 1 |
> | 사람 | 혜지 | 재진 | 지환 | 은지 | 진욱 |

55 진욱이와 재진이의 카드에 적힌 숫자의 합으로 나올 수 있는 경우는 몇 가지인가?

① 1가지 ② 2가지
③ 3가지 ④ 4가지

> (Tip) 숫자의 합이 6 또는 5가 나오므로 나올 수 있는 경우는 2가지이다.

| 56~57 | 신입사원 A, B, C, D, E 5명이 거래처인 ㈎, ㈏, ㈐, ㈑, ㈒ 공장에 가야 한다. 다음에 주어진 조건을 읽고 물음에 답하시오.

- 신입사원들은 각 공장에 혼자 가야 한다.
- 공장은 ㈎, ㈏, ㈐, ㈑, ㈒의 순서로 나란히 붙어 있다.
- B는 항상 D가 가는 공장의 바로 오른쪽에 있는 곳에 가야 한다.
- ㈒ 공장에는 B와 C가 갈 수 없다.

---

56 신입사원들이 각각의 공장에 가는 방법은 총 몇 가지인가?

① 12가지　　　　　　　　　② 14가지

③ 16가지　　　　　　　　　④ 18가지

 B는 항상 D가 가는 공장의 바로 오른쪽에 있는 곳에 가야 한다고 했으므로 (D, B)를 묶어서 생각한다. 네 번째 조건에서 ㈒ 공장에는 B와 C가 갈 수 없다고 했지만 ㈒ 공장의 오른쪽에는 공장이 없으므로 D 역시 갈 수 없다. 그러므로 ㈒ 공장에 갈 수 있는 사람은 A와 E뿐이다.

A가 ㈒ 공장에 가는 경우	E가 ㈒ 공장에 가는 경우
(D − B) − C − E − A	(D − B) − A − C − E
(D − B) − E − C − A	(D − B) − C − A − E
C − (D − B) − E − A	A − (D − B) − C − E
E − (D − B) − C − A	C − (D − B) − A − E
C − E − (D − B) − A	A − C − (D − B) − E
E − C − (D − B) − A	C − A − (D − B) − E

57 C와 D가 바로 옆에 이웃해 있는 공장에 가는 방법은 몇 가지인가?

① 2가지　　　　　　　　　② 4가지

③ 6가지　　　　　　　　　④ 8가지

 C − D − B − E − A, E − C − D − B − A, C − D − B − A − E, A − C − D − B − E의 4가지 방법이 있다.

58 다음 조건에 따를 때 옳은 것은?

> • A는 B의 조카이다.
> • A는 C의 아들이다.
> • C는 딸이다.
> • D는 B의 남편이다.
> • C와 B는 부모가 같다.

① D는 A의 외할아버지이다.
② C와 B는 남매간이다.
③ B는 A의 이모이다.
④ D는 C의 제부이다.

 ① D는 A의 이모부이다.
② C와 B는 자매간이다.
④ B와 C 중 누가 언니인지는 알 수 없다.

59 영업실적에 대해 다음 네 명의 사원 중 한 명을 제외하고 모두 진실을 말했다고 했을 때, 다음 중 거짓말을 하고 있는 사람은?

> • A : 내가 이번에도 꼴찌구나.
> • B : 나는 C보다 또 못했네.
> • C : 나는 B, A보다 못했네.
> • D : 역시 내가 이번에도 매출 1등이야.

① A   ② B
③ C   ④ D

 B와 C의 말이 모순되므로, 둘 중에 한 명은 거짓말을 하고 있다.
㉠ B의 말이 거짓이라면, D – B – C – A가 되는데 C의 말과 모순이 되므로 옳지 않다.
㉡ C의 말이 거짓이라면, D – C – B – A가 되어 모든 조건을 충족시킨다.

60 지수, 영호, 종미, 정석 네 명이 원탁에 둘러앉았다. 지수는 영호의 오른쪽에 있고, 영호와 종미는 마주보고 있다. 정석의 왼쪽과 오른쪽에 앉은 사람을 차례로 연결하면?

① 종미 – 영호

② 종미 – 지수

③ 영호 – 종미

④ 영호 – 지수

 조건에 따라 4명을 원탁에 앉히면 시계방향으로 정석 – 종미 – 지수 – 영호의 순서가 된다.

61 무게가 서로 다른 A ~ F의 6개 돌이 있다. 다음과 같은 조건이 모두 사실일 때 확실하게 말할 수 있는 것은?

> • B는 A보다 무겁고, F보다 무겁다.
> • C는 B보다 무겁고, D보다 가볍다.
> • E는 C보다 가볍다.

① E는 F보다 가볍다.

② C는 두 번째로 무겁다.

③ A는 두 번째로 무겁다.

④ B는 세 번째로 무겁다.

 주어진 사실을 부등호로 나타내면 다음과 같다.
D>C>B>A, F/C>E
따라서 C는 두 번째로 무겁다.

62 A～E가 왼쪽부터 일렬로 섰을 때 다음과 같은 사실을 알 수 있었다. 이때 확실하게 말할 수 있는 것은 어느 것인가?

> • A는 왼쪽에서 2번째이다.
> • B는 A보다 오른쪽에 있다.
> • C와 D는 이웃해 있다.

① D는 가장 오른쪽이다.
② B는 정중앙에 있다.
③ A의 위치는 알 수 없다.
④ E는 가장 왼쪽이다.

 주어진 조선을 성리하면 다음과 같다.
○ A ○ ○ ○
B가 A보다 오른쪽이고, C와 D는 이웃해 있으므로 A보다 오른쪽에 올 수밖에 없다. 따라서 E는 가장 왼쪽이 된다.

63 다음 조건에 따를 때 옳은 것은?

> • A가 가진 모든 옷의 색깔은 파란색이거나 보라색이다.
> • A는 B에게 가끔 자기의 옷을 빌려준다.
> • B는 보라색 옷을 즐겨 입는다.
> • A는 C에게만 가끔 옷을 빌려 입는다.
> • C가 가진 옷 중에 파란색이나 보라색은 없다.

① A가 입은 옷의 빛깔은 항상 파란색이거나 보라색이다.
② B가 보라색 옷을 입고 있다면 그 옷은 A의 것이다.
③ C는 A나 B로부터 결코 옷을 빌려 입는 일이 없다.
④ A가 가진 옷과 C가 가진 옷은 색이 다르다.

 ① A가 C에게 옷을 빌려 입었을 때는 파란색이거나 보라색이 아니다.
② B에게도 보라색 옷이 있을 수 있다.
③ 주어진 사실만으로는 알 수 없다.

64 A, B, C 3종류의 과일 중에서 값싼 2종류 과일의 가격의 합은 다른 한 종류의 가격에 못 미친다. 또 B는 가장 비싼 과일은 아니다. 이때 절대로 있을 수 없는 경우는 어느 것인가?

> (개) A는 가장 싸다.
> (내) C는 가장 비싸다.
> (대) A와 C는 같은 가격이다.
> (래) A와 B는 같은 가격이다.

① (개)
② (내)
③ (대)
④ (래)

 B는 가장 비싼 과일은 아니라는 조건에 따라 A > B + C 또는 C > A + B의 한 쪽이 항상 성립된다. 따라서 A와 C는 같은 가격일 수 없다.

65 다음은 혜은이가 기록한 지난주의 날씨이다. 오전에는 흐리다가 오후에 비가 내린 날은 언제인가?

> • 월요일 : 하루 종일 비가 오지 않았다.
> • 화요일 : 오전엔 맑았다가 오후엔 금요일 오후와 같았다.
> • 수요일 : 하루 종일 일요일 오전과 같은 날씨가 아니었다.
> • 목요일 : 오전엔 토요일 오전과 같았고 오후엔 일요일 오전과 같았다.
> • 금요일 : 월요일과 같았다가 오후에 흐려졌다.
> • 토요일 : 오전엔 화요일 오후와 같다가 오후엔 비가 내렸다.
> • 일요일 : 오전엔 토요일 오후와 같다가 오후엔 토요일 오전과 같았다.

① 목요일, 토요일
② 수요일, 일요일
③ 화요일, 수요일
④ 토요일, 일요일

 주어진 조건에 따르면 다음과 같다. 따라서 오전에는 흐리다가 오후에 비가 내린 날은 목요일과 토요일이다.

	오전	오후
월요일	비가 안 옴	비가 안 옴
화요일	맑음	흐림
수요일	비가 안 옴	비가 안 옴
목요일	흐림	비가 내림
금요일	비가 안 옴	흐림
토요일	흐림	비가 내림
일요일	비가 내림	흐림

Answer ⌐→ 62.④ 63.④ 64.③ 65.①

66 어느 미팅 자리에서 아래 그림과 같이 1~5번 자리에는 남학생이, 6~10번 자리에는 여학생이 앉았다. 조건에 언급되지 않은 동현이와 가은이의 자리는 어디인가?

〈좌석 배치도〉

남자	1	2	3	4	5
여자	6	7	8	9	10

〈조건〉
- 1번 책상 맞은편 여학생 옆에 앉은 여학생은 지희이다.
- 지희와 수희 사이에는 두 사람이 앉았다.
- 예은이는 진수 맞은편에 앉는다.
- 진수의 자리가 중앙이 아니라면 재석이가 중앙이다.
- 민준이는 동수 옆에 앉는다.
- 지희의 자리가 중앙이 아니라면 은희가 중앙이다.
- 민준이는 수희 맞은편에 앉는다.

① 동현 – 5번, 가은 – 7번

② 동현 – 4번, 가은 – 10번

③ 동현 – 2번, 가은 – 9번

④ 동현 – 1번, 가은 – 8번

남자	1 (진수)	2 (동현)	3 (재석)	4 (동수)	5 (민준)
여자	6 (예은)	7 (지희)	8 (은희)	9 (가은)	10 (수희)

67 다음 조건을 읽고 옳은 설명을 고르면?

> • 지애네 가족은 아빠, 엄마, 언니, 동생을 포함해 모두 5명이다.
> • 아빠는 엄마보다 키가 크다.
> • 지애는 언니보다 키가 크다.
> • 엄마는 지애보다 키가 크다.
> • 언니는 동생보다 키가 크다.

> A : 지애네 가족 중 키가 가장 큰 사람은 아빠이다.
> B : 지애네 가족 중 키가 가장 작은 사람은 동생이다.

① A만 옳다.

② B만 옳다.

③ A와 B 모두 옳다.

④ A와 B 모두 그르다.

 아빠 > 엄마 > 지애 > 언니 > 동생의 순서가 된다. 따라서 A와 B 모두 옳다.

68 새로 정할 교칙 Y에 대하여 교사 甲 ～ 辛 8명은 찬성이나 반대 중 한 의견을 제시하였다. 이들의 찬반 의견이 다음 〈조건〉과 같다고 할 때, 반대 의견을 제시한 최소 인원 수는?

〈조건〉

• 甲이나 乙이 반대하면, 丙과 丁은 찬성하고 戊는 반대한다.
• 乙이나 丙이 찬성하면, 己 또는 庚 중 적어도 한 명이 찬성한다.
• 丁과 辛 중 한 명만이 찬성한다.
• 乙이나 丁 중 적어도 한 명이 반대하면, 戊가 반대하거나 辛이 찬성한다.
• 戊가 반대하면, 辛은 찬성한다.
• 丁은 찬성한다.

---

① 1명   ② 2명

③ 3명   ④ 4명

 • 여섯 번째 조건에 의해 丁은 찬성, 세 번째 조건에 의해 丁과 辛 중 한 명만이 찬성이므로 辛은 반대이다.
• 다섯 번째 조건의 대우는 辛이 반대하면 戊가 찬성이므로 戊는 찬성이다.
• 네 번째 조건의 대우는 戊가 찬성하고 辛이 반대하면 乙과 丁 모두가 반대하지 않는다이며 따라서 乙은 찬성이다. → 丁, 戊, 乙, 찬성 / 辛 반대
• 두 번째 조건에서 乙이나 丙이 찬성하면 己 또는 庚 중 적어도 한 명이 찬성한다고 했으므로 己, 庚 모두 찬성도 가능하다. (반대 의견을 제시한 최소 인원을 구하는 문제이다)
• 첫 번째 조건의 대우는 丙 또는 丁이 반대하거나 戊가 찬성하면 甲과 乙이 찬성한다이므로 戊가 찬성하므로 甲과 乙이 찬성하며, 丙도 찬성할 수 있다.
따라서 반대의 최소 인원은 1명(辛)이다.

69 다음 글의 내용이 참일 때, 반드시 참인 것만을 〈보기〉에서 모두 고르면?

> 甲, 乙, 丙 세 명의 운동선수는 지난 시합이 열린 날짜와 요일에 대해 다음과 같이 기억을 달리 하고 있다.
> • 甲은 시합이 5월 8일 목요일에 열렸다고 기억한다.
> • 乙은 시합이 5월 10일 화요일에 열렸다고 기억한다.
> • 丙은 시합이 6월 8일 금요일에 열렸다고 기억한다.
>
> 추가로 다음 사실이 확인됐다.
> • 시합은 甲, 乙, 丙이 언급한 월, 일, 요일 중에 열렸다.
> • 세 명의 운동선수가 기억한 내용 가운데, 한 사람은 월, 일, 요일의 세 가지 사항 중 하나만 맞혔고, 한 사람은 하나만 틀렸으며, 한 사람은 어느 것도 맞히지 못했다.

> 〈보기〉
> ㉠ 회의는 6월 10일에 열렸다.
> ㉡ 甲은 어느 것도 맞히지 못한 사람이다.
> ㉢ 丙이 하나만 맞힌 사람이라면 시합은 화요일에 열렸다.

① ㉠
② ㉠㉡
③ ㉡㉢
④ ㉠㉡㉢

 시합은 세 사람이 말한 월, 일, 요일 중에서 열렸고 세 사람 중 월, 일, 요일을 0개, 1개, 2개 맞춘 사람이 존재한다.
시합이 열렸던 날짜는 5월 8일, 5월 10일, 6월 8일, 6월 10일 중 하나이며, 이 날짜 중에서 조건을 만족하는 날짜를 찾아야 한다.
5월 8일 : 甲이 2개, 乙이 1개, 丙이 1개 맞혔으므로 0개 맞힌 사람이 없다. (×)
5월 10일 : 甲이 1개, 乙이 2개, 丙이 0개 맞혔으나 요일을 甲이나 乙이 맞히면 조건을 충족하지 못 한다. (×)
6월 8일 : 甲이 1개, 乙이 0개, 丙이 2개 맞혔으나 요일을 甲이나 丙이 맞히면 조건을 충족하지 못 한다. (×)
6월 10일 : 甲이 0개, 乙이 1개, 丙이 1개 맞혔으므로 요일을 乙이나 丙이 맞히면 조건을 충족한다. (㉠, ㉡ 맞음)
丙이 하나만 맞히면 乙이 2개를 맞힌 것이 된다. 乙은 시합이 화요일에 열렸다고 기억했으므로 ㉢은 맞는 내용이다.
따라서 ㉠, ㉡, ㉢ 모두 맞음

Answer → 68.① 69.④

70 다음 글의 내용이 참일 때 반드시 참인 것만을 〈보기〉에서 모두 고르면?

> A 부서에서는 새로운 프로젝트를 진행할 예정이다. A 부서는 남자 사원 경호, 수호, 민호, 영호 4명과 여자 사원 경지, 수지, 민지 3명으로 구성되어 있다.
> 아래의 조건을 지키면서 이들 가운데 4명을 뽑아 새로운 프로젝트의 전담팀을 꾸리고자 한다.
> • 남자 사원 가운데 적어도 한 사람은 뽑아야 한다.
> • 여자 사원 가운데 적어도 한 사람은 뽑지 말아야 한다.
> • 경호, 수호 중 적어도 한 사람을 뽑으면 영호와 민지도 뽑아야 한다.
> • 민호를 뽑으면, 경지와 수지는 뽑지 말아야 한다.
> • 민지를 뽑으면, 경지도 뽑아야 한다.

> 〈보기〉
> ㉠ 남녀 동수로 팀이 구성된다.
> ㉡ 민호와 수지 둘 다 팀에 포함되지 않는다.
> ㉢ 영호와 경지 둘 다 팀에 포함된다.

① ㉡
② ㉠㉡
③ ㉡㉢
④ ㉠㉡㉢

 경호, 수호 중 적어도 한 명을 뽑으면 영호와 민지를 뽑아야 하는데, 민지를 뽑으면 경지도 뽑아야 한다. 즉 경호와 수호를 둘 다 뽑으면 5명이 되어 안 된다. 따라서 경호나 수호 둘 중에 한 명만 뽑아야 하고 이 경우 영호, 민지, 경지가 들어간다.

민호를 뽑으면 경지, 수지를 뽑지 말아야 하는데 경지를 뽑지 않으면 민지도 뽑지 말아야 한다.(다섯 번째 조건의 대우) 즉 민호를 뽑으면 여자 사원 경지, 수지, 민지 모두 뽑을 수 없으므로 남자 사원 경호, 수호, 민호, 영호로 팀을 정해야 하는데 이는 조건을 충족하지 못 한다. 따라서 민호를 뽑을 수 없으며, 5가지 조건을 모두 충족하는 팀은 (경호, 영호, 민지, 경지), (수호, 영호, 민지, 경지)이므로 ㉠, ㉡, ㉢ 모두 맞다.

05 수리공간(이공계)

※ 도형추론 일부 문제에는 해설이 생략되었습니다.

〉〉 응용계산

1 할아버지와 어머니, 아버지 그리고 3명의 자녀로 이루어진 6명의 가족이 일렬로 설 때, 아버지가 맨 앞에 서고, 어머니가 맨 뒤에 서는 경우의 수를 고르면?

① 6 ② 12

③ 18 ④ 24

 아버지가 맨 앞에 서고, 어머니가 맨 뒤에 서는 경우는 정해져 있으므로 네 명만 일렬로 세우면 된다.

$4 \times 3 \times 2 \times 1 = 24$(가지)

2 L사와 D사 두 소대가 친선 농구 경기를 하였다. 전반전에는 D사가 L사보다 9점을 더 얻고, 후반전에는 L사가 D사가 전반전에 얻은 점수의 2배를 얻어서 51 : 50으로 L사가 이겼다. 이때, L사가 후반전에서 얻은 점수를 고르면?

① 25점 ② 30점

③ 35점 ④ 40점

	D사	L사
전반전	$x+9$	x
후반전		$2(x+9)$
합계	50	51

$x + 2(x+9) = 51$

$3x = 33$

$\therefore x = 11$

L사가 후반전에서 얻은 점수는 40점이다.

Answer ╭→ 70.④ / 1.④ 2.④

3 같은 회사에 근무하는 A과장과 B대리의 이번 달 급여의 비는 3 : 2이고, 지출의 비는 11 : 7이다. 급여를 사용하고 각각 40만 원이 남았다면, A과장과 B대리가 이번 달에 받은 급여의 차이는 얼마인가?

① 100만 원

② 120만 원

③ 140만 원

④ 160만 원

$3x - 11y = 40 \cdots \bigcirc$

$2x - 7y = 40 \cdots \bigcirc$

두 식을 연립하여 풀면 $x = 4y$

이 값을 ㉠에 대입하면 $y = 40$이고, $x = 160$이다.

A과장의 급여는 480, B대리의 급여는 320이다.

따라서 $480 - 320 = 160$(만 원)이다.

4 소금물 300g에 물 130g과 소금 70g을 더 넣었더니 농도가 처음 농도의 2배가 되었다. 처음 소금물의 농도는?

① 10%

② 12%

③ 14%

④ 16%

처음 소금물의 농도를 x라 하면,

처음 소금의 양은 $\dfrac{300 \times x}{100} = 3x$

물 130g과 소금 70g을 더 넣은 후 소금물의 양은 $300 + 130 + 70 = 500$

소금의 양은 $3x + 70$

이 때 소금물의 농도는 $2x$이므로

$3x + 75 = \dfrac{500 \times 2x}{100}$

$3x + 70 = 10x$

$7x = 70$

$\therefore x = 10$

따라서 처음 소금물의 농도는 10%이다.

5 2,000원 하던 물건의 가격이 50% 인상되었다. 얼마 후 50% 인하되었다. 이 물건의 가격은 처음과 비교할 때 얼마나 변하였는가?

① 500원 감소

② 750원 감소

③ 500원 증가

④ 750원 증가

 (Tip)

$$2,000 + \left(2,000 \times \frac{50}{100}\right) = 3,000$$

$$3,000 - \left(3,000 \times \frac{50}{100}\right) = 1,500$$

따라서 이 물건의 가격은 처음과 비교할 때 500원 감소하였다.

6 1에서 20까지의 숫자가 각각 적힌 20장의 카드가 있다. 이 카드에서 임의로 한 장을 뽑을 때, 그것이 4의 배수도 9의 배수도 아닐 확률은?

① $\dfrac{1}{2}$

② $\dfrac{11}{20}$

③ $\dfrac{13}{20}$

④ $\dfrac{3}{4}$

 (Tip)
• 4의 배수가 나올 경우의 수 : 5
• 9의 배수가 나올 경우의 수 : 2
• 4의 배수나 9의 배수가 나올 확률 $= \dfrac{5+2}{20} = \dfrac{7}{20}$
• 4의 배수도 9의 배수도 아닐 확률 $= 1 - \dfrac{7}{20} = \dfrac{13}{20}$

7 어느 학급의 40명을 대상으로 한 A, B 두 종류의 수업방식에 대한 선호도 조사를 실시하였다. A를 선택한 학생 수는 23명, B를 선택한 학생 수는 19명이었다. 이때, 두 수업 방식을 모두 선택한 학생 수의 최댓값과 최솟값의 합은?

① 21

② 22

③ 23

④ 24

 (Tip)
최솟값 : 23+19-40 = 2
최댓값은 B의 값이 될 수 있다.
최솟값은 2명, 최댓값은 19명이다. 따라서 최댓값과 최솟값의 합은 21이다.

Answer ➡ 3.④ 4.① 5.① 6.③ 7.①

8 8%의 설탕물 200g에서 xg의 설탕물을 덜고, 덜어낸 만큼의 순수한 물을 부었다. 그리고 다시 2%의 설탕물을 120g을 넣었더니 3%의 설탕물 320g이 되었다. 이때, x의 값은?

① 80

② 90

③ 100

④ 110

$$\frac{0.08 \times 200 + 0.08x + 0.02 \times 120}{200 + 120} = 0.03$$

$$\frac{16 - 0.08x + 2.4}{320} = 0.03$$

$$\frac{18.4 - 0.08x}{320} = 0.03$$

$$18.4 - 0.08x = 9.6$$

$$0.08x = 8.8$$

$$\therefore x = 110(\text{g})$$

9 학년 학생들이 강당에 모두 모여 긴 의자에 앉는데 한 의자에 4명씩 앉으면 3명이 못 앉고, 한 의자에 5명씩 앉으면 의자 9개가 남고 마지막 의자에는 1명만 앉게 된다고 한다. 1학년 학생 수를 구하면?

① 150명

② 196명

③ 211명

④ 230명

의자의 개수를 x라 하면

$$4x + 3 = 5x - 5 \times 9 - (5 - 1)$$

$$x = 52$$

따라서 학생의 수는 $4 \times 52 + 3 = 211$(명)이다.

10 십의 자리의 숫자가 3인 두 자리 자연수가 있다. 십의 자리의 수와 일의 자리의 수를 바꾸면 처음 수의 2배보다 7이 크다고 한다. 이때, 처음 수를 고르면?

① 36

② 37

③ 38

④ 39

 $10x + 3 = 2(30 + x) + 7$

$10x + 3 = 60 + 2x + 7$

$8x = 64$

$\therefore x = 8$

11 윷놀이에서 한 번 던졌을 때, 윷이나 모가 나올 확률은? (단, 윷가락의 앞면과 뒷면이 나올 확률은 같다)

① $\dfrac{1}{5}$

② $\dfrac{1}{6}$

③ $\dfrac{1}{7}$

④ $\dfrac{1}{8}$

 4개의 윷이 모두 앞면일 때와 모두 뒷면일 때를 구하면,

$\dfrac{1}{2^4} + \dfrac{1}{2^4} = \dfrac{1}{2^3}$ 이므로 $\dfrac{1}{8}$ 이다.

Answer ⌐→ 8.④ 9.③ 10.③ 11.④

12 순재는 한 캔에 850원 하는 콜라 22캔을 사기 위해 마트에 갔다. 그런데 한 캔에 950원 하는 사이다가 15% 세일하여 판매하는 것을 보고, 콜라 대신 사이다를 22개 샀다. 본래 순재가 콜라를 사려고 예상한 금액에서 얼마를 적게 쓴 것인가?

① 470원　　　　　　　　　　　　② 580원

③ 715원　　　　　　　　　　　　④ 935원

$$850 \times 22 - \left\{ 950 - \left(950 \times \frac{15}{100} \right) \times 22 \right\}$$
$$= 18700 - 17765 = 935$$

13 서원고등학교 야구팀에는 투수가 6명, 포수가 5명 있다. 감독이 선발 투수, 포수를 각각 1명씩 선발하는 경우의 수는?

① 30가지　　　　　　　　　　　　② 20가지

③ 15가지　　　　　　　　　　　　④ 10가지

투수 6명 중에 한명 뽑는 경우 : 6가지
포수 5명 중에 한명 뽑는 경우 : 5가지
동시에 뽑아야 하므로 $6 \times 5 = 30$(가지)

14 가로, 세로의 길이가 각각 40m, 24m인 직사각형 모양의 땅이 있다. 이 땅의 둘레에 8m 간격으로 되도록 적은 양의 나무를 심으려고 한다. 네 모퉁이에는 반드시 나무를 심어야 한다고 할 때, 필요한 나무의 수를 고르면?

① 12그루　　　　　　　　　　　　② 16그루

③ 20그루　　　　　　　　　　　　④ 24그루

40과 24의 최대공약수는 8이므로, 8m 간격으로 나무를 심어야 한다.
가로에는 5그루, 세로에는 3그루를 심어야 하므로,
$5 \times 2 + 3 \times 2 = 10 + 6 = 16$(그루)

15 다음 보기는 L사의 신입 사원 월급을 계산하는 방법을 나타낸 것이다. K씨와 P씨가 이 회사에 입사를 하였는데 K씨는 군필자로 P씨보다 경력이 1년 짧고, P씨는 군미필자로 K씨보다 교육 기간이 3년 길다. 두 사원의 월급 차는?

> 월급(만 원) $= 100 + (3 \times X) + (3 \times Y) + (6 \times W)$
> * X : 군필자 = 2, 군미필자 = 1
> * Y : 교육기간(년)
> * W : 경력(년)

① 5만 원

② 8만 원

③ 10만 원

④ 12만 원

	X	Y	W
K씨	2	x	$y-1$
P씨	1	$x+3$	y

㉠ K씨의 월급 : $100 + (3 \times 2) + 3x + 6(y-1) = 100 + 6 + 3x + 6y - 6$ ∴ $3x + 6y = -100$
㉡ P씨의 월급 : $100 + (3 \times 1) + 3(x+3) + 6y = 100 + 3 + 3x + 9 + 6y$ ∴ $3x + 6y = -112$
두 식을 연립하여 풀면 두 사원의 월급 차이는 12만 원이다.

16 현재 아버지의 나이는 46세, 딸의 나이는 14세이다. 아버지의 나이가 딸의 나이의 3배가 되는 때는 몇 년 후인가?

① 1년

② 2년

③ 3년

④ 4년

$46 + x = 3(14 + x)$
$46 + x = 42 + 3x$
$2x = 4$
∴ $x = 2$

17 지하철 1호선은 3분마다 정차하고, 4호선은 5분마다 정차한다. 오전 9시에 1호선과 4호선이 환승역인 서울역에서 동시에 정차하였다면, 오전 9시부터 오전 11시까지 몇 번이나 서울역에 동시에 정차하게 되는가?

① 9번   ② 10번

③ 11번   ④ 12번

 3과 5의 최소공배수는 15이다.
9시부터 11시까지 15분 간격으로 서울역에 동시에 정차하게 되며, 9시와 11시에도 동시에 정차하므로 총 9번이 된다.

18 한 개에 800원 하는 사과와 한 개에 1500원 하는 배를 합하여 16개를 사고 17,000원을 지불하였다. 이때 구입한 배의 개수는?

① 3   ② 4

③ 5   ④ 6

	사과	배
개수	x	$16-x$
금액	$800x$	$1,500(16-x)$

$800x + 1,500(16-x) = 17,000$

$8x + 15(16-x) = 170$

$8x + 240 - 15x = 170$

$\therefore x = 10$

따라서 구입한 배의 개수는 $16 - 10 = 6$개

19 어느 도서 대여점에서는 모든 책에 대하여 1권당 대여료는 동일하고 1일 연체료는 대여료보다 500원 싸다고 한다. 민서가 책 한권을 2일 늦게 반납하고 새로 책 3권을 대여하면서 2500원을 지불하였을 때, 이 도서 대여점의 1일 연체료는? (단, 대여료는 책을 대여할 때 지불한다)

① 100원   ② 150원

③ 200원   ④ 250원

 도서 대여점의 1일 연체료를 x원이라고 하면, 책 한 권의 대여료는 $x+500$이다.

$3(x+500)+2x=2,500$

$3x+1,500+2x=2,500$

$5x=1,000$

$\therefore x=200(원)$

20 A사탕통은 한 통에 사탕이 12개가 들어있고 B사탕통은 한 통에 사탕이 5개가 들어있다. A사탕통 20통을 3만 6천 원에 구매하였고 B사탕통은 5통을 4만 원에 구매했을 때, A사탕통과 B사탕통의 사탕 1개 가격의 합은 얼마인가?

① 1,550원

② 1,600원

③ 1,750원

④ 1,800원

 A사탕통 한 통의 가격은 $\dfrac{36,000}{20}=1,800$ $\therefore$ 사탕 한 개의 가격은 $\dfrac{1,800}{12}=150$원

B사탕통 한 통의 가격은 $\dfrac{40,000}{5}=8,000$ $\therefore$ 사탕 한 개의 가격은 $\dfrac{8,000}{5}=1,600$원

따라서 A사탕통과 B사탕통의 사탕 1개 가격의 합은 1,750원

Answer ↱ 17.①   18.④   19.③   20.③

21 두 개의 주사위를 동시에 던질 때 나오는 두 수의 합이 4보다 작거나 같을 확률은?

① $\dfrac{1}{2}$ ② $\dfrac{1}{4}$

③ $\dfrac{1}{6}$ ④ $\dfrac{3}{4}$

 두 개의 주사위를 각각 A, B라고 할 때 합이 4보다 작거나 같을 확률은 다음과 같다.

ㄱ $A+B=2$일 확률 : $\dfrac{1}{6} \times \dfrac{1}{6} = \dfrac{1}{36}$

ㄴ $A+B=3$일 확률
- $A=1, B=2$
- $A=2, B=1$
  $= \dfrac{2}{36}$

ㄷ $A+B=4$일 확률
- $A=1, B=3$
- $A=2, B=2$
- $A=3, B=1$
  $= \dfrac{3}{36}$

$\therefore \dfrac{1+2+3}{36} = \dfrac{6}{36} = \dfrac{1}{6}$

22 자연수 중 연속한 두 짝수를 곱했더니 24가 되었다. 두 수를 더한 값은?

① 6   ② 10

③ 12   ④ 18

 연속한 두 짝수 : $n, \ n+2$
$n \times (n+2) = 24$
$n^2 + 2n - 24 = 0$
$(n+6)(n-4) = 0$
$n = 4 (\because n$은 자연수$)$
$\therefore n + (n+2) = 4 + 6 = 10$

23 △△부대 김병장, 이상병, 심일병의 명중률이 각각 $\dfrac{3}{5}$, $\dfrac{2}{7}$, $\dfrac{1}{3}$이라면 세 사람이 동시에 하나의 목표물을 향해 1발씩 사격을 실시하였을 때 목표물이 맞을 확률은?

① $\dfrac{1}{3}$ ② $\dfrac{4}{5}$

③ $\dfrac{14}{17}$ ④ $\dfrac{17}{21}$

 세 사람이 모두 목표물을 맞히지 못할 확률은

$$\left(1-\dfrac{3}{5}\right)\times\left(1-\dfrac{2}{7}\right)\times\left(1-\dfrac{1}{3}\right)=\dfrac{2}{5}\times\dfrac{5}{7}\times\dfrac{2}{3}=\dfrac{4}{21}$$

따라서 세 사람이 동시에 하나의 목표물을 향해 1발씩 사격을 실시하였을 때 목표물이 맞을 확률은 $1-\dfrac{4}{21}=\dfrac{17}{21}$이다.

24 다음 조건으로 미루어 볼 때, 두 사람이 과일을 다 먹고 나온 씨의 개수 차이는?

- 과일 A에는 씨가 2개, 과일 B에는 씨가 1개 있다.
- 철수와 영수는 각각 과일 4개씩을 먹었다.
- 철수는 영수보다 과일 A를 1개 더 먹었다.
- 철수는 같은 수로 과일 A와 B를 먹었다.

① 1개   ② 2개
③ 3개   ④ 없음

	철수	영수
A	2	1
B	2	3

철수가 먹고 나온 씨의 개수는 $2\times2+2\times1=6$(개)
영수가 먹고 나온 씨의 개수는 $1\times2+3\times1=5$(개)
∴ $6-5=1$(개)

Answer ↪ 21.③ 22.② 23.④ 24.①

25 초등학교 교실에서 폭 12m 벽에 세로 18cm, 가로 30cm인 도화지의 그림을 16장 붙인다. 도화지의 간격은 일정간격으로 하고, 양끝은 도화지 간격의 2.5배의 간격으로 한다. 도화지의 간격은 몇 cm인가?

① 32cm
② 34cm
③ 36cm
④ 38cm

 16장의 도화지의 간격의 수는 15개, 간격을 x라고 하면
간격의 총 길이는 $2.5x + 2.5x + 15x$
$30 \times 16 + 20x = 1,200$
∴ $x = 36$

26 입사시험을 치른 생민이는 능력시험의 언어분야 테스트와 비언어분야 테스트에서 평균 70점을 받았다. 또 언어분야 점수는 비언어분야 점수의 7할보다 4점 높았다고 한다. 철수가 언어분야에서 획득한 점수는 몇 점인가?

① 40점
② 50점
③ 60점
④ 70점

 비언어분야의 점수를 x, 언어분야의 점수는 $0.7x + 4$
$x + 0.7x + 4 = 140$
∴ $x = 80$
따라서 언어분야의 점수는 60점이다.

27 어떤 정수 x에 6을 더한 수는 18보다 크다. 또 50에서 x의 3배를 뺀 수는 10보다 크다. 이와 같은 정수를 구하면?

① 10
② 11
③ 12
④ 13

 $x + 6 > 18$, $x > 12$
$50 - 3x > 10$
$3x < 40$
$x < \dfrac{40}{3} = 13.xx$
따라서 x는 13이다.

28 80원짜리 우표와 120원짜리 우표를 합해서 20매 사고, 2,000원을 냈는데 40원의 잔돈을 받았다. 80원짜리 우표는 몇 매인가?

① 10매
② 11매
③ 12매
④ 13매

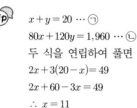

Tip
$x + y = 20 \cdots \text{㉠}$
$80x + 120y = 1,960 \cdots \text{㉡}$
두 식을 연립하여 풀면
$2x + 3(20 - x) = 49$
$2x + 60 - 3x = 49$
$\therefore x = 11$

29 둘레가 400m인 원형 연못의 주위에 8m 간격으로 나무를 심으려고 한다. 몇 그루의 나무가 필요한가?

① 47그루
② 48그루
③ 49그루
④ 50그루

Tip　$400 \div 8 = 50$

30 철수는 집에서 학교까지 분속 80m로 걸어갔다. 9분 후, 도시락을 잊었다는 것을 안 어머니가 분속 140m로 자전거를 타고 뒤쫓아 갔다. 어머니는 몇 분 후에 철수를 따라 잡겠는가?

① 12분 후
② 15분 후
③ 20분 후
④ 24분 후

 Tip　어머니가 따라간 거리를 x라 하면,
$(80 \times 9) + (80 \times x) = 140x$
$720 + 80x = 140x$
$60x = 720$
$\therefore x = 12$

31 프로야구에서 4할대(10타수 4안타)의 타율은 모든 타자들의 희망사항이다. 안타 수가 120개이고 타율이 정확하게 4할이라면 타수는 얼마인가?

① 60

② 84

③ 200

④ 300

$$10 : 4 = x : 120$$
$$4x = 1,200$$
$$\therefore\ x = 300$$

32 1,600원을 P군과 Q군의 비율이 3 : 5가 되도록 두 사람에게 배분할 때, Q군은 얼마를 받게 되는가?

① 600원

② 960원

③ 1,000원

④ 1,300원

$$1,600 \times \frac{5}{8} = 1,000$$

33 6개의 흰 공과 4개의 검은 공이 들어 있는 주머니에서 임의로 공을 꺼내는 시행을 반복할 때, 처음 두 번 꺼낸 공이 모두 흰 공일 확률은? (단, 꺼낸 공은 다시 넣지 않는다)

① $\frac{1}{2}$

② $\frac{1}{3}$

③ $\frac{5}{6}$

④ $\frac{3}{10}$

처음에 흰 공을 꺼낼 확률 : $\frac{6}{10}$

두 번째에 흰 공을 꺼낼 확률 : $\frac{5}{9}$

동시에 일어나야 하므로 $\frac{6}{10} \times \frac{5}{9} = \frac{1}{3}$

34 한 반에 30명의 학생이 수학 시험을 보았다. 그 중 15명 점수의 합계는 1,300점이고, 14명의 점수의 합계는 1,018점이며, 나머지 한 명의 점수는 평균보다 2점 높다고 한다. 이 반의 수학 점수 평균은 얼마인가?

① 60점

② 70점

③ 80점

④ 90점

 수학 점수 평균을 x라 하면

$$\frac{1,300+1,018+(x+2)}{30}=x$$

$$\frac{2,320+x}{30}=x$$

$$2,320+x=30x$$

$$29x=2,320$$

$$\therefore x=\frac{2,320}{29}=80$$

35 A, B, C, D가 자전거 경기를 하였다. A의 시간 당 속력은 B보다 1.2배 빠르고, C는 A보다 0.8배 빠르며, D는 C보다 1.1배 빨랐다. 1시간 동안 가장 긴 거리를 달린 사람은 누구인가?

① A

② B

③ C

④ D

 B 속력 : x

A 속력 : $1.2x$

C 속력 : $0.8(1.2x)=0.96x$

D 속력 : $1.1[0.8(1.2x)]=1.056x$

따라서 1시간 동안 가장 긴 거리를 달린 사람은 A이다.

Answer ↪ 31.④ 32.③ 33.② 34.③ 35.①

| 1~10 | 다음 두 도형을 결합했을 때, 만들 수 있는 것을 고르시오.

1

①

②

③

④

2

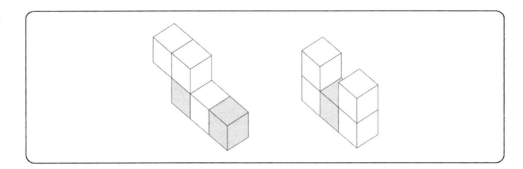

①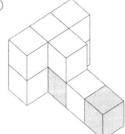

②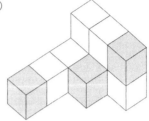

③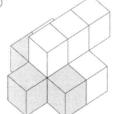

④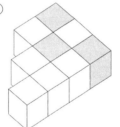

Answer ➙ 1.④ 2.①

3

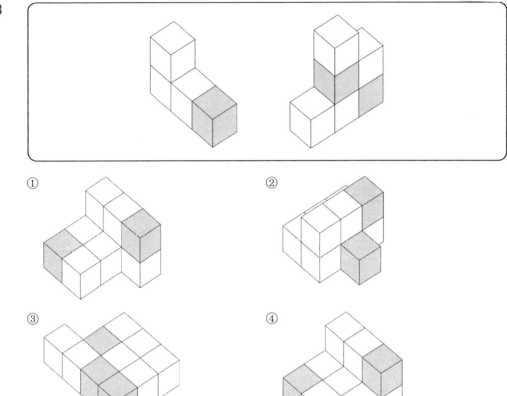

4

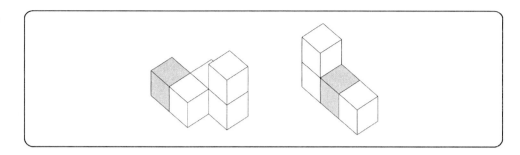

①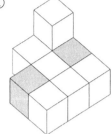

②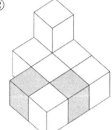

③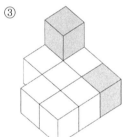

④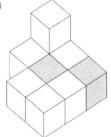

Answer⌐→ 3.③ 4.②

5

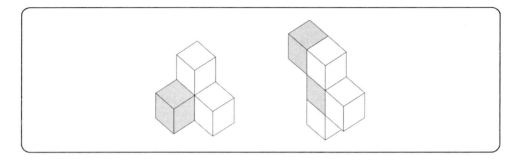

①

②

③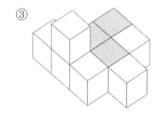

④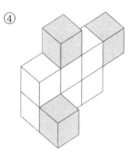

6

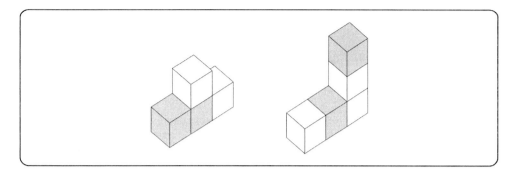

①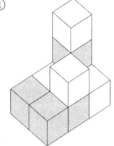

②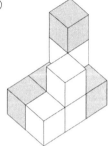

③

④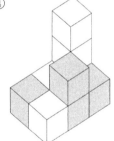

7

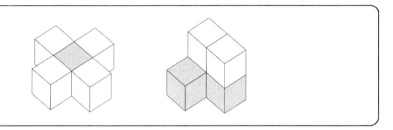

①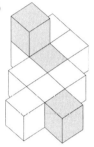

②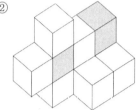

③

④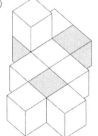

8

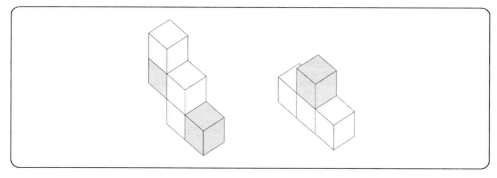

①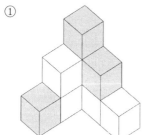

②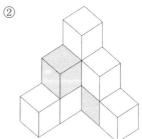

③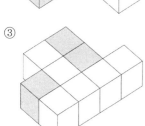

④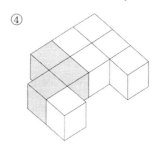

Answer ↱ 7.② 8.③

9

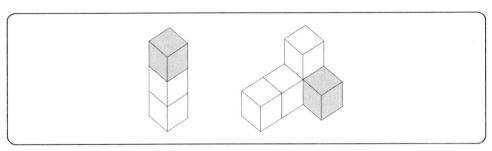

①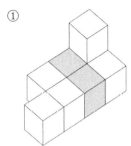

②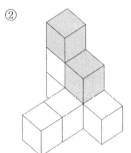

③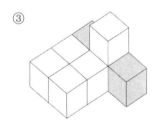

④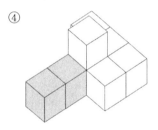

10

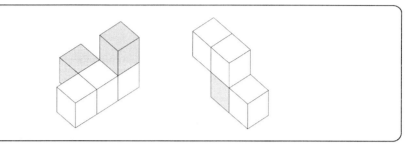

 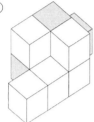

②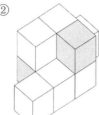

③

④

▮11~25▮ 다음 제시된 두 도형을 결합했을 때 만들 수 없는 형태를 고르시오.

11
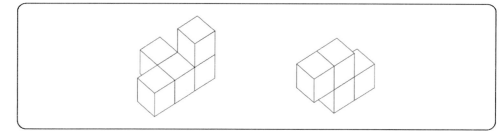

①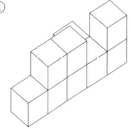

②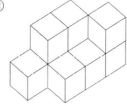

③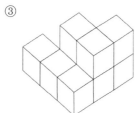

④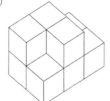

(Tip) ③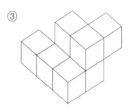

12

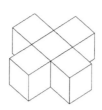 

①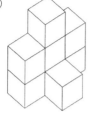

②

③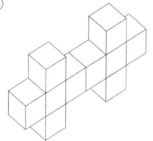

④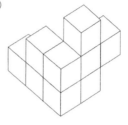

(Tip) ③

13

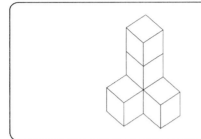 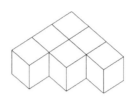

①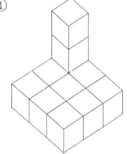

②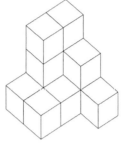

③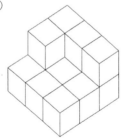

④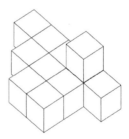

(Tip) ②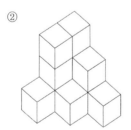

14

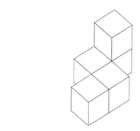 

①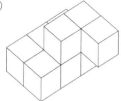

②

③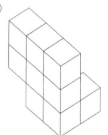

④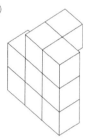

(Tip) ②

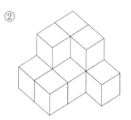

15

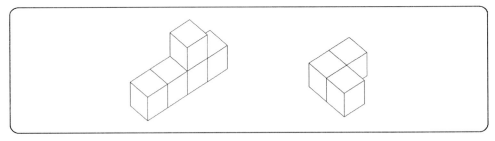

①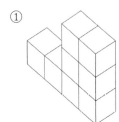

②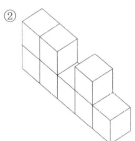

③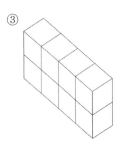

④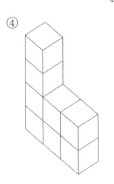

(Tip) ③

16

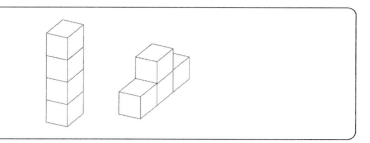

①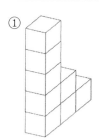

②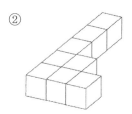

③

④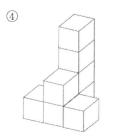

(Tip) ③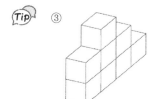

Answer ↝ 15.③　16.③

17

 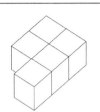

①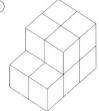

②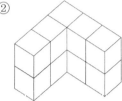

③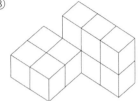

④

Tip ④

18

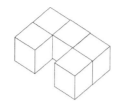 

①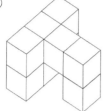

②

③

④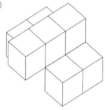

(Tip) ④

19

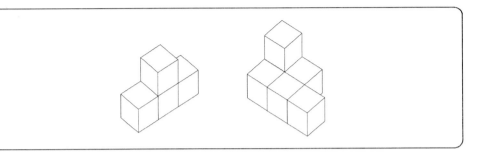

①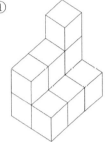

②

③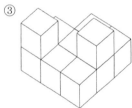

④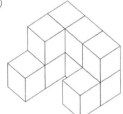

(Tip) ②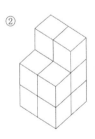

20

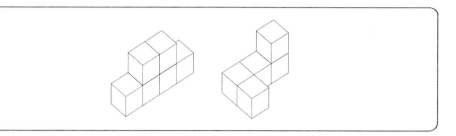

①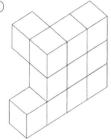

②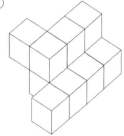

③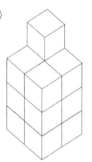

④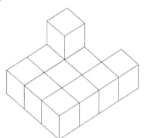

 ③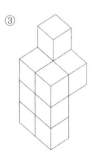

21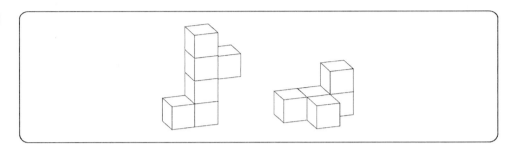

 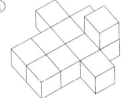

②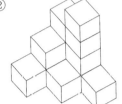

③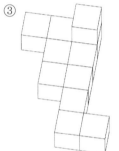

④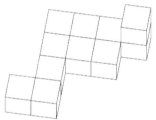

  ②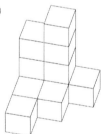

22

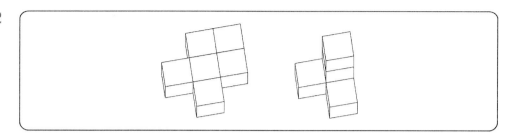

①

②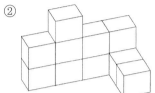

③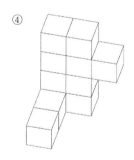

④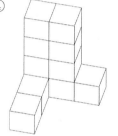

(Tip) ④

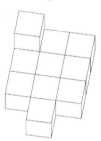

Answer ↦ 21.② 22.④

23

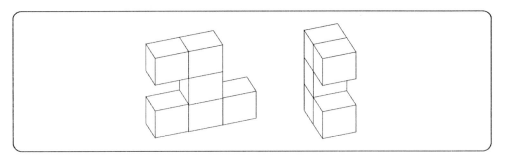

①

②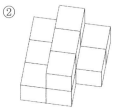

③

④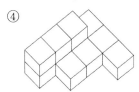

Tip ③

24

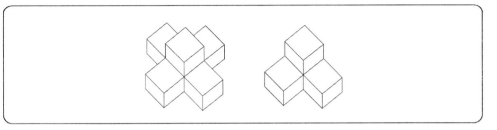

①

②

③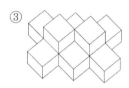

④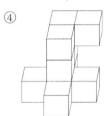

(Tip) ①

Answer → 23.③ 24.①

25

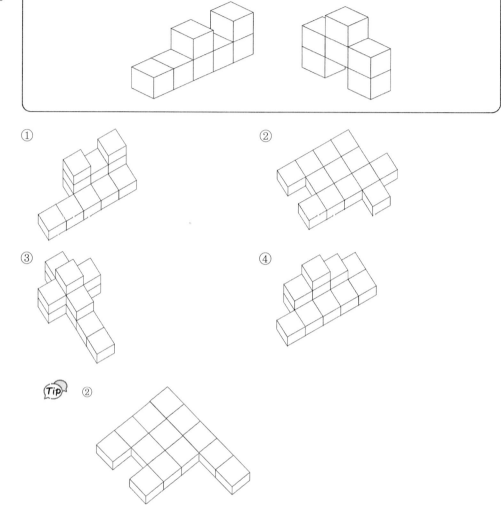

①

②

③

④

Tip ②

▎26~35 ▎ 다음 〈예시〉를 참고하여 주어진 부분도를 보고 알맞은 입체도형을 고르시오.

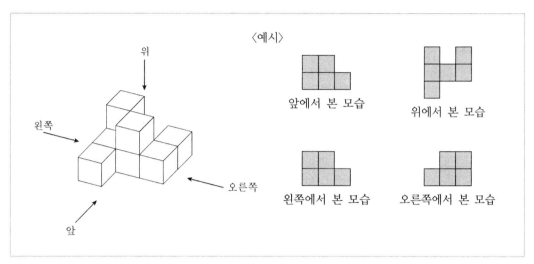

26

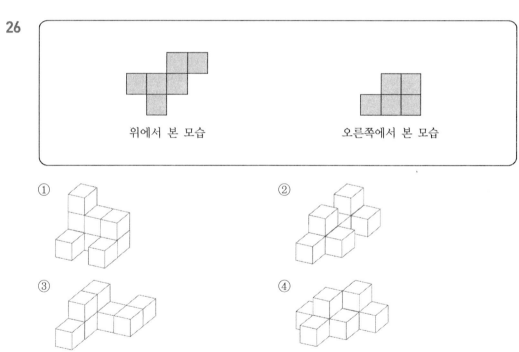

위에서 본 모습   오른쪽에서 본 모습

① ②

③ ④

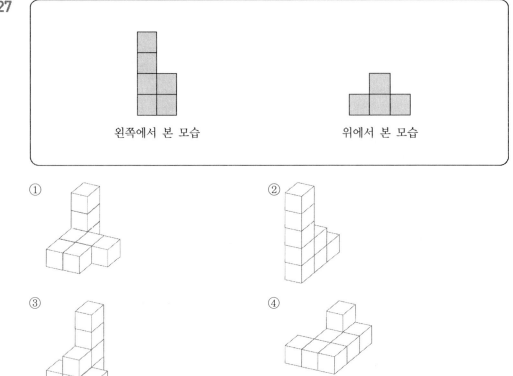

27

왼쪽에서 본 모습

위에서 본 모습

① ② ③ ④

28

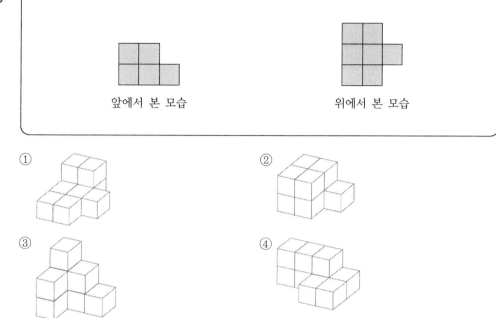

앞에서 본 모습   위에서 본 모습

①   ②

③   ④

29

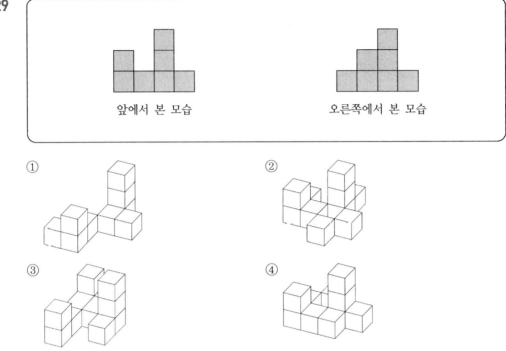

앞에서 본 모습　　　　　　　오른쪽에서 본 모습

① ② ③ ④

30

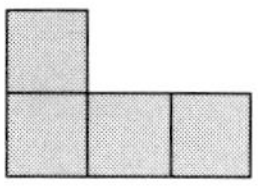

왼쪽에서 본 모습 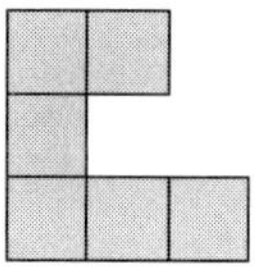   위에서 본 모습

①

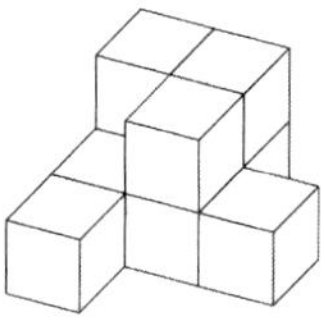

②

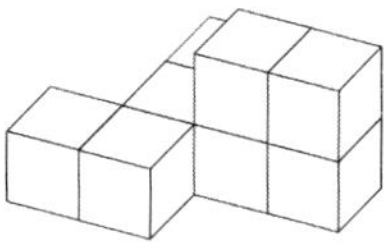

③

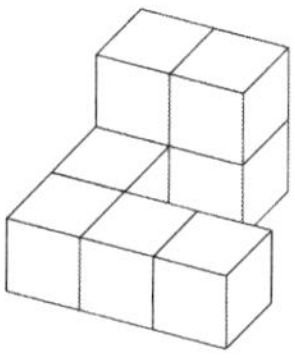

④

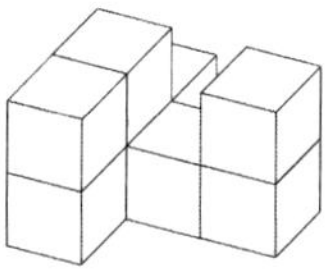

31

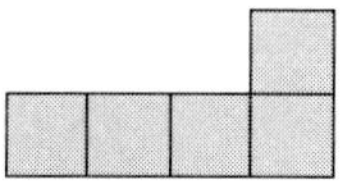

위에서 본 모습 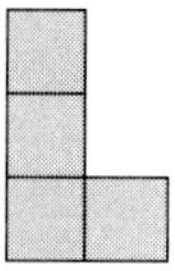   오른쪽에서 본 모습

①

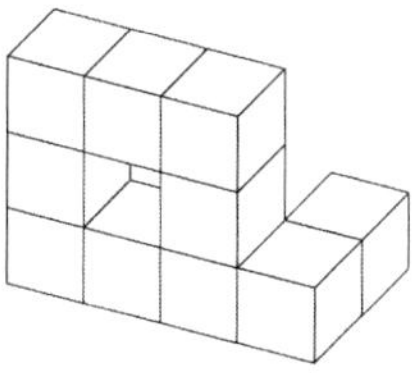

②

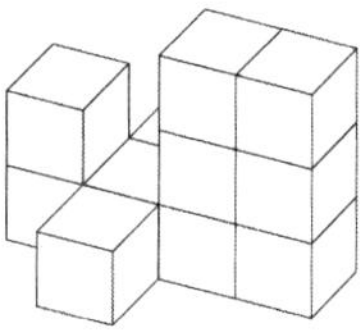

③

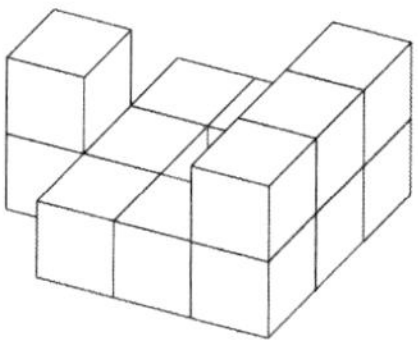

④

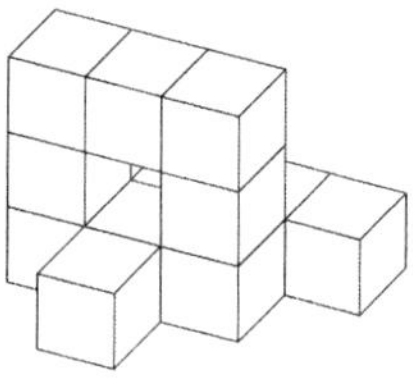

Answer ↱ 29.②   30.③   31.①

32

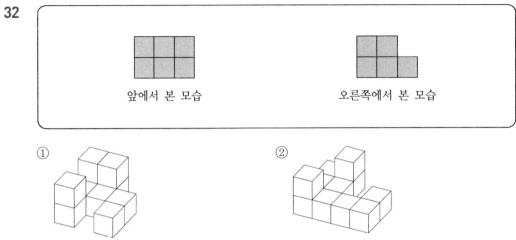

앞에서 본 모습   오른쪽에서 본 모습

① 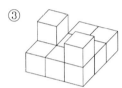   ②

③   ④

33

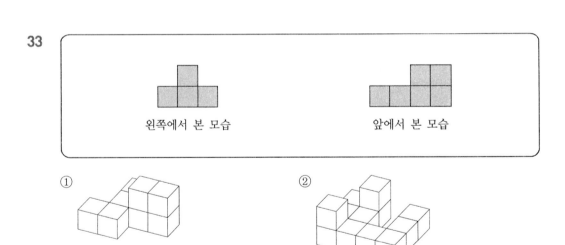

왼쪽에서 본 모습   앞에서 본 모습

① 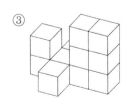   ②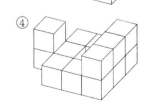

③   ④

34

위에서 본 모습   오른쪽에서 본 모습

①

②

③

④

35

앞에서 본 모습   위에서 본 모습

①

②

③

④

Answer ➜ 32.④ 33.① 34.① 35.②

PART

III

조직적합도검사

01 인성검사의 개요
02 실전 인성검사

01 인성검사의 개요

1 인성(성격)검사의 개념과 목적

인성(성격)이란 개인을 특징짓는 평범하고 일상적인 사회적 이미지, 즉 지속적이고 일관된 공적 성격(Public-personality)이며, 환경에 대응함으로써 선천적·후천적 요소의 상호작용으로 결정화된 심리적·사회적 특성 및 경향을 의미한다.

인성검사는 직무적성검사를 실시하는 대부분의 기업체에서 병행하여 실시하고 있으며, 인성검사만 독자적으로 실시하는 기업도 있다.

기업체에서는 인성검사를 통하여 각 개인이 어떠한 성격 특성이 발달되어 있고, 어떤 특성이 얼마나 부족한지, 그것이 해당 직무의 특성 및 조직문화와 얼마나 맞는지를 알아보고 이에 적합한 인재를 선발하고자 한다. 또한 개인에게 적합한 직무 배분과 부족한 부분을 교육을 통해 보완하도록 할 수 있다.

인성검사의 측정요소는 검사방법에 따라 차이가 있다. 또한 각 기업체들이 사용하고 있는 인성검사는 기존에 개발된 인성검사방법에 각 기업체의 인재상을 적용하여 자신들에게 적합하게 재개발하여 사용하는 경우가 많다. 그러므로 기업체에서 요구하는 인재상을 파악하여 그에 따른 대비책을 준비하는 것이 바람직하다. 본서에서 제시된 인성검사는 크게 '특성'과 '유형'의 측면에서 측정하게 된다.

2 성격의 특성

(1) 정서적 측면

정서적 측면은 평소 마음의 당연시하는 자세나 정신상태가 얼마나 안정하고 있는지 또는 불안정한지를 측정한다.

정서의 상태는 직무수행이나 대인관계와 관련하여 태도나 행동으로 드러난다. 그러므로 정서적 측면을 측정하는 것에 의해, 장래 조직 내의 인간관계에 어느 정도 잘 적응할 수 있을까(또는 적응하지 못할까)를 예측하는 것이 가능하다.

그렇기 때문에, 정서적 측면의 결과는 채용 시에 상당히 중시된다. 아무리 능력이 좋아도 장기적으로 조직 내의 인간관계에 잘 적응할 수 없다고 판단되는 인재는 기본적으로는 채용되지 않는다.

일반적으로 인성(성격)검사는 채용과는 관계없다고 생각하나 정서적으로 조직에 적응하지 못하는 인재는 채용단계에서 가려내지는 것을 유의하여야 한다.

① **민감성(신경도)** … 꼼꼼함, 섬세함, 성실함 등의 요소를 통해 일반적으로 신경질적인지 또는 자신의 존재를 위협받는다는 불안을 갖기 쉬운지를 측정한다.

질문	그렇다	약간 그렇다	그저 그렇다	별로 그렇지 않다	그렇지 않다
• 배려적이라고 생각한다. • 어지러진 방에 있으면 불안하다. • 실패 후에는 불안하다. • 세세한 것까지 신경쓴다. • 이유 없이 불안할 때가 있다.					

▶**측정결과**

㉠ **'그렇다'가 많은 경우(상처받기 쉬운 유형)** : 사소한 일에 신경 쓰고 다른 사람의 사소한 한마디 말에 상처를 받기 쉽다.

• **면접관의 심리** : '동료들과 잘 지낼 수 있을까?', '실패할 때마다 위축되지 않을까?'

• **면접대책** : 다소 신경질적이라도 능력을 발휘할 수 있다는 평가를 얻도록 한다. 주변과 충분한 의사소통이 가능하고, 결정한 것을 실행할 수 있다는 것을 보여주어야 한다.

㉡ **'그렇지 않다'가 많은 경우(정신적으로 안정적인 유형)** : 사소한 일에 신경 쓰지 않고 금방 해결하며, 주위 사람의 말에 과민하게 반응하지 않는다.

• **면접관의 심리** : '계약할 때 필요한 유형이고, 사고 발생에도 유연하게 대처할 수 있다.'

• **면접대책** : 일반적으로 '민감성'의 측정치가 낮으면 플러스 평가를 받으므로 더욱 자신감 있는 모습을 보여준다.

② **자책성(과민도)** ··· 자신을 비난하거나 책망하는 정도를 측정한다.

질문	그렇다	약간 그렇다	그저 그렇다	별로 그렇지 않다	그렇지 않다
• 후회하는 일이 많다. • 자신이 하찮은 존재라 생각된다. • 문제가 발생하면 자기의 탓이라고 생각한다. • 무슨 일이든지 끙끙대며 진행하는 경향이 있다. • 온순한 편이다.					

▶측정결과

㉠ '그렇다'가 많은 경우(자책하는 유형) : 비관적이고 후회하는 유형이다.
 • 면접관의 심리 : '끙끙대며 괴로워하고, 일을 진행하지 못힐 것 같다.'
 • 면접대책 : 기분이 저조해도 항상 의욕을 가지고 생활하는 것과 책임감이 강하다는 것을 보여준다.
㉡ '그렇지 않다'가 많은 경우(낙천적인 유형) : 기분이 항상 밝은 편이다.
 • 면접관의 심리 : '안정된 대인관계를 맺을 수 있고, 외부의 압력에도 흔들리지 않는다.'
 • 면접대책 : 일반적으로 '자책성'의 측정치가 낮아야 좋은 평가를 받는다.

③ **기분성(불안도)** ··· 기분의 굴곡이나 감정적인 면의 미숙함이 어느 정도인지를 측정하는 것이다.

질문	그렇다	약간 그렇다	그저 그렇다	별로 그렇지 않다	그렇지 않다
• 다른 사람의 의견에 자신의 결정이 흔들리는 경우가 많다. • 기분이 쉽게 변한다. • 종종 후회한다. • 다른 사람보다 의지가 약한 편이라고 생각한다. • 금방 싫증을 내는 성격이라는 말을 자주 듣는다.					

▶측정결과

㉠ '그렇다'가 많은 경우(감정의 기복이 많은 유형) : 의지력보다 기분에 따라 행동하기 쉽다.
• 면접관의 심리 : '감정적인 것에 약하며, 상황에 따라 생산성이 떨어지지 않을까?'
• 면접대책 : 주변 사람들과 항상 협조한다는 것을 강조하고 한결같은 상태로 일할 수 있다는 평가를 받도록 한다.
㉡ '그렇지 않다'가 많은 경우(감정의 기복이 적은 유형) : 감정의 기복이 없고, 안정적이다.
• 면접관의 심리 : '안정적으로 업무에 임할 수 있다.'
• 면접대책 : 기분성의 측정치가 낮으면 플러스 평가를 받으므로 자신감을 가지고 면접에 임한다.

④ 독자성(개인도) … 주변에 대한 견해나 관심, 자신의 견해나 생각에 어느 정도의 속박감을 가지고 있는지를 측정한다.

질문	그렇다	약간 그렇다	그저 그렇다	별로 그렇지 않다	그렇지 않다
• 창의적 사고방식을 가지고 있다.					
• 융통성이 있는 편이다.					
• 혼자 있는 편이 많은 사람과 있는 것보다 편하다.					
• 개성적이라는 말을 듣는다.					
• 교제는 번거로운 것이라고 생각하는 경우가 많다.					

▶측정결과

㉠ '그렇다'가 많은 경우 : 자기의 관점을 중요하게 생각하는 유형으로, 주위의 상황보다 자신의 느낌과 생각을 중시한다.
• 면접관의 심리 : '제멋대로 행동하지 않을까?'
• 면접대책 : 주위 사람과 협조하여 일을 진행할 수 있다는 것과 상식에 얽매이지 않는다는 인상을 심어준다.
㉡ '그렇지 않다'가 많은 경우 : 상식적으로 행동하고 주변 사람의 시선에 신경을 쓴다.
• 면접관의 심리 : '다른 직원들과 협조하여 업무를 진행할 수 있겠다.'
• 면접대책 : 협조성이 요구되는 기업체에서는 플러스 평가를 받을 수 있다.

⑤ **자신감(자존심도)** … 자기 자신에 대해 얼마나 긍정적으로 평가하는지를 측정한다.

질문	그렇다	약간 그렇다	그저 그렇다	별로 그렇지 않다	그렇지 않다
• 다른 사람보다 능력이 뛰어나다고 생각한다. • 다소 반대의견이 있어도 나만의 생각으로 행동할 수 있다. • 나는 다른 사람보다 기가 센 편이다. • 동료가 나를 모욕해도 무시할 수 있다. • 대개의 일을 목적한 대로 헤쳐나갈 수 있나고 생각한다.					

▶측정결과

㉠ '그렇다'가 많은 경우 : 자기 능력이나 외모 등에 자신감이 있고, 비판당하는 것을 좋아하지 않는다.
- **면접관의 심리** : '자만하여 지시에 잘 따를 수 있을까?'
- **면접대책** : 다른 사람의 조언을 잘 받아들이고, 겸허하게 반성하는 면이 있다는 것을 보여주고, 동료들과 잘 지내며 리더의 자질이 있다는 것을 강조한다.

㉡ '그렇지 않다'가 많은 경우 : 자신감이 없고 다른 사람의 비판에 약하다.
- **면접관의 심리** : '패기가 부족하지 않을까?', '쉽게 좌절하지 않을까?'
- **면접대책** : 극도의 자신감 부족으로 평가되지는 않는다. 그러나 마음이 약한 면은 있지만 의욕적으로 일을 하겠다는 마음가짐을 보여준다.

⑥ **고양성(분위기에 들뜨는 정도)** … 자유분방함, 명랑함과 같이 감정(기분)의 높고 낮음의 정도를
측정한다.

질문	그렇다	약간 그렇다	그저 그렇다	별로 그렇지 않다	그렇지 않다
• 침착하지 못한 편이다. • 다른 사람보다 쉽게 우쭐해진다. • 모든 사람이 아는 유명인사가 되고 싶다. • 모임이나 집단에서 분위기를 이끄는 편이다. • 취미 등이 오랫동안 지속되지 않는 편이다.					

▶측정결과

㉠ '그렇다'가 많은 경우 : 자극이나 변화가 있는 일상을 원하고 기분을 들뜨게 하는 사람과 친밀하게
지내는 경향이 강하다.

• 면접관의 심리 : '일을 진행하는 데 변덕스럽지 않을까?'

• 면접대책 : 밝은 태도는 플러스 평가를 받을 수 있지만, 착실한 업무능력이 요구되는 직종에서는
마이너스 평가가 될 수 있다. 따라서 자기조절이 가능하다는 것을 보여준다.

㉡ '그렇지 않다'가 많은 경우 : 감정이 항상 일정하고, 속을 드러내 보이지 않는다.

• 면접관의 심리 : '안정적인 업무 태도를 기대할 수 있겠다.'

• 면접대책 : '고양성'의 낮음은 대체로 플러스 평가를 받을 수 있다. 그러나 '무엇을 생각하고 있는
지 모르겠다' 등의 평을 듣지 않도록 주의한다.

⑦ 허위성(진위성) … 필요 이상으로 자기를 좋게 보이려 하거나 기업체가 원하는 '이상형'에 맞춘 대답을 하고 있는지, 없는지를 측정한다.

질문	그렇다	약간 그렇다	그저 그렇다	별로 그렇지 않다	그렇지 않다
• 약속을 깨뜨린 적이 한 번도 없다. • 다른 사람을 부럽다고 생각해 본 적이 없다. • 꾸지람을 들은 적이 없다. • 사람을 미워한 적이 없다. • 화를 낸 적이 한 번도 없다.					

▶측정결과

㉠ '그렇다'가 많은 경우 : 실제의 자기와는 다른, 말하자면 원칙으로 해답할 가능성이 있다.

• 면접관의 심리 : '거짓을 말하고 있다.'

• 면접대책 : 조금이라도 좋게 보이려고 하는 '거짓말쟁이'로 평가될 수 있다. '거짓을 말하고 있다.'는 마음 따위가 전혀 없다 해도 결과적으로는 정직하게 답하지 않는다는 것이 되어 버린다. '허위성'의 측정 질문은 구분되지 않고 다른 질문 중에 섞여 있다. 그러므로 모든 질문에 솔직하게 답하여야 한다. 또한 자기 자신과 너무 동떨어진 이미지로 답하면 좋은 결과를 얻지 못한다. 그리고 면접에서 '허위성'을 기본으로 한 질문을 받게 되므로 당황하거나 또다른 모순된 답변을 하게 된다. 겉치레를 하거나 무리한 욕심을 부리지 말고 '이런 사회인이 되고 싶다.'는 현재의 자신보다, 조금 성장한 자신을 표현하는 정도가 적당하다.

㉡ '그렇지 않다'가 많은 경우 : 냉정하고 정직하며, 외부의 압력과 스트레스에 강한 유형이다. '대쪽 같음'의 이미지가 굳어지지 않도록 주의한다.

(2) 행동적인 측면

　행동적 측면은 인격 중에 특히 행동으로 드러나기 쉬운 측면을 측정한다. 사람의 행동 특징 자체에는 선도 악도 없으나, 일반적으로는 일의 내용에 의해 원하는 행동이 있다. 때문에 행동적 측면은 주로 직종과 깊은 관계가 있는데 자신의 행동 특성을 살려 적합한 직종을 선택한다면 플러스가 될 수 있다.

　행동 특성에서 보여 지는 특징은 면접장면에서도 드러나기 쉬운데 본서의 모의 TEST의 결과를 참고하여 자신의 태도, 행동이 면접관의 시선에 어떻게 비치는지를 점검하도록 한다.

① **사회적 내향성** … 대인관계에서 나타나는 행동경향으로 '낯가림'을 측정한다.

질문	선택
A : 파티에서는 사람을 소개받는 편이다. B : 파티에서는 사람을 소개하는 편이다.	
A : 처음 보는 사람과는 어색하게 시간을 보내는 편이다. B : 처음 보는 사람과는 즐거운 시간을 보내는 편이다.	
A : 친구가 적은 편이다. B : 친구가 많은 편이다.	
A : 자신의 의견을 말하는 경우가 적다. B : 자신의 의견을 말하는 경우가 많다.	
A : 사교적인 모임에 참석하는 것을 좋아하지 않는다. B : 사교적인 모임에 항상 참석한다.	

▶측정결과

㉠ **'A'가 많은 경우** : 내성적이고 사람들과 접하는 것에 소극적이다. 자신의 의견을 말하지 않고 조심스러운 편이다.
  • **면접관의 심리** : '소극적인데 동료와 잘 지낼 수 있을까?'
  • **면접대책** : 대인관계를 맺는 것을 싫어하지 않고 의욕적으로 일을 할 수 있다는 것을 보여준다.
㉡ **'B'가 많은 경우** : 사교적이고 자기의 생각을 명확하게 전달할 수 있다.
  • **면접관의 심리** : '사교적이고 활동적인 것은 좋지만, 자기주장이 너무 강하지 않을까?'
  • **면접대책** : 협조성을 보여주고, 자기주장이 너무 강하다는 인상을 주지 않도록 주의한다.

② **내성성(침착도)** … 자신의 행동과 일에 대해 침착하게 생각하는 정도를 측정한다.

질문	선택
A : 시간이 걸려도 침착하게 생각하는 경우가 많다. B : 짧은 시간에 결정을 하는 경우가 많다.	
A : 실패의 원인을 찾고 반성하는 편이다. B : 실패를 해도 그다지(별로) 개의치 않는다.	
A : 결론이 도출되어도 몇 번 정도 생각을 바꾼다. B : 결론이 도출되면 신속하게 행동으로 옮긴다.	
A : 여러 가지 생각하는 것이 능숙하다. B : 여러 가지 일을 재빨리 능숙하게 처리하는 데 익숙하다.	
A : 여러 가지 측면에서 사물을 검토한다. B : 행동한 후 생각을 한다.	

▶측정결과

㉠ 'A'가 많은 경우 : 행동하기 보다는 생각하는 것을 좋아하고 신중하게 계획을 세워 실행한다.

• 면접관의 심리 : '행동으로 실천하지 못하고, 대응이 늦은 경향이 있지 않을까?'

• 면접대책 : 발로 뛰는 것을 좋아하고, 일을 더디게 한다는 인상을 주지 않도록 한다.

㉡ 'B'가 많은 경우 : 차분하게 생각하는 것보다 우선 행동하는 유형이다.

• 면접관의 심리 : '생각하는 것을 싫어하고 경솔한 행동을 하지 않을까?'

• 면접대책 : 계획을 세우고 행동할 수 있는 것을 보여주고 '사려깊다'라는 인상을 남기도록 한다.

③ **신체활동성** … 몸을 움직이는 것을 좋아하는가를 측정한다.

질문	선택
A : 민첩하게 활동하는 편이다. B : 준비행동이 없는 편이다.	
A : 일을 척척 해치우는 편이다. B : 일을 더디게 처리하는 편이다.	
A : 활발하다는 말을 듣는다. B : 얌전하다는 말을 듣는다.	
A : 몸을 움직이는 것을 좋아한다. B : 가만히 있는 것을 좋아한다.	
A : 스포츠를 하는 것을 즐긴다. B : 스포츠를 보는 것을 좋아한다.	

▶측정결과

㉠ 'A'가 많은 경우 : 활동적이고, 몸을 움직이게 하는 것이 컨디션이 좋다.
- 면접관의 심리 : '활동적으로 활동력이 좋아 보인다.'
- 면접대책 : 활동하고 얻은 성과 등과 주어진 상황의 대응능력을 보여준다.

㉡ 'B'가 많은 경우 : 침착한 인상으로, 차분하게 있는 타입이다.
- 면접관의 심리 : '좀처럼 행동하려 하지 않아 보이고, 일을 빠르게 처리할 수 있을까?'

④ **지속성(노력성)** … 무슨 일이든 포기하지 않고 끈기 있게 하려는 정도를 측정한다.

질문	선택
A : 일단 시작한 일은 시간이 걸려도 끝까지 마무리한다. B : 일을 하다 어려움에 부딪히면 단념한다.	
A : 끈질긴 편이다. B : 바로 단념하는 편이다.	
A : 인내가 강하다는 말을 듣는다. B : 금방 싫증을 낸다는 말을 듣는다.	
A : 집념이 깊은 편이다. B : 담백한 편이다.	
A : 한 가지 일에 구애되는 것이 좋다고 생각한다. B : 간단하게 체념하는 것이 좋다고 생각한다.	

▶**측정결과**

㉠ **'A'가 많은 경우** : 시작한 것은 어려움이 있어도 포기하지 않고 인내심이 높다.
• 면접관의 심리 : '한 가지의 일에 너무 구애되고, 업무의 진행이 원활할까?'
• 면접대책 : 인내력이 있는 것은 플러스 평가를 받을 수 있지만 집착이 강해 보이기도 한다.
㉡ **'B'가 많은 경우** : 뒤끝이 없고 조그만 실패로 일을 포기하기 쉽다.
• 면접관의 심리 : '질리는 경향이 있고, 일을 정확히 끝낼 수 있을까?'
• 면접대책 : 지속적인 노력으로 성공했던 사례를 준비하도록 한다.

⑤ **신중성(주의성)** … 자신이 처한 주변상황을 즉시 파악하고 자신의 행동이 어떤 영향을 미치는지를 측정한다.

질문	선택
A : 여러 가지로 생각하면서 완벽하게 준비하는 편이다. B : 행동할 때부터 임기응변적인 대응을 하는 편이다.	
A : 신중해서 타이밍을 놓치는 편이다. B : 준비 부족으로 실패하는 편이다.	
A : 자신은 어떤 일에도 신중히 대응하는 편이다. B : 순간적인 충동으로 활동하는 편이다.	
A : 시험을 볼 때 끝날 때까지 재검토하는 편이다. B : 시험을 볼 때 한 번에 모든 것을 마치는 편이다.	
A : 일에 대해 계획표를 만들어 실행한다. B : 일에 대한 계획표 없이 진행한다.	

▶측정결과

㉠ 'A'가 많은 경우 : 주변 상황에 민감하고, 예측하여 계획 있게 일을 진행한다.
• 면접관의 심리 : '너무 신중해서 적절한 판단을 할 수 있을까?', '앞으로의 상황에 불안을 느끼지 않을까?'
• 면접대책 : 예측을 하고 실행을 하는 것은 플러스 평가가 되지만, 너무 신중하면 일의 진행이 정체될 가능성을 보이므로 추진력이 있다는 강한 의욕을 보여준다.

㉡ 'B'가 많은 경우 : 주변 상황을 살펴보지 않고 착실한 계획 없이 일을 진행시킨다.
• 면접관의 심리 : '사려 깊지 않고, 실패하는 일이 많지 않을까?', '판단이 빠르고 유연한 사고를 할 수 있을까?'
• 면접대책 : 사전준비를 중요하게 생각하고 있다는 것 등을 보여주고, 경솔한 인상을 주지 않도록 한다. 또한 판단력이 빠르거나 유연한 사고 덕분에 일 처리를 잘 할 수 있다는 것을 강조한다.

(3) 의욕적인 측면

의욕적인 측면은 의욕의 정도, 활동력의 유무 등을 측정한다. 여기서의 의욕이란 우리들이 보통 말하고 사용하는 '하려는 의지'와는 조금 뉘앙스가 다르다. '하려는 의지'란 그 때의 환경이나 기분에 따라 변화하는 것이지만, 여기에서는 조금 더 변화하기 어려운 특징, 말하자면 정신적 에너지의 양으로 측정하는 것이다.

의욕적 측면은 행동적 측면과는 다르고, 전반적으로 어느 정도 점수가 높은 쪽을 선호한다. 모의검사의 의욕적 측면의 결과가 낮다면, 평소 일에 몰두할 때 조금 의욕 있는 자세를 가지고 서서히 개선하도록 노력해야 한다.

① 달성의욕 … 목적의식을 가지고 높은 이상을 가지고 있는지를 측정한다.

질문	선택
A : 경쟁심이 강한 편이다. B : 경쟁심이 약한 편이다.	
A : 어떤 한 분야에서 제1인자가 되고 싶다고 생각한다. B : 어느 분야에서든 성실하게 임무를 진행하고 싶다고 생각한다.	
A : 규모가 큰일을 해보고 싶다. B : 맡은 일에 충실히 임하고 싶다.	
A : 아무리 노력해도 실패한 것은 아무런 도움이 되지 않는다. B : 가령 실패했을 지라도 나름대로의 노력이 있었으므로 괜찮다.	
A : 높은 목표를 설정하여 수행하는 것이 의욕적이다. B : 실현 가능한 정도의 목표를 설정하는 것이 의욕적이다.	

▶측정결과
- ㉠ 'A'가 많은 경우 : 큰 목표와 높은 이상을 가지고 승부욕이 강한 편이다.
  - **면접관의 심리** : '열심히 일을 해줄 것 같은 유형이다.'
  - **면접대책** : 달성의욕이 높다는 것은 어떤 직종이라도 플러스 평가가 된다.
- ㉡ 'B'가 많은 경우 : 현재의 생활을 소중하게 여기고 비약적인 발전을 위하여 기를 쓰지 않는다.
  - **면접관의 심리** : '외부의 압력에 약하고, 기획입안 등을 하기 어려울 것이다.'
  - **면접대책** : 일을 통하여 하고 싶은 것들을 구체적으로 어필한다.

② **활동의욕** … 자신에게 잠재된 에너지의 크기로, 정신적인 측면의 활동력이라 할 수 있다.

질문	선택
A : 하고 싶은 일을 실행으로 옮기는 편이다. B : 하고 싶은 일을 좀처럼 실행할 수 없는 편이다.	
A : 어려운 문제를 해결해 가는 것이 좋다. B : 어려운 문제를 해결하는 것을 잘하지 못한다.	
A : 일반적으로 결단이 빠른 편이다. B : 일반적으로 결단이 느린 편이다.	
A : 곤란한 상황에도 도전하는 편이다. B : 사물의 본질을 깊게 관찰하는 편이다.	
A : 시원시원하다는 말을 잘 듣는다. B : 꼼꼼하다는 말을 잘 듣는다.	

▶측정결과

㉠ 'A'가 많은 경우 : 꾸물거리는 것을 싫어하고 재빠르게 결단해서 행동하는 타입이다.

• 면접관의 심리 : '일을 처리하는 솜씨가 좋고, 일을 척척 진행할 수 있을 것 같다.'

• 면접대책 : 활동의욕이 높은 것은 플러스 평가가 된다. 사교성이나 활동성이 강하다는 인상을 준다.

㉡ 'B'가 많은 경우 : 안전하고 확실한 방법을 모색하고 차분하게 시간을 아껴서 일에 임하는 타입이다.

• 면접관의 심리 : '재빨리 행동을 못하고, 일의 처리속도가 느린 것이 아닐까?'

• 면접대책 : 활동성이 있는 것을 좋아하고 움직임이 더디다는 인상을 주지 않도록 한다.

3 성격의 유형

(1) 인성검사유형의 4가지 척도

정서적인 측면, 행동적인 측면, 의욕적인 측면의 요소들은 성격 특성이라는 관점에서 제시된 것들로 각 개인의 장·단점을 파악하는 데 유용하다. 그러나 전체적인 개인의 인성을 이해하는 데는 한계가 있다.

성격의 유형은 개인의 '성격적인 특색'을 가리키는 것으로, 사회인으로서 적합한지, 아닌지를 말하는 관점과는 관계가 없다. 따라서 채용의 합격 여부에는 사용되지 않는 경우가 많으며, 입사 후의 적정 부서 배치의 자료가 되는 편이라 생각하면 된다. 그러나 채용과 관계가 없다고 해서 아무런 준비도 필요없는 것은 아니다. 자신을 아는 것은 년섭 대책의 밑거름이 되므로 모의검사 결과를 충분히 활용하도록 하여야 한다.

본서에서는 4개의 척도를 사용하여 기본적으로 16개의 패턴으로 성격의 유형을 분류하고 있다. 각 개인의 성격이 어떤 유형인지 재빨리 파악하기 위해 사용되며, '적성'에 맞는지, 맞지 않는지의 관점에 활용된다.

- 흥미관심의 방향 : 내향형 ←――――→ 외향형
- 사물에 대한 견해 : 직관형 ←――――→ 감각형
- 판단하는 방법 : 감정형 ←――――→ 사고형
- 환경에 대한 접근방법 : 지각형 ←――――→ 판단형

(2) 성격유형

① 흥미·관심의 방향(내향⇆외향) … 흥미·관심의 방향이 자신의 내면에 있는지, 주위환경 등 외면에 향하는 지를 가리키는 척도이다.

질문	선택
A : 내성적인 성격인 편이다. B : 개방적인 성격인 편이다.	
A : 항상 신중하게 생각을 하는 편이다. B : 바로 행동에 착수하는 편이다.	
A : 수수하고 조심스러운 편이다. B : 자기 표현력이 강한 편이다.	
A : 다른 사람과 함께 있으면 침착하지 않다. B : 혼자서 있으면 침착하지 않다.	

▶측정결과

㉠ 'A'가 많은 경우(내향) : 관심의 방향이 자기 내면에 있으며, 조용하고 낯을 가리는 유형이다. 행동력은 부족하나 집중력이 뛰어나고 신중하고 꼼꼼하다.

㉡ 'B'가 많은 경우(외향) : 관심의 방향이 외부환경에 있으며, 사교적이고 활동적인 유형이다. 꼼꼼함이 부족하여 대충하는 경향이 있으나 행동력이 있다.

② 일(사물)을 보는 방법(직감⇆감각) … 일(사물)을 보는 법이 직감적으로 형식에 얽매이는지, 감각적으로 상식적인지를 가리키는 척도이다.

질문	선택
A : 현실주의적인 편이다. B : 상상력이 풍부한 편이다.	
A : 정형적인 방법으로 일을 처리하는 것을 좋아한다. B : 만들어진 방법에 변화가 있는 것을 좋아한다.	
A : 경험에서 가장 적합한 방법으로 선택한다. B : 지금까지 없었던 새로운 방법을 개척하는 것을 좋아한다.	
A : 성실하다는 말을 듣는다. B : 호기심이 강하다는 말을 듣는다.	

▶측정결과

㉠ 'A'가 많은 경우(감각) : 현실적이고 경험주의적이며 보수적인 유형이다.

㉡ 'B'가 많은 경우(직관) : 새로운 주제를 좋아하며, 독자적인 시각을 가진 유형이다.

③ 판단하는 방법(감정⇆사고) … 일을 감정적으로 판단하는지, 논리적으로 판단하는지를 가리키는 척도이다.

질문	선택
A : 인간관계를 중시하는 편이다. B : 일의 내용을 중시하는 편이다.	
A : 결론을 자기의 신념과 감정에서 이끌어내는 편이다. B : 결론을 논리적 사고에 의거하여 내리는 편이다.	
A : 다른 사람보다 동정적이고 눈물이 많은 편이다. B : 다른 사람보다 이성적이고 냉정하게 대응하는 편이다.	
A : 사건을 좋다, 나쁘다로 판단한다. B : 사건을 옳다, 그르다로 판단한다.	

▶측정결과

㉠ 'A'가 많은 경우(감정) : 일을 판단할 때 마음·감정을 중요하게 여기는 유형이다. 감정이 풍부하고 친절하나 엄격함이 부족하고 우유부단하며, 합리성이 부족하다.

㉡ 'B'가 많은 경우(사고) : 일을 판단할 때 논리성을 중요하게 여기는 유형이다. 이성적이고 합리적이나 타인에 대한 배려가 부족하다.

④ 환경에 대한 접근방법 … 주변상황에 어떻게 접근하는지, 그 판단기준을 어디에 두는지를 측정한다.

질문	선택
A : 사전에 계획을 세우지 않고 행동한다. B : 반드시 계획을 세우고 그것에 의거해서 행동한다.	
A : 자유롭게 행동하는 것을 좋아한다. B : 조직적으로 행동하는 것을 좋아한다.	
A : 조직성이나 관습에 속박당하지 않는다. B : 조직성이나 관습을 중요하게 여긴다.	
A : 계획 없이 낭비가 심한 편이다. B : 예산을 세워 물건을 구입하는 편이다.	

▶측정결과

㉠ 'A'가 많은 경우(지각) : 일의 변화에 융통성을 가지고 유연하게 대응하는 유형이다. 낙관적이며 질서보다는 자유를 좋아하나 임기응변식의 대응으로 무계획적인 인상을 줄 수 있다.

㉡ 'B'가 많은 경우(판단) : 일의 진행시 계획을 세워서 실행하는 유형이다. 순차적으로 진행하는 일을 좋아하고 끈기가 있으나 변화에 대해 적절하게 대응하지 못하는 경향이 있다.

(3) 성격유형의 판정

성격유형은 합격 여부의 판정보다는 배치를 위한 자료로써 이용된다. 즉, 기업은 입사시험 단계에서 입사 후에도 사용할 수 있는 정보를 입수하고 있다는 것이다. 성격검사에서는 어느 척도가 얼마나 고득점이었는지에 주시하고 각각의 측면에서 반드시 하나씩 고르고 편성한다. 편성은 모두 16가지가 되나 각각의 측면을 더 세분하면 200가지 이상의 유형이 나온다.

여기에서는 16가지 편성을 제시한다. 성격검사에 어떤 정보가 게재되어 있는지를 이해하면서 자기의 성격유형을 파악하기 위한 실마리로 활용하도록 한다.

① 내향 – 직관 – 감정 – 지각(TYPE A)

관심이 내면에 향하고 조용하고 소극적이다. 사물에 대한 견해는 새로운 것에 대해 호기심이 강하고, 독창적이다. 감정은 좋아하는 것과 싫어하는 것의 판단이 확실하고, 감정이 풍부하고 따뜻한 느낌이 있는 반면, 합리성이 부족한 경향이 있다. 환경에 접근하는 방법은 순응적이고 상황의 변화에 대해 유연하게 대응하는 것을 잘한다.

② 내향 – 직관 – 감정 – 사고(TYPE B)

관심이 내면으로 향하고 조용하고 쑥쓰러움을 잘 타는 편이다. 사물을 보는 관점은 독창적이며, 자기나름대로 궁리하며 생각하는 일이 많다. 좋고 싫음으로 판단하는 경향이 강하고 타인에게는 친절한 반면, 우유부단하기 쉬운 편이다. 환경 변화에 대해 유연하게 대응하는 것을 잘한다.

③ 내향 – 직관 – 사고 – 지각(TYPE C)

관심이 내면으로 향하고 얌전하고 교제범위가 좁다. 사물을 보는 관점은 독창적이며, 현실에서 먼 추상적인 것을 생각하기를 좋아한다. 논리적으로 생각하고 판단하는 경향이 강하고 이성적이지만, 남의 감정에 대해서는 무반응인 경향이 있다. 환경의 변화에 순응적이고 융통성 있게 임기응변으로 대응할 수가 있다.

④ 내향 – 직관 – 사고 – 판단(TYPE D)

관심이 내면으로 향하고 주의깊고 신중하게 행동을 한다. 사물을 보는 관점은 독창적이며 논리를 좋아해서 이치를 따지는 경향이 있다. 논리적으로 생각하고 판단하는 경향이 강하고, 객관적이지만 상대방의 마음에 대한 배려가 부족한 경향이 있다. 환경에 대해서는 순응하는 것보다 대응하며, 한 번 정한 것은 끈질기게 행동하려 한다.

⑤ 내향 – 감각 – 감정 – 지각(TYPE E)

관심이 내면으로 향하고 조용하며 소극적이다. 사물을 보는 관점은 상식적이고 그대로의 것을 좋아하는 경향이 있다. 좋음과 싫음으로 판단하는 경향이 강하고 타인에 대해서 동정심이 많은 반면, 엄격한 면이 부족한 경향이 있다. 환경에 대해서는 순응적이고, 예측할 수 없다해도 태연하게 행동하는 경향이 있다.

⑥ 내향 – 감각 – 감정 – 판단(TYPE F)

관심이 내면으로 향하고 얌전하며 쑥쓰러움을 많이 탄다. 사물을 보는 관점은 상식적이고 논리적으로 생각하는 것보다도 경험을 중요시하는 경향이 있다. 좋고 싫음으로 판단하는 경향이 강하고 사람이 좋은 반면, 개인적 취향이나 소원에 영향을 받는 일이 많은 경향이 있다. 환경에 대해서는 영향을 받지 않고, 자기 페이스 대로 꾸준히 성취하는 일을 잘한다.

⑦ 내향 – 감각 – 사고 – 지각(TYPE G)

관심이 내면으로 향하고 얌전하고 교제범위가 좁다. 사물을 보는 관점은 상식적인 동시에 실천적이며, 틀에 박힌 형식을 좋아한다. 논리적으로 판단하는 경향이 강하고 침착하지만 사람에 대해서는 엄격하여 차가운 인상을 주는 일이 많다. 환경에 대해서 순응적이고, 계획적으로 행동하지 않으며 자유로운 행동을 좋아하는 경향이 있다.

⑧ 내향 – 감각 – 사고 – 판단(TYPE H)

관심이 내면으로 향하고 주의 깊고 신중하게 행동을 한다. 사물을 보는 관점이 상식적이고 새롭고 경험하지 못한 일에 대응을 잘 하지 못한다. 논리적으로 생각하고 판단하는 경향이 강하고, 공평하지만 상대방의 감정에 대해 배려가 부족할 때가 있다. 환경에 대해서는 작용하는 편이고, 질서 있게 행동하는 것을 좋아한다.

⑨ 외향 – 직관 – 감정 – 지각(TYPE I)

관심이 외향으로 향하고 밝고 활동적이며 교제범위가 넓다. 사물을 보는 관점은 독창적이고 호기심이 강하며 새로운 것을 생각하는 것을 좋아한다. 좋음 싫음으로 판단하는 경향이 강하다. 사람은 좋은 반면 개인적 취향이나 소원에 영향을 받는 일이 많은 편이다.

⑩ 외향 – 직관 – 감정 – 판단(TYPE J)

관심이 외향으로 향하고 개방적이며 누구와도 쉽게 친해질 수 있다. 사물을 보는 관점은 독창적이고 자기 나름대로 궁리하고 생각하는 면이 많다. 좋음과 싫음으로 판단하는 경향이 강하고, 타인에 대해 동정적이기 쉽고 엄격함이 부족한 경향이 있다. 환경에 대해서는 작용하는 편이고 질서 있는 행동을 하는 것을 좋아한다.

⑪ 외향 – 직관 – 사고 – 지각(TYPE K)

관심이 외향으로 향하고 태도가 분명하며 활동적이다. 사물을 보는 관점은 독창적이고 현실과 거리가 있는 추상적인 것을 생각하는 것을 좋아한다. 논리적으로 생각하고 판단하는 경향이 강하고, 공평하지만 상대에 대한 배려가 부족할 때가 있다.

⑫ 외향 – 직관 – 사고 – 판단(TYPE L)

관심이 외향으로 향하고 밝고 명랑한 성격이며 사교적인 것을 좋아한다. 사물을 보는 관점은 독창적이고 논리적인 것을 좋아하기 때문에 이치를 따지는 경향이 있다. 논리적으로 생각하고 판단하는 경향이 강하고 침착성이 뛰어나지만 사람에 대해서 엄격하고 차가운 인상을 주는 경우가 많다. 환경에 대해 작용하는 편이고 계획을 세우고 착실하게 실행하는 것을 좋아한다.

⑬ 외향 – 감각 – 감정 – 지각(TYPE M)

관심이 외향으로 향하고 밝고 활동적이고 교제범위가 넓다. 사물을 보는 관점은 상식적이고 종래대로 있는 것을 좋아한다. 보수적인 경향이 있고 좋아함과 싫어함으로 판단하는 경향이 강하며 타인에게는 친절한 반면, 우유부단한 경우가 많다. 환경에 대해 순응적이고, 융통성이 있고 임기응변으로 대응할 가능성이 높다.

⑭ 외향 – 감각 – 감정 – 판단(TYPE N)

관심이 외향으로 향하고 개방적이며 누구와도 쉽게 대면할 수 있다. 사물을 보는 관점은 상식적이고 논리적으로 생각하기보다는 경험을 중시하는 편이다. 좋아함과 싫어함으로 판단하는 경향이 강하고 감정이 풍부하며 따뜻한 느낌이 있는 반면에 합리성이 부족한 경우가 많다. 환경에 대해서 작용하는 편이고, 한 번 결정한 것은 끈질기게 실행하려고 한다.

⑮ 외향 – 감각 – 사고 – 지각(TYPE O)

관심이 외향으로 향하고 시원한 태도이며 활동적이다. 사물을 보는 관점이 상식적이며 동시에 실천적이고 명백한 형식을 좋아하는 경향이 있다. 논리적으로 생각하고 판단하는 경향이 강하고, 객관적이지만 상대 마음에 대해 배려가 부족한 경향이 있다.

⑯ 외향 – 감각 – 사고 – 판단(TYPE P)

관심이 외향으로 향하고 밝고 명랑하며 사교적인 것을 좋아한다. 사물을 보는 관점은 상식적이고 경험하지 못한 새로운 것에 대응을 잘 하지 못한다. 논리적으로 생각하고 판단하는 경향이 강하고 이성적이지만 사람의 감정에 무심한 경향이 있다. 환경에 대해서는 작용하는 편이고, 자기 페이스대로 꾸준히 성취하는 것을 잘한다.

(1) 미리 알아두어야 할 점

① **출제 문항 수**…인성검사의 출제 문항 수는 특별히 정해진 것이 아니며 각 기업체의 기준에 따라 달라질 수 있다. 보통 100문항 이상에서 500문항까지 출제된다고 예상하면 된다.

② **출제형식**

　㉠ '예' 아니면 '아니오'의 형식

다음 문항을 읽고 자신에게 해당되는지 안 되는지를 판단하여 해당될 경우 '예'를, 해당되지 않을 경우 '아니오'를 고르시오.

질문	예	아니오
1. 자신의 생각이나 의견은 좀처럼 변하지 않는다.	○	
2. 구입한 후 끝까지 읽지 않은 책이 많다.		○

다음 문항에 대해서 평소에 자신이 생각하고 있는 것이나 행동하고 있는 것에 ○표를 하시오.

질문	그렇다	약간 그렇다	그저 그렇다	별로 그렇지 않다	그렇지 않다
1. 시간에 쫓기는 것이 싫다.		○			
2. 여행가기 전에 계획을 세운다			○		

　㉡ A와 B의 선택형식

A와 B에 주어진 문장을 읽고 자신에게 해당되는 것을 고르시오.

질문	선택
A : 걱정거리가 있어서 잠을 못 잘 때가 있다.	(○)
B : 걱정거리가 있어도 잠을 잘 잔다.	( )

(2) 임하는 자세

① 솔직하게 있는 그대로 표현한다 … 인성검사는 평범한 일상생활 내용들을 다룬 짧은 문장과 어떤 대상이나 일에 대한 선로를 선택하는 문장으로 구성되었으므로 평소에 자신이 생각한 바를 너무 골똘히 생각하지 말고 문제를 보는 순간 떠오른 것을 표현한다.

② 모든 문제를 신속하게 대답한다 … 인성검사는 시간 제한이 없는 것이 원칙이지만 기업체들은 일정한 시간 제한을 두고 있다. 인성검사는 개인의 성격과 자질을 알아보기 위한 검사이기 때문에 정답이 없다. 다만, 기업체에서 바람직하게 생각하거나 기대되는 결과가 있을 뿐이다. 따라서 시간에 쫓겨서 대충 대답을 하는 것은 바람직하지 못하다.

02 실전 인성검사

|1~265| 다음 ( ) 안에 당신에게 적합하다면 YES, 그렇지 않다면 NO를 선택하시오(인성검사는 응시자의 인성을 파악하기 위한 자료이므로 정답이 존재하지 않습니다).

	YES	NO
1. 조금이라도 나쁜 소식은 절망의 시작이라고 생각해버린다. ……………………(	)	( )
2. 언제나 실패가 걱정이 되어 어쩔 줄 모른다. …………………………………(	)	( )
3. 다수결의 의견에 따르는 편이다. ………………………………………………(	)	( )
4. 혼자서 커피숍에 들어가는 것은 전혀 두려운 일이 아니다. ………………(	)	( )
5. 승부근성이 강하다. ………………………………………………………………(	)	( )
6. 자주 흥분해서 침착하지 못하다. ………………………………………………(	)	( )
7. 지금까지 살면서 타인에게 폐를 끼친 적이 없다. …………………………(	)	( )
8. 소곤소곤 이야기하는 것을 보면 자기에 대해 험담하고 있는 것으로 생각된다. (	)	( )
9. 무엇이든지 자기가 나쁘다고 생각하는 편이다. ……………………………(	)	( )
10. 자신을 변덕스러운 사람이라고 생각한다. …………………………………(	)	( )
11. 고독을 즐기는 편이다. …………………………………………………………(	)	( )
12. 자존심이 강하다고 생각한다. …………………………………………………(	)	( )
13. 금방 흥분하는 성격이다. ………………………………………………………(	)	( )
14. 거짓말을 한 적이 없다. …………………………………………………………(	)	( )
15. 신경질적인 편이다. ………………………………………………………………(	)	( )
16. 끙끙대며 고민하는 타입이다. …………………………………………………(	)	( )
17. 감정적인 사람이라고 생각한다. ………………………………………………(	)	( )
18. 자신만의 신념을 가지고 있다. ………………………………………………(	)	( )
19. 다른 사람을 바보 같다고 생각한 적이 있다. ………………………………(	)	( )
20. 금방 말해버리는 편이다. ………………………………………………………(	)	( )
21. 싫어하는 사람이 없다. …………………………………………………………(	)	( )
22. 대재앙이 오지 않을까 항상 걱정을 한다. …………………………………(	)	( )
23. 쓸데없는 고생을 하는 일이 많다. ……………………………………………(	)	( )

24. 자주 생각이 바뀌는 편이다. ···( )( )

25. 문제점을 해결하기 위해 여러 사람과 상의한다. ·························· ( )( )

26. 내 방식대로 일을 한다. ··( )( )

27. 영화를 보고 운 적이 많다. ···( )( )

28. 어떤 것에 대해서도 화낸 적이 없다. ···( )( )

29. 사소한 충고에도 걱정을 한다. ···( )( )

30. 자신은 도움이 안 되는 사람이라고 생각한다. ·······································( )( )

31. 금방 싫증을 내는 편이다. ···( )( )

32. 개성적인 사람이라고 생각한다. ···( )( )

33. 자기주장이 강한 편이다. ···( )( )

34. 뒤숭숭하다는 말을 들은 적이 있다. ···( )( )

35. 학교를 쉬고 싶다고 생각한 적이 한 번도 없다. ·································( )( )

36. 사람들과 관계 맺는 것을 보면 잘하지 못한다. ··································( )( )

37. 사려 깊은 편이다. ···( )( )

38. 몸을 움직이는 것을 좋아한다. ···( )( )

39. 끈기가 있는 편이다. ···( )( )

40. 신중한 편이라고 생각한다. ···( )( )

41. 인생의 목표는 큰 것이 좋다. ···( )( )

42. 어떤 일이라도 바로 시작하는 타입이다. ···( )( )

43. 낯가림을 하는 편이다. ···( )( )

44. 생각하고 나서 행동하는 편이다. ···( )( )

45. 쉬는 날은 밖으로 나가는 경우가 많다. ···( )( )

46. 시작한 일은 반드시 완성시킨다. ···( )( )

47. 면밀한 계획을 세운 여행을 좋아한다. ···( )( )

48. 야망이 있는 편이라고 생각한다. ···( )( )

49. 활동력이 있는 편이다. ···( )( )

50. 많은 사람들과 왁자지껄하게 식사하는 것을 좋아하지 않는다. ·············( )( )

51. 돈을 허비한 적이 없다. ···( )( )

52. 운동회를 아주 좋아하고 기대했다. ·······················( )( )

53. 하나의 취미에 열중하는 타입이다. ·······················( )( )

54. 모임에서 회장에 어울린다고 생각한다. ···············( )( )

55. 입신출세의 성공이야기를 좋아한다. ·····················( )( )

56. 어떠한 일도 의욕을 가지고 임하는 편이다. ·········( )( )

57. 학급에서는 존재가 희미했다. ·······························( )( )

58. 항상 무언가를 생각하고 있다. ·······························( )( )

59. 스포츠는 보는 것보다 하는 게 좋다. ·····················( )( )

60. '참 잘했네요.'라는 말을 자주 듣는다. ···················( )( )

61. 흐린 날은 반드시 우산을 가지고 간다. ···············( )( )

62. 주연상을 받을 수 있는 배우를 좋아한다. ·············( )( )

63. 공격하는 타입이라고 생각한다. ·····························( )( )

64. 리드를 받는 편이다. ···( )( )

65. 너무 신중해서 기회를 놓친 적이 있다. ···············( )( )

66. 시원시원하게 움직이는 타입이다. ·························( )( )

67. 야근을 해서라도 업무를 끝낸다. ···························( )( )

68. 누군가를 방문할 때는 반드시 사전에 확인한다. ···( )( )

69. 노력해도 결과가 따르지 않으면 의미가 없다. ·······( )( )

70. 무조건 행동해야 한다. ···( )( )

71. 유행에 둔감하다고 생각한다. ·······························( )( )

72. 정해진 대로 움직이는 것은 시시하다. ···················( )( )

73. 꿈을 계속 가지고 있고 싶다. ·······························( )( )

74. 질서보다 자유를 중요시하는 편이다. ···················( )( )

75. 혼자서 취미에 몰두하는 것을 좋아한다. ···············( )( )

76. 직관적으로 판단하는 편이다. ·······························( )( )

77. 영화나 드라마를 보면 등장인물의 감정에 이입된다. ···( )( )

78. 시대의 흐름에 역행해서라도 자신을 관철하고 싶다. ·····························(　)(　)

79. 다른 사람의 소문에 관심이 없다. ···(　)(　)

80. 창조적인 편이다. ··(　)(　)

81. 비교적 눈물이 많은 편이다. ··(　)(　)

82. 융통성이 있다고 생각한다. ··(　)(　)

83. 친구의 휴대전화 번호를 잘 모른다. ···(　)(　)

84. 스스로 고안하는 것을 좋아한다. ···(　)(　)

85. 정이 두터운 사람으로 남고 싶다. ···(　)(　)

86. 조직의 일원으로 별로 안 어울린다. ···(　)(　)

87. 세상의 일에 별로 관심이 없다. ···(　)(　)

88. 변화를 추구하는 편이다. ··(　)(　)

89. 업무는 인간관계로 선택한다. ··(　)(　)

90. 환경이 변하는 것에 구애되지 않는다. ···(　)(　)

91. 불안감이 강한 편이다. ···(　)(　)

92. 인생은 살 가치가 없다고 생각한다. ···(　)(　)

93. 의지가 약한 편이다. ···(　)(　)

94. 다른 사람이 하는 일에 별로 관심이 없다. ···(　)(　)

95. 사람을 설득시키는 것은 어렵지 않다. ···(　)(　)

96. 심심한 것을 못 참는다. ···(　)(　)

97. 다른 사람을 욕한 적이 한 번도 없다. ···(　)(　)

98. 다른 사람에게 어떻게 보일지 신경을 쓴다. ···(　)(　)

99. 금방 낙심하는 편이다. ···(　)(　)

100. 다른 사람에게 의존하는 경향이 있다. ···(　)(　)

101. 그다지 융통성이 있는 편이 아니다. ···(　)(　)

102. 다른 사람이 내 의견에 간섭하는 것이 싫다. ···(　)(　)

103. 낙천적인 편이다. ···(　)(　)

104. 숙제를 잊어버린 적이 한 번도 없다. ···(　)(　)

105. 밤길에는 발소리가 들리기만 해도 불안하다. ·····························( )( )

106. 상냥하다는 말을 들은 적이 있다. ·····································( )( )

107. 자신은 유치한 사람이다. ···( )( )

108. 잡담을 하는 것보다 책을 읽는 게 낫다. ··························( )( )

109. 나는 영업에 적합한 타입이라고 생각한다. ······················( )( )

110. 술자리에서 술을 마시지 않아도 흥을 돋울 수 있다. ···········( )( )

111. 한 번도 병원에 간 적이 없다. ·····································( )( )

112. 나쁜 일은 걱정이 되어서 어쩔 줄을 모른다. ····················( )( )

113. 금세 무기력해지는 편이다. ···( )( )

114. 비교적 고분고분한 편이라고 생각한다. ··························( )( )

115. 독자적으로 행동하는 편이다. ·······································( )( )

116. 적극적으로 행동하는 편이다. ·······································( )( )

117. 금방 감격하는 편이다. ··( )( )

118. 어떤 것에 대해서는 불만을 가진 적이 없다. ····················( )( )

119. 밤에 못 잘 때가 많다. ··( )( )

120. 자주 후회하는 편이다. ··( )( )

121. 뜨거워지기 쉽고 식기 쉽다. ··( )( )

122. 자신만의 세계를 가지고 있다. ·····································( )( )

123. 많은 사람 앞에서도 긴장하는 일은 없다. ·······················( )( )

124. 말하는 것을 아주 좋아한다. ··( )( )

125. 인생을 포기하는 마음을 가진 적이 한 번도 없다. ··············( )( )

126. 어두운 성격이다. ··( )( )

127. 금방 반성한다. ··( )( )

128. 활동범위가 넓은 편이다. ··( )( )

129. 자신을 끈기 있는 사람이라고 생각한다. ·························( )( )

130. 좋다고 생각하더라도 좀 더 검토하고 나서 실행한다. ··········( )( )

131. 위대한 인물이 되고 싶다. ··( )( )

132. 한 번에 많은 일을 떠맡아도 힘들지 않다. ·····················( )( )

133. 사람과 만날 약속은 부담스럽다. ····························( )( )

134. 질문을 받으면 충분히 생각하고 나서 대답하는 편이다. ·····( )( )

135. 머리를 쓰는 것보다 땀을 흘리는 일이 좋다. ···············( )( )

136. 결정한 것에는 철저히 구속받는다. ·························( )( )

137. 외출 시 문을 잠갔는지 몇 번을 확인한다. ················( )( )

138. 이왕 할 거라면 일등이 되고 싶다. ·······················( )( )

139. 과감하게 도전하는 타입이다. ·····························( )( )

140. 자신은 사교적이 아니라고 생각한다. ·····················( )( )

141. 무심코 도리에 대해서 말하고 싶어진다. ··················( )( )

142. '항상 건강하네요.'라는 말을 듣는다. ·····················( )( )

143. 단념하면 끝이라고 생각한다. ·····························( )( )

144. 예상하지 못한 일은 하고 싶지 않다. ·····················( )( )

145. 파란만장하더라도 성공하는 인생을 걷고 싶다. ············( )( )

146. 활기찬 편이라고 생각한다. ·······························( )( )

147. 소극적인 편이라고 생각한다. ·····························( )( )

148. 무심코 평론가가 되어 버린다. ····························( )( )

149. 자신은 성급하다고 생각한다. ·····························( )( )

150. 꾸준히 노력하는 타입이라고 생각한다. ···················( )( )

151. 내일의 계획이라도 메모한다. ·····························( )( )

152. 리더십이 있는 사람이 되고 싶다. ·························( )( )

153. 열정적인 사람이라고 생각한다. ···························( )( )

154. 다른 사람 앞에서 이야기를 잘 하지 못한다. ··············( )( )

155. 통찰력이 있는 편이다. ··································( )( )

156. 엉덩이가 가벼운 편이다. ································( )( )

157. 여러 가지로 구애됨이 있다. ······························( )( )

158. 돌다리도 두들겨 보고 건너는 쪽이 좋다. ·················( )( )

159. 자신에게는 권력욕이 있다. ……………………………………………………( )( )

160. 업무를 할당받으면 기쁘다. ……………………………………………………( )( )

161. 사색적인 사람이라고 생각한다. ………………………………………………( )( )

162. 비교적 개혁적이다. ………………………………………………………………( )( )

163. 좋고 싫음으로 정할 때가 많다. ………………………………………………( )( )

164. 전통에 구애되는 것은 버리는 것이 적절하다. ……………………………( )( )

165. 교제 범위가 좁은 편이다. ……………………………………………………( )( )

166. 발상의 전환을 할 수 있는 타입이라고 생각한다. …………………………( )( )

167. 너무 주관적이어서 실패한다. …………………………………………………( )( )

168. 현실적이고 실용적인 면을 추구한다. …………………………………………( )( )

169. 내가 어떤 배우의 팬인지 아무도 모른다. …………………………………( )( )

170. 현실보다 가능성이다. ……………………………………………………………( )( )

171. 마음이 담겨 있으면 선물은 아무 것이나 좋다. ……………………………( )( )

172. 여행은 마음대로 하는 것이 좋다. ……………………………………………( )( )

173. 추상적인 일에 관심이 있는 편이다. …………………………………………( )( )

174. 일은 대담히 하는 편이다. ……………………………………………………( )( )

175. 괴로워하는 사람을 보면 우선 동정한다. ……………………………………( )( )

176. 가치기준은 자신의 안에 있다고 생각한다. …………………………………( )( )

177. 조용하고 조심스러운 편이다. …………………………………………………( )( )

178. 상상력이 풍부한 편이라고 생각한다. …………………………………………( )( )

179. 의리, 인정이 두터운 상사를 만나고 싶다. …………………………………( )( )

180. 인생의 앞날을 알 수 없어 재미있다. …………………………………………( )( )

181. 밝은 성격이다. ……………………………………………………………………( )( )

182. 별로 반성하지 않는다. …………………………………………………………( )( )

183. 활동범위가 좁은 편이다. ………………………………………………………( )( )

184. 자신을 시원시원한 사람이라고 생각한다. ……………………………………( )( )

185. 좋다고 생각하면 바로 행동한다. ………………………………………………( )( )

186. 좋은 사람이 되고 싶다. ···( )( )

187. 한 번에 많은 일을 떠맡는 것은 골칫거리라고 생각한다. ···············( )( )

188. 사람과 만날 약속은 즐겁다. ···( )( )

189. 질문을 받으면 그때의 느낌으로 대답하는 편이다. ·····················( )( )

190. 땀을 흘리는 것보다 머리를 쓰는 일이 좋다. ···························( )( )

191. 결정한 것이라도 그다지 구속받지 않는다. ·····························( )( )

192. 외출 시 문을 잠갔는지 별로 확인하지 않는다. ·······················( )( )

193. 지위에 어울리면 된다. ···( )( )

194. 안전책을 고르는 타입이다. ···( )( )

195. 자신은 사교적이라고 생각한다. ···( )( )

196. 도리는 상관없다. ···( )( )

197. '침착하네요.'라는 말을 듣는다. ··( )( )

198. 단념이 중요하다고 생각한다. ··( )( )

199. 예상하지 못한 일도 해보고 싶다. ···( )( )

200. 평범하고 평온하게 행복한 인생을 살고 싶다. ·························( )( )

201. 몹시 귀찮아하는 편이라고 생각한다. ·····································( )( )

202. 특별히 소극적이라고 생각하지 않는다. ··································( )( )

203. 이것저것 평하는 것이 싫다. ···( )( )

204. 자신은 성급하지 않다고 생각한다. ··( )( )

205. 꾸준히 노력하는 것을 잘 하지 못한다. ··································( )( )

206. 내일의 계획은 머릿속에 기억한다. ··( )( )

207. 협동성이 있는 사람이 되고 싶다. ···( )( )

208. 열정적인 사람이라고 생각하지 않는다. ··································( )( )

209. 다른 사람 앞에서 이야기를 잘한다. ······································( )( )

210. 행동력이 있는 편이다. ···( )( )

211. 엉덩이가 무거운 편이다. ··( )( )

212. 특별히 구애받는 것이 없다. ···( )( )

213. 돌다리는 두들겨 보지 않고 건너도 된다. ·······················( )( )

214. 자신에게는 권력욕이 없다. ································( )( )

215. 업무를 할당받으면 부담스럽다. ·····················( )( )

216. 활동적인 사람이라고 생각한다. ·····················( )( )

217. 비교적 보수적이다. ····································( )( )

218. 손해인지 이익인지로 정할 때가 많다. ················( )( )

219. 전통을 견실히 지키는 것이 적절하다. ················( )( )

220. 교제 범위가 넓은 편이다. ····························( )( )

221. 상식적인 판단을 할 수 있는 타입이라고 생각한다. ·····( )( )

222. 너무 객관적이어서 실패한다. ························( )( )

223. 보수적인 면을 추구한다. ····························( )( )

224. 내가 누구의 팬인지 주변의 사람들이 안다. ············( )( )

225. 가능성보다 현실이다. ·······························( )( )

226. 그 사람이 필요한 것을 선물하고 싶다. ···············( )( )

227. 여행은 계획적으로 하는 것이 좋다. ··················( )( )

228. 구체적인 일에 관심이 있는 편이다. ·················( )( )

229. 일은 착실히 하는 편이다. ···························( )( )

230. 괴로워하는 사람을 보면 우선 이유를 생각한다. ········( )( )

231. 가치기준은 자신의 밖에 있다고 생각한다. ············( )( )

232. 밝고 개방적인 편이다. ······························( )( )

233. 현실 인식을 잘하는 편이라고 생각한다. ··············( )( )

234. 공평하고 공적인 상사를 만나고 싶다. ···············( )( )

235. 시시해도 계획적인 인생이 좋다. ····················( )( )

236. 적극적으로 사람들과 관계를 맺는 편이다. ············( )( )

237. 활동적인 편이다. ··································( )( )

238. 몸을 움직이는 것을 좋아하지 않는다. ···············( )( )

239. 쉽게 질리는 편이다. ·······························( )( )

240. 경솔한 편이라고 생각한다. ·······························(   )(   )

241. 인생의 목표는 손이 닿을 정도면 된다. ·······················(   )(   )

242. 무슨 일도 좀처럼 시작하지 못한다. ························(   )(   )

243. 초면인 사람과도 바로 친해질 수 있다. ····················(   )(   )

244. 행동하고 나서 생각하는 편이다. ·························(   )(   )

245. 쉬는 날은 집에 있는 경우가 많다. ·······················(   )(   )

246. 완성되기 전에 포기하는 경우가 많다. ····················(   )(   )

247. 계획 없는 여행을 좋아한다. ····························(   )(   )

248. 욕심이 없는 편이라고 생각한다. ·························(   )(   )

249. 활동력이 별로 없다. ·································(   )(   )

250. 많은 사람들과 왁자지껄하게 식사하는 것을 좋아한다. ·········(   )(   )

251. 이유 없이 불안할 때가 있다. ··························(   )(   )

252. 주위 사람의 의견을 생각해서 발언을 자제할 때가 있다. ·······(   )(   )

253. 자존심이 강한 편이다. ······························(   )(   )

254. 생각 없이 함부로 말하는 경우가 많다. ···················(   )(   )

255. 정리가 되지 않은 방에 있으면 불안하다. ·················(   )(   )

256. 거짓말을 한 적이 한 번도 없다. ·······················(   )(   )

257. 슬픈 영화나 TV를 보면 자주 운다. ·····················(   )(   )

258. 자신을 충분히 신뢰할 수 있다고 생각한다. ···············(   )(   )

259. 노래방을 아주 좋아한다. ····························(   )(   )

260. 자신만이 할 수 있는 일을 하고 싶다. ···················(   )(   )

261. 자신을 과소평가하는 경향이 있다. ·····················(   )(   )

262. 책상 위나 서랍 안은 항상 깔끔히 정리한다. ··············(   )(   )

263. 건성으로 일을 할 때가 자주 있다. ……………………………………………( )( )

264. 남의 험담을 한 적이 없다. ……………………………………………………( )( )

265. 쉽게 화를 낸다는 말을 듣는다. ………………………………………………( )( )

PART

IV

면접

01 면접의 기본

02 롯데그룹 계열사 면접기출

01 면접의 기본

1 면접 준비

(1) 면접의 기본 원칙

① **면접의 의미** … 면접이란 다양한 면접기법을 활용하여 지원한 직무에 필요한 능력을 지원자가 보유하고 있는지를 확인하는 절차라고 할 수 있다. 즉, 지원자의 입장에서는 채용 직무수행에 필요한 요건들과 관련하여 자신의 환경, 경험, 관심사, 성취 등에 대해 기업에 직접 어필할 수 있는 기회를 제공받는 것이며, 기업의 입장에서는 서류전형만으로 알수 없는 지원사에 대한 정보를 직접적으로 수집하고 평가하는 것이다.

② **면접의 특징** … 면접은 기업의 입장에서 서류전형이나 필기전형에서 드러나지 않는 지원자의 능력이나 성향을 볼 수 있는 기회로, 면대면으로 이루어지며 즉흥적인 질문들이 포함될 수 있기 때문에 지원자가 완벽하게 준비하기 어려운 부분이 있다. 하지만 지원자 입장에서도 서류전형이나 필기전형에서 모두 보여주지 못한 자신의 능력 등을 기업의 인사담당자에게 어필할 수 있는 추가적인 기회가 될 수도 있다.

[서류 · 필기전형과 차별화되는 면접의 특징]

- 직무수행과 관련된 다양한 지원자 행동에 대한 관찰이 가능하다.
- 면접관이 알고자 하는 정보를 심층적으로 파악할 수 있다.
- 서류상의 미비한 사항과 의심스러운 부분을 확인할 수 있다.
- 커뮤니케이션 능력, 대인관계 능력 등 행동 · 언어적 정보도 얻을 수 있다.

③ **면접의 유형**

    ㉠ **구조화 면접**: 구조화 면접은 사전에 계획을 세워 질문의 내용과 방법, 지원자의 답변 유형에 따른 추가 질문과 그에 대한 평가 역량이 정해져 있는 면접 방식으로 표준화 면접이라고도 한다.

    - 표준화된 질문이나 평가요소가 면접 전 확정되며, 지원자는 편성된 조나 면접관에 영향을 받지 않고 동일한 질문과 시간을 부여받을 수 있다.

- 조직 또는 직무별로 주요하게 도출된 역량을 기반으로 평가요소가 구성되어, 조직 또는 직무에서 필요한 역량을 가진 지원자를 선발할 수 있다.
- 표준화된 형식을 사용하는 특성 때문에 비구조화 면접에 비해 신뢰성과 타당성, 객관성이 높다.

ⓒ 비구조화 면접 : 비구조화 면접은 면접 계획을 세울 때 면접 목적만을 명시하고 내용이나 방법은 면접관에게 전적으로 일임하는 방식으로 비표준화 면접이라고도 한다.
- 표준화된 질문이나 평가요소 없이 면접이 진행되며, 편성된 조나 면접관에 따라 지원자에게 주어지는 질문이나 시간이 다르다.
- 면접관의 주관적인 판단에 따라 평가가 이루어져 평가 오류가 빈번히 일어난다.
- 상황 대처나 언변이 뛰어난 지원자에게 유리한 면접이 될 수 있다.

④ 경쟁력 있는 면접 요령

㉠ 면접 전에 준비하고 유념할 사항
- 예상 질문과 답변을 미리 작성한다.
- 작성한 내용을 문장으로 외우지 않고 키워드로 기억한다.
- 지원한 회사의 최근 기사를 검색하여 기억한다.
- 지원한 회사가 속한 산업군의 최근 기사를 검색하여 기억한다.
- 면접 전 1주일간 이슈가 되는 뉴스를 기억하고 자신의 생각을 반영하여 정리한다.
- 찬반토론에 대비한 주제를 목록으로 정리하여 자신의 논리를 내세운 예상답변을 작성한다.

㉡ 면접장에서 유념할 사항
- 질문의 의도 파악 : 답변을 할 때에는 질문 의도를 파악하고 그에 충실한 답변이 될 수 있도록 질문사항을 유념해야 한다. 많은 지원자가 하는 실수 중 하나로 답변을 하는 도중 자기 말에 심취되어 질문의 의도와 다른 답변을 하거나 자신이 알고 있는 지식만을 나열하는 경우가 있는데, 이럴 경우 의사소통능력이 부족한 사람으로 인식될 수 있으므로 주의하도록 한다.
- 답변은 두괄식 : 답변을 할 때에는 두괄식으로 결론을 먼저 말하고 그 이유를 설명하는 것이 좋다. 미괄식으로 답변을 할 경우 용두사미의 답변이 될 가능성이 높으며, 결론을 이끌어 내는 과정에서 논리성이 결여될 우려가 있다. 또한 면접관이 결론을 듣기 전에 말을 끊고 다른 질문을 추가하는 예상치 못한 상황이 발생될 수 있으므로 답변은 자신이 전달하고자 하는 바를 먼저 밝히고 그에 대한 설명을 하는 것이 좋다.

- 지원한 회사의 기업정신과 인재상을 기억 : 답변을 할 때에는 회사가 원하는 인재라는 인상을 심어주기 위해 지원한 회사의 기업정신과 인재상 등을 염두에 두고 답변을 하는 것이 좋다. 모든 회사에 해당되는 두루뭉술한 답변보다는 지원한 회사에 맞는 맞춤형 답변을 하는 것이 좋다.
- 나보다는 회사와 사회적 관점에서 답변 : 답변을 할 때에는 자기중심적인 관점을 피하고 좀 더 넓은 시각으로 회사와 국가, 사회적 입장까지 고려하는 인재임을 어필하는 것이 좋다. 자기중심적 시각을 바탕으로 자신의 출세만을 위해 회사에 입사하려는 인상을 심어줄 경우 면접에서 불이익을 받을 가능성이 높다.
- 난처한 질문은 정직한 답변 : 난처한 질문에 답변을 해야 할 때에는 피하기보다는 정면돌파로 정직하고 솔직하게 답변하는 것이 좋다. 난처한 부분을 감추고 드러내지 않으려 회피하려는 지원자의 모습은 인사담당자에게 입사 후에도 비슷한 상황에 처했을 때 회피할 수도 있다는 우려를 심어줄 수 있다. 따라서 직장생활에 있어 중요한 덕목 중 하나인 정직을 바탕으로 솔직하게 답변을 하도록 한다.

(2) 면접의 종류 및 준비 전략

① 인성면접

　㉠ 면접 방식 및 판단기준
- 면접 방식 : 인성면접은 면접관이 가지고 있는 개인적 면접 노하우나 관심사에 의해 질문을 실시한다. 주로 입사지원서나 자기소개서의 내용을 토대로 지원동기, 과거의 경험, 미래 포부 등을 이야기하도록 하는 방식이다.
- 판단기준 : 면접관의 개인적 가치관과 경험, 해당 역량의 수준, 경험의 구체성·진실성 등

　㉡ 특징 : 인성면접은 그 방식으로 인해 역량과 무관한 질문들이 많고 지원자에게 주어지는 면접질문, 시간 등이 다를 수 있다. 또한 입사지원서나 자기소개서의 내용을 토대로 하기 때문에 지원자별 질문이 달라질 수 있다.

ⓒ 예시 문항 및 준비전략

• 예시 문항

> • 3분 동안 자기소개를 해 보십시오.
> • 자신의 장점과 단점을 말해 보십시오.
> • 학점이 좋지 않은데 그 이유가 무엇입니까?
> • 최근에 인상 깊게 읽은 책은 무엇입니까?
> • 회사를 선택할 때 중요시하는 것은 무엇입니까?
> • 일과 개인생활 중 어느 쪽을 중시합니까?
> • 10년 후 자신은 어떤 모습일 것이라고 생각합니까?
> • 휴학 기간 동안에는 무엇을 했습니까?

• 준비전략 : 인성면접은 입사지원서나 자기소개서의 내용을 바탕으로 하는 경우가 많으므로 자신이 작성한 입사지원서와 자기소개서의 내용을 충분히 숙지하도록 한다. 또한 최근 사회적으로 이슈가 되고 있는 뉴스에 대한 견해를 묻거나 시사상식 등에 대한 질문을 받을 수 있으므로 이에 대한 대비도 필요하다. 자칫 부담스러워 보이지 않는 질문으로 가볍게 대답하지 않도록 주의하고 모든 질문에 입사 의지를 담아 성실하게 답변하는 것이 중요하다.

② 발표면접

㉠ 면접 방식 및 판단기준

• 면접 방식 : 지원자가 특정 주제와 관련된 자료를 검토하고 그에 대한 자신의 생각을 면접관 앞에서 주어진 시간 동안 발표하고 추가 질의를 받는 방식으로 진행된다.

• 판단기준 : 지원자의 사고력, 논리력, 문제해결력 등

㉡ 특징 : 발표면접은 지원자에게 과제를 부여한 후, 과제를 수행하는 과정과 결과를 관찰·평가한다. 따라서 과제수행 결과뿐 아니라 수행과정에서의 행동을 모두 평가할 수 있다.

ⓒ 예시 문항 및 준비전략

• 예시 문항

[신입사원 조기 이직 문제]

※ 지원자는 아래에 제시된 자료를 검토한 뒤, 신입사원 조기 이직의 원인을 크게 3가지로 정리하고 이에 대한 구체적인 개선안을 도출하여 발표해 주시기 바랍니다.

※ 본 과제에 정해진 정답은 없으나 논리적 근거를 들어 개선안을 작성해 주십시오.

• A기업은 동종업계 유사기업들과 비교해 볼 때, 비교적 높은 재무안정성을 유지하고 있으며 업무강도가 그리 높지 않은 것으로 외부에 알려져 있음.

• 최근 조사결과, 동종업계 유사기업들과 연봉을 비교해 보았을 때 연봉 수준도 그리 나쁘지 않은 편이라는 것이 확인되었음.

• 그러나 시난 3년간 1~2년차 직원들의 이직률이 계속해서 증가하고 있는 추세이며, 경영진 회의에서 최우선 해결과제 중 하나로 거론되었음.

• 이에 따라 인사팀에서 현재 1~2년차 사원들을 대상으로 개선되어야 하는 A기업의 조직문화에 대한 설문조사를 실시한 결과, '상명하복식의 의사소통'이 36.7%로 1위를 차지했음.

• 이러한 설문조사와 함께, 신입사원 조기 이직에 대한 원인을 분석한 결과 파랑새 증후군, 셀프홀릭 증후군, 피터팬 증후군 등 3가지로 분류할 수 있었음.

〈동종업계 유사기업들과의 연봉 비교〉　〈우리 회사 조직문화 중 개선되었으면 하는 것〉

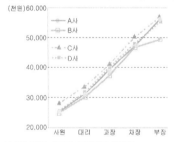 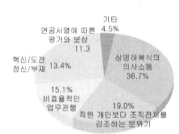

〈신입사원 조기 이직의 원인〉

• 파랑새 증후군

–현재의 직장보다 더 좋은 직장이 있을 것이라는 막연한 기대감으로 끊임없이 새로운 직장을 탐색함.

–학력 수준과 맞지 않는 '하향지원', 전공과 적성을 고려하지 않고 일단 취업하고 보자는 '묻지마 지원'이 파랑새 증후군을 초래함.

• 셀프홀릭 증후군

–본인의 역량에 비해 가치가 낮은 일을 주로 하면서 갈등을 느낌.

• 피터팬 증후군

–기성세대의 문화를 무조건 수용하기보다는 자유로움과 변화를 추구함.

–상명하복, 엄격한 규율 등 기성세대가 당연시하는 관행에 거부감을 가지며 직장에 답답함을 느낌.

• 준비전략 : 발표면접의 시작은 과제 안내문과 과제 상황, 과제 자료 등을 정확하게 이해하는 것에서 출발한다. 과제 안내문을 침착하게 읽고 제시된 주제 및 문제와 관련된 상황의 맥락을 파악한 후 과제를 검토한다. 제시된 기사나 그래프 등을 충분히 활용하여 주어진 문제를 해결할 수 있는 해결책이나 대안을 제시하며, 발표를 할 때에는 명확하고 자신 있는 태도로 전달할 수 있도록 한다.

③ 토론면접
 ㉠ 면접 방식 및 판단기준
  • 면접 방식 : 상호갈등적 요소를 가진 과제 또는 공통의 과제를 해결하는 내용의 토론 과제를 제시하고, 그 과정에서 개인 간의 상호작용 행동을 관찰하는 방식으로 면접이 진행된다.
  • 판단기준 : 팀워크, 적극성, 갈등 조정, 의사소통능력, 문제해결능력 등
 ㉡ 특징 : 토론을 통해 도출해 낸 최종안의 타당성도 중요하지만, 결론을 도출해 내는 과정에서의 의사소통능력이나 갈등상황에서 의견을 조정하는 능력 등이 중요하게 평가되는 특징이 있다.
 ㉢ 예시 문항 및 준비전략
  • 예시 문항

  > • 군 가산점제 부활에 대한 찬반토론
  > • 담뱃값 인상에 대한 찬반토론
  > • 비정규직 철폐에 대한 찬반토론
  > • 대학의 영어 강의 확대 찬반토론
  > • 워크숍 장소 선정을 위한 토론

  • 준비전략 : 토론면접은 무엇보다 팀워크와 적극성이 강조된다. 따라서 토론과정에 적극적으로 참여하며 자신의 의사를 분명하게 전달하며, 갈등상황에서 자신의 의견만 내세울 것이 아니라 다른 지원자의 의견을 경청하고 배려하는 모습도 중요하다. 갈등상황을 일목요연하게 정리하여 조정하는 등의 의사소통능력을 발휘하는 것도 좋은 전략이 될 수 있다.

④ 상황면접
 ㉠ 면접 방식 및 판단기준
  • 면접 방식 : 상황면접은 직무 수행 시 접할 수 있는 상황들을 제시하고, 그러한 상황에서 어떻게 행동할 것인지를 이야기하는 방식으로 진행된다.
  • 판단기준 : 해당 상황에 적절한 역량의 구현과 구체적 행동지표

ⓛ 특징 : 실제 직무 수행 시 접할 수 있는 상황들을 제시하므로 입사 이후 지원자의 업무 수행능력을 평가하는 데 적절한 면접 방식이다. 또한 지원자의 가치관, 태도, 사고방식 등의 요소를 통합적으로 평가하는 데 용이하다.

ⓒ 예시 문항 및 준비전략

• 예시 문항

> 당신은 생산관리팀의 팀원으로, 생산팀이 기한에 맞춰 효율적으로 제품을 생산할 수 있도록 관리하는 역할을 맡고 있습니다. 3개월 뒤에 제품A를 정상적으로 출시하기 위해 생산팀의 생산 계획을 수립한 상황입니다. 그러나 원가가 곧 실적으로 이어지는 구매팀에서는 최대한 원가를 줄여 전반적 단가를 낮추려고 원가절감을 위한 제안을 하였으나, 연구개발팀에서는 구매팀이 제안한 방식으로 제품을 생산할 경우 대부분이 구매팀이 실적으로 신정될 것이므로 세대로 확인도 해보지 않은 채 적합하지 않은 방식이라고 판단하고 있습니다. 당신은 어떻게 하겠습니까?

• 준비전략 : 상황면접은 먼저 주어진 상황에서 핵심이 되는 문제가 무엇인지를 파악하는 것에서 시작한다. 주질문과 세부질문을 통하여 질문의 의도를 파악하였다면, 그에 대한 구체적인 행동이나 생각 등에 대해 응답할수록 높은 점수를 얻을 수 있다.

⑤ 역할면접

㉠ 면접 방식 및 판단기준

• 면접 방식 : 역할면접 또는 역할연기 면접은 기업 내 발생 가능한 상황에서 부딪히게 되는 문제와 역할을 가상적으로 설정하여 특정 역할을 맡은 사람과 상호작용하고 문제를 해결해 나가도록 하는 방식으로 진행된다. 역할연기 면접에서는 면접관이 직접 역할연기를 하면서 지원자를 관찰하기도 하지만, 역할연기 수행만 전문적으로 하는 사람을 투입할 수도 있다.

• 판단기준 : 대처능력, 대인관계능력, 의사소통능력 등

ⓛ 특징 : 역할면접은 실제 상황과 유사한 가상 상황에서의 행동을 관찰함으로서 지원자의 성격이나 대처 행동 등을 관찰할 수 있다.

ⓒ 예시 문항 및 준비전략

• 예시 문항

> [금융권 역할면접의 예]
> 당신은 ○○은행의 신입 텔러이다. 사람이 많은 월말 오전 한 할아버지(면접관 또는 역할담당자)께서 ○○은행을 사칭한 보이스피싱으로 500만 원을 피해 보았다며 소란을 일으키고 있다. 실제 업무상황이라고 생각하고 상황에 대처해 보시오.

• 준비전략 : 역할연기 면접에서 측정하는 역량은 주로 갈등의 원인이 되는 문제를 해결하고 제시된 해결방안을 상대방에게 설득하는 것이다. 따라서 갈등해결, 문제해결, 조정·통합, 설득력과 같은 역량이 중요시된다. 또한 갈등을 해결하기 위해서 상대방에 대한 이해도 필수적인 요소이므로 고객 지향을 염두에 두고 상황에 맞게 대처해야 한다. 역할면접에서는 변별력을 높이기 위해 면접관이 압박적인 분위기를 조성하는 경우가 많기 때문에 스트레스 상황에서 불안해하지 않고 유연하게 대처할 수 있도록 시간과 노력을 들여 충분히 연습하는 것이 좋다.

2 면접 이미지 메이킹

(1) 성공적인 이미지 메이킹 포인트

① 복장 및 스타일

㉠ 남성

• 양복 : 양복은 단색으로 하며 넥타이나 셔츠로 포인트를 주는 것이 효과적이다. 짙은 회색이나 감청색이 가장 단정하고 품위 있는 인상을 준다.
• 셔츠 : 흰색이 가장 선호되나 자신의 피부색에 맞추는 것이 좋다. 푸른색이나 베이지색은 산뜻한 느낌을 줄 수 있다. 양복과의 배색도 고려하도록 한다.
• 넥타이 : 의상에 포인트를 줄 수 있는 아이템이지만 너무 화려한 것은 피한다. 지원자의 피부색은 물론, 정장과 셔츠의 색을 고려하며, 체격에 따라 넥타이 폭을 조절하는 것이 좋다.
• 구두 & 양말 : 구두는 검정색이나 짙은 갈색이 어느 양복에나 무난하게 어울리며 깔끔하게 닦아 준비한다. 양말은 정장과 동일한 색상이나 검정색을 착용한다.
• 헤어스타일 : 머리스타일은 단정한 느낌을 주는 짧은 헤어스타일이 좋으며 앞머리가 있다면 이마나 눈썹을 가리지 않는 선에서 정리하는 것이 좋다.

  ⓛ 여성

- 의상 : 단정한 스커트 투피스 정장이나 슬랙스 슈트가 무난하다. 블랙이나 그레이, 네이비, 브라운 등 차분해 보이는 색상을 선택하는 것이 좋다.
- 소품 : 구두, 핸드백 등은 같은 계열로 코디하는 것이 좋으며 구두는 너무 화려한 디자인이나 굽이 높은 것을 피한다. 스타킹은 의상과 구두에 맞춰 단정한 것으로 선택한다.
- 액세서리 : 액세서리는 너무 크거나 화려한 것은 좋지 않으며 과하게 많이 하는 것도 좋은 인상을 주지 못한다. 착용하지 않거나 작고 깔끔한 디자인으로 포인트를 주는 정도가 적당하다.
- 메이크업 : 화장은 자연스럽고 밝은 이미지를 표현하는 것이 좋으며 진한 색조는 인상이 강해 보일 수 있으므로 피한다.
- 헤어스타일 : 커트나 단발처럼 짧은 머리는 활동적이면서도 단정한 이미지를 줄 수 있도록 정리한다. 긴 머리의 경우 하나로 묶거나 단정한 머리망으로 정리하는 것이 좋으며, 짙은 염색이나 화려한 웨이브는 피한다.

② 인사

  ㉠ 인사의 의미 : 인사는 예의범절의 기본이며 상대방의 마음을 여는 기본적인 행동이라고 할 수 있다. 인사는 처음 만나는 면접관에게 호감을 살 수 있는 가장 쉬운 방법이 될 수 있기도 하지만 제대로 예의를 지키지 않으면 지원자의 인성 전반에 대한 평가로 이어질 수 있으므로 각별히 주의해야 한다.

  ㉡ 인사의 핵심 포인트

- 인사말 : 인사말을 할 때에는 밝고 친근감 있는 목소리로 하며, 자신의 이름과 수험번호 등을 간략하게 소개한다.
- 시선 : 인사는 상대방의 눈을 보며 하는 것이 중요하며 너무 빤히 쳐다본다는 느낌이 들지 않도록 주의한다.
- 표정 : 인사는 마음에서 우러나오는 존경이나 반가움을 표현하고 예의를 차리는 것이므로 살짝 미소를 지으며 하는 것이 좋다.
- 자세 : 인사를 할 때에는 가볍게 목만 숙인다거나 흐트러진 상태에서 인사를 하지 않도록 주의하며 절도 있고 확실하게 하는 것이 좋다.

③ 시선처리와 표정, 목소리

　㉠ 시선처리와 표정 : 표정은 면접에서 지원자의 첫인상을 결정하는 중요한 요소이다. 얼굴 표정은 사람의 감정을 가장 잘 표현할 수 있는 의사소통 도구로 표정 하나로 상대방에게 호감을 주거나, 비호감을 사기도 한다. 호감이 가는 인상의 특징은 부드러운 눈썹, 자연스러운 미간, 적당히 볼록한 광대, 올라간 입 꼬리 등으로 가볍게 미소를 지을 때의 표정과 일치한다. 따라서 면접 중에는 밝은 표정으로 미소를 지어 호감을 형성할 수 있도록 한다. 시선은 면접관과 고르게 맞추되 생기 있는 눈빛을 띄도록 하며, 너무 빤히 쳐다본다는 인상을 주지 않도록 한다.

　㉡ 목소리 : 면접은 주로 면접관과 지원자의 대화로 이루어지므로 목소리가 미치는 영향이 상당하다. 답변을 할 때에는 부드러우면서도 활기차고 생동감 있는 목소리로 하는 것이 면접관에게 호감을 줄 수 있으며 적당한 제스처가 더해진다면 상승효과를 얻을 수 있다. 그러나 적절한 답변을 하였음에도 불구하고 콧소리나 날카로운 목소리, 자신감 없는 작은 목소리는 답변의 신뢰성을 떨어뜨릴 수 있으므로 주의하도록 한다.

④ 자세

　㉠ 걷는 자세
　　• 면접장에 입실할 때에는 상체를 곧게 유지하고 발끝은 평행이 되게 하며 무릎을 스치듯 11자로 걷는다.
　　• 시선은 정면을 향하고 턱은 가볍게 당기며 어깨나 엉덩이가 흔들리지 않도록 주의한다.
　　• 발바닥 전체가 닿는 느낌으로 안정감 있게 걸으며 발소리가 나지 않도록 주의한다.
　　• 보폭은 어깨넓이만큼이 적당하지만, 스커트를 착용했을 경우 보폭을 줄인다.
　　• 걸을 때도 미소를 유지한다.

　㉡ 서있는 자세
　　• 몸 전체를 곧게 펴고 가슴을 자연스럽게 내민 후 등과 어깨에 힘을 주지 않는다.
　　• 정면을 바라본 상태에서 턱을 약간 당기고 아랫배에 힘을 주어 당기며 바르게 선다.
　　• 양 무릎과 발뒤꿈치는 붙이고 발끝은 11자 또는 V형을 취한다.
　　• 남성의 경우 팔을 자연스럽게 내리고 양손을 가볍게 쥐어 바지 옆선에 붙이고, 여성의 경우 공수자세를 유지한다.

ⓒ 앉은 자세
- 남성

- 의자 깊숙이 앉고 등받이와 등 사이에 주먹 1개 정도의 간격을 두며 기대듯 앉지 않도록 주의한다. (남녀 공통 사항)
- 무릎 사이에 주먹 2개 정도의 간격을 유지하고 발끝은 11자를 취한다.
- 시선은 정면을 바라보며 턱은 가볍게 당기고 미소를 짓는다. (남녀 공통 사항)
- 양손은 가볍게 주먹을 쥐고 무릎 위에 올려놓는다.
- 앉고 일어날 때에는 자세가 흐트러지지 않도록 주의한다. (남녀 공통 사항)

- 여성

- 스커트를 입었을 경우 왼손으로 뒤쪽 스커트 자락을 누르고 오른손으로 앞쪽 자락을 누르며 의자에 앉는다.
- 무릎은 붙이고 발끝을 가지런히 하며, 다리를 왼쪽으로 비스듬히 기울이면 여성스러워 보이는 효과가 있다.
- 양손을 모아 무릎 위에 모아 놓으며 스커트를 입었을 경우 스커트 위를 가볍게 누르듯이 올려놓는다.

(2) 면접 예절

① 행동 관련 예절

　ㄱ 지각은 절대금물 : 시간을 지키는 것은 예절의 기본이다. 지각을 할 경우 면접에 응시할 수 없거나, 면접 기회가 주어지더라도 불이익을 받을 가능성이 높아진다. 따라서 면접 장소가 결정되면 교통편과 소요시간을 확인하고 가능하다면 사전에 미리 방문해 보는 것도 좋다. 면접 당일에는 서둘러 출발하여 면접 시간 20~30분 전에 도착하여 회사를 둘러보고 환경에 익숙해지는 것도 성공적인 면접을 위한 요령이 될 수 있다.

　ㄴ 면접 대기 시간 : 지원자들은 대부분 면접장에서의 행동과 답변 등으로만 평가를 받는다고 생각하지만 그렇지 않다. 면접관이 아닌 면접진행자 역시 대부분 인사실무자이며 면접관이 면접 후 지원자에 대한 평가에 있어 확신을 위해 면접진행자의 의견을 구한다면 면접진행자의 의견이 당락에 영향을 줄 수 있다. 따라서 면접 대기 시간에도 행동과 말을 조심해야 하며, 면접을 마치고 돌아가는 순간까지도 긴장을 늦춰서는 안 된다. 면접 중 압박적인 질문에 답변을 잘 했지만, 면접장을 나와 흐트러진 모습을 보이거나 욕설을 한다면 면접 탈락의 요인이 될 수 있으므로 주의해야 한다.

ⓒ **입실 후 태도** : 본인의 차례가 되어 호명되면 또렷하게 대답하고 들어간다. 만약 면접장 문이 닫혀 있다면 상대에게 소리가 들릴 수 있을 정도로 노크를 두세 번 한 후 대답을 듣고 나서 들어가야 한다. 문을 여닫을 때에는 소리가 나지 않게 조용히 하며 공손한 자세로 인사한 후 성명과 수험번호를 말하고 면접관의 지시에 따라 자리에 앉는다. 이 경우 착석하라는 말이 없는데 먼저 의자에 앉으면 무례한 사람으로 보일 수 있으므로 주의한다. 의자에 앉을 때에는 끝에 앉지 말고 무릎 위에 양손을 가지런히 얹는 것이 예절이라고 할 수 있다.

ⓓ **옷매무새를 자주 고치지 마라.** : 일부 지원자의 경우 옷매무새 또는 헤어스타일을 자주 고치거나 확인하기도 하는데 이러한 모습은 과도하게 긴장한 것 같아 보이거나 면접에 집중하지 못하는 것으로 보일 수 있다. 남성 지원자의 경우 넥타이를 자꾸 고쳐 맨다 거나 정장 상의 끝을 너무 자주 만지작거리지 않는다. 여성 지원자는 머리를 계속 쓸 어 올리지 않고, 특히 짧은 치마를 입고서 신경이 쓰여 치마를 끌어 내리는 행동은 좋 지 않다.

ⓔ **다리를 떨거나 산만한 시선은 면접 탈락의 지름길** : 자신도 모르게 다리를 떨거나 손가락 을 만지는 등의 행동을 하는 지원자가 있는데, 이는 면접관의 주의를 끌 뿐만 아니라 불안하고 산만한 사람이라는 느낌을 주게 된다. 따라서 가능한 한 바른 자세로 앉아 있는 것이 좋다. 또한 면접관과 시선을 맞추지 못하고 여기저기 둘러보는 듯한 산만한 시선은 지원자가 거짓말을 하고 있다고 여겨지거나 신뢰할 수 없는 사람이라고 생각될 수 있다.

② 답변 관련 예절

ⓐ **면접관이나 다른 지원자와 가치 논쟁을 하지 않는다.** : 질문을 받고 답변하는 과정에서 면 접관 또는 다른 지원자의 의견과 다른 의견이 있을 수 있다. 특히 평소 지원자가 관심 이 많은 문제이거나 잘 알고 있는 문제인 경우 자신과 다른 의견에 대해 이의가 있을 수 있다. 하지만 주의할 것은 면접에서 면접관이나 다른 지원자와 가치 논쟁을 할 필 요는 없다는 것이며 오히려 불이익을 당할 수도 있다. 정답이 정해져 있지 않은 경우 에는 가치관이나 성장배경에 따라 문제를 받아들이는 태도에서 답변까지 충분히 차이 가 있을 수 있으므로 굳이 면접관이나 다른 지원자의 가치관을 지적하고 고치려 드는 것은 좋지 않다.

ⓛ **답변은 항상 정직해야 한다.** : 면접이라는 것이 아무리 지원자의 장점을 부각시키고 단점을 축소시키는 것이라고 해도 절대로 거짓말을 해서는 안 된다. 거짓말을 하게 되면 지원자는 불안하거나 꺼림칙한 마음이 들게 되어 면접에 집중을 하지 못하게 되고 수많은 지원자를 상대하는 면접관은 그것을 놓치지 않는다. 거짓말은 그 지원자에 대한 신뢰성을 떨어뜨리며 이로 인해 다른 스펙이 아무리 훌륭하다고 해도 채용에서 탈락하게 될 수 있음을 명심하도록 한다.

ⓒ **경력직을 경우 전 직장에 대해 험담하지 않는다.** : 지원자가 전 직장에서 무슨 업무를 담당했고 어떤 성과를 올렸는지는 면접관이 관심을 둘 사항일 수 있지만, 이전 직장의 기업문화나 상사들이 어땠는지는 그다지 궁금해 하는 사항이 아니다. 전 직장에 대해 험담을 늘어놓는다든가, 동료와 상사에 대한 악담을 하게 된다면 오히려 지원지에 대한 부정적인 이미지만 심어줄 수 있다. 만약 전 직장에 대한 말을 해야 할 경우가 생긴다면 가능한 한 객관적으로 이야기하는 것이 좋다.

ⓔ **자기 자신이나 배경에 대해 자랑하지 않는다.** : 자신의 성취나 부모 형제 등 집안사람들이 사회·경제적으로 어떠한 위치에 있는지에 대한 자랑은 면접관으로 하여금 지원자에 대해 오만한 사람이거나 배경에 의존하려는 나약한 사람이라는 이미지를 갖게 할 수 있다. 따라서 자기 자신이나 배경에 대해 자랑하지 않도록 하고, 자신이 한 일에 대해서 너무 자세하게 얘기하지 않도록 주의해야 한다.

3 면접 질문 및 답변 포인트

(1) 가족 및 대인관계에 관한 질문

① **당신의 가정은 어떤 가정입니까?**
면접관들은 지원자의 가정환경과 성장과정을 통해 지원자의 성향을 알고 싶어 이와 같은 질문을 한다. 비록 가정 일과 사회의 일이 완전히 일치하는 것은 아니지만 '가화만사성'이라는 말이 있듯이 가정이 화목해야 사회에서도 화목하게 지낼 수 있기 때문이다. 그러므로 답변 시에는 가족사항을 정확하게 설명하고 집안의 분위기와 특징에 대해 이야기하는 것이 좋다.

② 아버지의 직업은 무엇입니까?

아주 기본적인 질문이지만 지원자는 아버지의 직업과 내가 무슨 관련성이 있을까 생각하기 쉬워 포괄적인 답변을 하는 경우가 많다. 그러나 이는 바람직하지 않은 것으로 단답형으로 답변하면 세부적인 직종 및 근무연한 등을 물을 수 있으므로 모든 걸 한 번에 대답하는 것이 좋다.

③ 친구 관계에 대해 말해 보십시오.

지원자의 인간성을 판단하는 질문으로 교우관계를 통해 답변자의 성격과 대인관계능력을 파악할 수 있다. 새로운 환경에 적응을 잘하여 새로운 친구들이 많은 것도 좋지만, 깊고 오래 지속되어온 인간관계를 말하는 것이 더욱 바람직하다.

(2) 성격 및 가치관에 관한 질문

① 당신의 PR포인트를 말해 주십시오.

PR포인트를 말할 때에는 지나치게 겸손한 태도는 좋지 않으며 적극적으로 자기를 주장하는 것이 좋다. 앞으로 입사 후 하게 될 업무와 관련된 자기의 특성을 구체적인 일화를 더하여 이야기하도록 한다.

② 당신의 장·단점을 말해 보십시오.

지원자의 구체적인 장·단점을 알고자 하기 보다는 지원자가 자기 자신에 대해 얼마나 알고 있으며 어느 정도의 객관적인 분석을 하고 있나, 그리고 개선의 노력 등을 시도하는지를 파악하고자 하는 것이다. 따라서 장점을 말할 때는 업무와 관련된 장점을 뒷받침할 수 있는 근거와 함께 제시하며, 단점을 이야기할 때에는 극복을 위한 노력을 반드시 포함해야 한다.

③ 가장 존경하는 사람은 누구입니까?

존경하는 사람을 말하기 위해서는 우선 그 인물에 대해 알아야 한다. 잘 모르는 인물에 대해 존경한다고 말하는 것은 면접관에게 바로 지적당할 수 있으므로, 추상적이라도 좋으니 평소에 존경스럽다고 생각했던 사람에 대해 그 사람의 어떤 점이 좋고 존경스러운지 대답하도록 한다. 또한 자신에게 어떤 영향을 미쳤는지도 언급하면 좋다.

(3) 학교생활에 관한 질문

① 지금까지의 학교생활 중 가장 기억에 남는 일은 무엇입니까?

가급적 직장생활에 도움이 되는 경험을 이야기하는 것이 좋다. 또한 경험만을 간단하게 말하지 말고 그 경험을 통해서 얻을 수 있었던 교훈 등을 예시와 함께 이야기하는 것이 좋으나 너무 상투적인 답변이 되지 않도록 주의해야 한다.

② 성적은 좋은 편이었습니까?

면접관은 이미 서류심사를 통해 지원자의 성적을 알고 있다. 그럼에도 불구하고 이 질문을 하는 것은 지원자가 성적에 대해서 어떻게 인식하느냐를 알고자 하는 것이다. 성적이 나빴던 이유에 대해서 변명하려 하지 말고 담백하게 받아드리고 그것에 대한 개선노력을 했음을 밝히는 것이 적절하다.

③ 학창시절에 시위나 집회 등에 참여한 경험이 있습니까?

기업에서는 노사분규를 기업의 사활이 걸린 중대한 문제로 인식하고 거시적인 차원에서 접근한다. 이러한 기업문화를 제대로 인식하지 못하여 학창시절의 시위나 집회 참여 경험을 자랑스럽게 답변할 경우 감점요인이 되거나 심지어는 탈락할 수 있다는 사실에 주의한다. 시위나 집회에 참가한 경험을 말할 때에는 타당성과 정도에 유의하여 답변해야 한다.

(4) 지원동기 및 직업의식에 관한 질문

① 왜 우리 회사를 지원했습니까?

이 질문은 어느 회사나 가장 먼저 물어보고 싶은 것으로 지원자들은 기업의 이념, 대표의 경영능력, 재무구조, 복리후생 등 외적인 부분을 설명하는 경우가 많다. 이러한 답변도 적절하지만 지원 회사의 주력 상품에 관한 소비자의 인지도, 경쟁사 제품과의 시장점유율을 비교하면서 입사동기를 설명한다면 상당히 주목 받을 수 있을 것이다.

② 만약 이번 채용에 불합격하면 어떻게 하겠습니까?

불합격할 것을 가정하고 회사에 응시하는 지원자는 거의 없을 것이다. 이는 지원자를 궁지로 몰아넣고 어떻게 대응하는지를 살펴보며 입사 의지를 알아보려고 하는 것이다. 이 질문은 너무 깊이 들어가지 말고 침착하게 답변하는 것이 좋다.

③ 당신이 생각하는 바람직한 사원상은 무엇입니까?

직장인으로서 또는 조직의 일원으로서의 자세를 묻는 질문으로 지원하는 회사에서 어떤 인재상을 요구하는 가를 알아두는 것이 좋으며, 평소에 자신의 생각을 미리 정리해 두어 당황하지 않도록 한다.

④ 직무상의 적성과 보수의 많음 중 어느 것을 택하겠습니까?

이런 질문에서 회사 측에서 원하는 답변은 당연히 직무상의 적성에 비중을 둔다는 것이다. 그러나 적성만을 너무 강조하다 보면 오히려 솔직하지 못하다는 인상을 줄 수 있으므로 어느 한 쪽을 너무 강조하거나 경시하는 태도는 바람직하지 못하다.

⑤ 상사와 의견이 다를 때 어떻게 하겠습니까?

과거와 다르게 최근에는 상사의 명령에 무조건 따르겠다는 수동적인 자세는 바람직하지 않다. 회사에서는 때에 따라 자신이 판단하고 행동할 수 있는 직원을 원하기 때문이다. 그러나 지나치게 자신의 의견만을 고집한다면 이는 팀원 간의 불화를 야기할 수 있으며 팀 체제에 악영향을 미칠 수 있으므로 선호하지 않는다는 것에 유념하여 답해야 한다.

⑥ 근무지가 지방인데 근무가 가능합니까?

근무지가 지방 중에서도 특정 지역은 되고 다른 지역은 안 된다는 답변은 바람직하지 않다. 직장에서는 순환 근무라는 것이 있으므로 처음에 지방에서 근무를 시작했다고 해서 계속 지방에만 있는 것은 아님을 유의하고 답변하도록 한다.

(5) 여가 활용에 관한 질문

① 취미가 무엇입니까?

기초적인 질문이지만 특별한 취미가 없는 지원자의 경우 대답이 애매할 수밖에 없다. 그래서 가장 많이 대답하게 되는 것이 독서, 영화감상, 혹은 음악감상 등과 같은 흔한 취미를 말하게 되는데 이런 취미는 면접관의 주의를 끌기 어려우며 설사 정말 위와 같은 취미를 가지고 있다하더라도 제대로 답변하기는 힘든 것이 사실이다. 가능하면 독특한 취미를 말하는 것이 좋으며 이제 막 시작한 것이라도 열의를 가지고 있음을 설명할 수 있으면 그것을 취미로 답변하는 것도 좋다.

② 술자리를 좋아합니까?

이 질문은 정말로 술자리를 좋아하는 정도를 묻는 것이 아니다. 우리나라에서는 대부분 술자리가 친교의 자리로 인식되기 때문에 그것에 얼마나 적극적으로 참여할 수 있는 가를 우회적으로 묻는 것이다. 술자리를 싫어한다고 대답하게 되면 원만한 대인관계에 문제가 있을 수 있다고 평가될 수 있으므로 술을 잘 마시지 못하더라도 술자리의 분위기는 즐긴다고 답변하는 것이 좋으며 주량에 대해서는 정확하게 말하는 것이 좋다.

(6) 여성 지원자들을 겨냥한 질문

① 결혼은 언제 할 생각입니까?

지원자가 결혼예정자일 경우 기업은 채용을 꺼리게 되는 경향이 있나. 업무를 어느 정도 인식하고 수행할 정도가 되면 퇴사하는 일이 흔하기 때문이다. 가능하면 향후 몇 년간은 결혼 계획이 없다고 답변하는 것이 현실적인 대처 요령이며, 덧붙여 결혼 후에도 일하고자 하는 의지를 강하게 내보인다면 더욱 도움이 된다.

② 만약 결혼 후 남편이나 시댁에서 직장생활을 그만두라고 강요한다면 어떻게 하겠습니까?

결혼적령기의 여성 지원자들에게 빈번하게 묻는 질문으로 의견 대립이 생겼을 때 상대방을 설득하고 타협하는 능력을 알아보고자 하는 것이다. 따라서 남편이나 시댁과 충분한 대화를 통해 설득하고 계속 근무하겠다는 의지를 밝히는 것이 좋다.

③ 여성의 취업을 어떻게 생각합니까?

여성 지원자들의 일에 대한 열의와 포부를 알고자 하는 질문이다. 많은 기업들이 여성들의 섬세하고 꼼꼼한 업무능력과 감각을 높이 평가하고 있으며, 사회 전반적인 분위기 역시 맞벌이를 이해하고 있으므로 자신의 의지를 당당하고 자신감 있게 밝히는 것이 좋다.

④ 커피나 복사 같은 잔심부름이 주어진다면 어떻게 하겠습니까?

여성 지원자들에게 가장 난감하고 자존심상하는 질문일 수 있다. 이 질문은 여성 지원자에게 잔심부름을 시키겠다는 요구가 아니라 직장생활 중에서의 협동심이나 봉사정신, 직업관을 알아보고자 하는 것이다. 또한 이 과정에서 압박기법을 사용해 비꼬는 투로 말하는 수 있는데 이는 자존심이 상하거나 불쾌해질 때의 행동을 알아보려는 것이다. 이럴 경우 흥분하여 과격하게 답변하면 탈락하게 되며, 무조건 열심히 하겠다는 대답도 신뢰성이 없는 답변이다. 직장생활을 위해 필요한 일이면 할 수 있다는 정도의 긍정적인 답변을 하되, 한 사람의 사원으로서 당당함을 유지하는 것이 좋다.

(7) 지원자를 당황하게 하는 질문

① 성적이 좋지 않은데 이 정도의 성적으로 우리 회사에 입사할 수 있다고 생각합니까?

비록 자신의 성적이 좋지 않더라도 이미 서류심사에 통과하여 면접에 참여하였다면 기업에서는 지원자의 성적보다 성적 이외의 요소, 즉 성격·열정 등을 높이 평가했다는 것이라고 할 수 있다. 그러나 이런 질문을 받게 되면 지원자는 당황할 수 있으나 주눅 들지 말고 침착하게 대처하는 면모를 보인다면 더 좋은 인상을 남길 수 있다.

② 우리 회사 회장님 함자를 알고 있습니까?

회장이나 사장의 이름을 조사하는 것은 면접일을 통고받았을 때 이미 사전 조사되었어야 하는 사항이다. 단답형으로 이름만 말하기보다는 그 기업에 입사를 희망하는 지원자의 입장에서 답변하는 것이 좋다.

③ 당신은 이 회사에 적합하지 않은 것 같군요.

이 질문은 지원자의 입장에서 상당히 곤혹스러울 수밖에 없다. 질문을 듣는 순간 그렇다면 면접은 왜 참가시킨 것인가 하는 생각이 들 수도 있다. 하지만 당황하거나 흥분하지 말고 침착하게 자신의 어떤 면이 회사에 적당하지 않는지 겸손하게 물어보고 지적당한 부분에 대해서 고치겠다는 의지를 보인다면 오히려 자신의 능력을 어필할 수 있는 기회로 사용할 수도 있다.

④ 다시 공부할 계획이 있습니까?

이 질문은 지원자가 합격하여 직장을 다니다가 공부를 더 하기 위해 회사를 그만 두거나 학습에 더 관심을 두어 일에 대한 능률이 저하될 것을 우려하여 묻는 것이다. 이때에는 당연히 학습보다는 일을 강조해야 하며, 업무 수행에 필요한 학습이라면 업무에 지장이 없는 범위에서 야간학교를 다니거나 회사에서 제공하는 연수 프로그램 등을 활용하겠다고 답변하는 것이 적당하다.

⑤ 지원한 분야가 전공한 분야와 다른데 여기 일을 할 수 있겠습니까?

수험생의 입장에서 본다면 지원한 분야와 전공이 다르지만 서류전형과 필기전형에 합격하여 면접을 보게 된 경우라고 할 수 있다. 이는 결국 해당 회사의 채용 방침상 전공에 크게 영향을 받지 않는다는 것이므로 무엇보다 자신이 전공하지는 않았지만 어떤 업무도 적극적으로 임할 수 있다는 자신감과 능동적인 자세를 보여주도록 노력하는 것이 좋다.

02 롯데그룹 계열사 면접기출

(1) 롯데칠성음료

- 회사에서 윤리적으로 부당하고 불합리적인 일을 시킨다면 어떻게 행동할 것인가?

- 최근 2~3년 안에 본인이 겪었던 가장 어려웠던 일과 그에 대한 극복 방법에 대해 말해보시오.

- 집단 내에서 갈등을 해결한 경험에 대해 말해보시오.

- 면접관에게 질문하고 싶은 것 또는 자신에 대해 더 표현하고 싶은 것을 말해보시오.

- 롯데칠성음료의 착즙음료 시장 진출 방안 및 매출 극대화 전략(토의 면접)

- 아르바이트 경험은 어떠한 것들이 있는가?

- 롯데에 지원하게 된 계기는 무엇인가?

- 살면서 열정적으로 해본 일이 있는가?

- 전공 프로젝트를 해본 경험이 있는가? 있다면 자신이 맡은 역할과 느낀 점에 대해 말해보시오.

- 전공과목 중 관심 있게 공부했던 과목은 무엇인가? 그 과목의 공부는 어떻게 했는가?

- 학교 공부 이외에 자기계발을 위해서 해본 일이 있는가? 경험을 이야기해 보시오.

- 봉사활동을 해본 경험이 있는가? 있다면 봉사활동을 통해서 얻은 것은 무엇인가?

(2) 롯데백화점

- 최근 창의적인 아이디어로 조직을 이끈 경험이 있는가?

- 인생에서 크게 실패했던 경험에 대해 말해보시오.

- 롯데백화점의 전망과 진행하는 사업 등에 대한 의견을 말해보시오(영어면접).

- 추천할 만한 백화점 입지는 어디인가?

- CRM이란 무엇인가?

- 오늘 입고 온 옷은 본인이 고른 것인가?

- 최근 2년 동안 자신이 했던 일 중에서 가장 창의적이었다고 생각되는 일은 무엇인가?

- 롯데백화점의 올 상반기 매출액은 얼마인가?

- 롯데백화점의 국내 · 외 지점 현황에 대해 말해보시오.

- 조직을 이끌어 본 경험이 있는가?

- 통큰치킨에 대한 본인의 견해를 말해보시오.

- 학교 체벌 금지에 관한 본인의 견해를 말해보시오.

- 가장 기억에 남는 팀 활동이나 프로젝트가 있다면? 본인의 역할은?

- 최근 2년 내에 새로 사귄 친구가 몇 명 정도 있는가?

- 상대방의 애매한 요구를 잘 해결한 적이 있는가? 무엇이 잘한 점이라고 생각하는가?

- 최근 기술이나 트렌드에 대해 고민해 본 것이 있는가? 어떻게 적용해 볼 수 있는가?

- 조직에서 자신의 잘한 점을 이야기해 보고 그것이 조직에 어떻게 영향을 끼쳤는가?

- 최근 1년간 친해진 사람은 몇 명이고 그 중 2명은 어떻게 친해졌나?

- 마지막으로 하고 싶은 말은?

- 롯데백화점의 어느 지점을 가 보았는가? 그 곳에서 자주 가는 매장은? 롯데백화점에서 눈에 띄는 서비스는 무엇이고, 개선해야 할 점은 무엇인가?

- 왜 롯데백화점이 당신을 뽑아야 하는가?

- 롯데백화점에 관심이 많은 것 같은데 우리 기업 매출액이 어느 정도 되는지 아는가?

- 롯데백화점의 기업 목표는 무엇이고, 그 기업 목표가 롯데 그룹 전체의 기업 목표인가, 롯데백화점의 기업 목표인가?

- 향후 10년 뒤 백화점 업계에서 어떤 서비스가 대성할 것이라고 생각하는가?

(3) 롯데정보통신

• 자신에게 개발해야 될 부분에 대해 말해보시오.

• 왜 해당 분야에 지원하게 되었는지 구체적으로 말해보시오.

• 롯데는 어떤 기업이라 생각하는가?

• 지금까지 살아오면서 본인이 실패했던 경험에 대해 말해보시오.

• 어떠한 취미생활을 가지고 있는가?

• 사회활동을 하면서 창의적으로 뭔가를 제안했던 경험이 있는가?

• 취업을 하기 위해서 어떤 공부를 하고 있는가?

(4) 롯데카드

• 자신이 도덕적인 사람이라고 생각하는가? 그렇게 생각하는 구체적인 예를 들어보라.

• 롯데카드의 장점과 단점에 대해 이야기해 보시오.

• 조직문화에서 자신이 어떻게 하면 적응할지 말해보시오.

• 신용의 본질이란 무엇이라고 생각하는가?

• 상품기획을 하고 싶다면 어떤 계획이 있는지 말해보시오.

• 회사를 위해 선의의 거짓말을 해야 한다면 어떻게 할 것인가?

• 자신이 다른 사람의 도움을 받아서 작업을 성공적으로 이끌었던 일은 무엇인가?

• 요즘 뉴스나 시사와 관련하여 궁금한 점은 무엇인가?

• 왜 졸업하고 공백 기간이 긴가? 그 동안 무엇을 했는가?

• 부족한 부분을 채우기 위해 어떤 노력을 했는가?

• 자신이 가장 힘들었던 시기는 언제고 어떻게 이겨 냈는가?

• 리더로서의 경험이 있는데 팀원들과의 관계를 위해 어떤 노력을 했는가?

• 영업 관리 직무를 지원했는데 왜 이 지점으로 지원했는가?

• 해당 지점에 롯데 카드가 어떤 인프라를 가지고 활동하고 있는지 알고 있는가?

- 롯데카드에 영업 관리 직무를 수행하면서 어떻게 도움이 될 수 있는가?

- 마지막으로 하고 싶은 말은 무엇인가?

(5) 롯데시네마

- 평소 롯데시네마를 이용할 때 고객의 입장으로서 불편함을 느꼈던 부분에는 무엇이 있으며, 만약 당신이 직원이 된다면 그 불편함을 어떻게 개선할 것인지 말해보시오.

- 지원 분야의 업무에 대해서 어느 정도 알고 있는가?

- 내가 감당할 수 없는 일을 접했을 때 이를 대처했던 경험에 대해 말해보시오.

- 자기소개와 지원동기에 대해 말해보시오.

- 지금까지 살면서 가장 잘했다고 생각하는 것이 무엇인가?

- 해외를 여행한 경험이 있는가?

- 롯데시네마를 다니면서 개선하고 싶었던 점이나 요구사항이 있었는가?

- 마지막으로 하고 싶은 말이 있으면 해보시오.

(6) 롯데건설

- 가장 좋아하는 사람과 가장 싫어하는 사람에 대해 이야기해보시오.

- 삶에 있어서 가장 중요하게 생각하는 것이 무엇인가?

- 남과 다르게 도전을 해서 성취한 경험을 말해보아라.

- 살면서 선배나 친구가 고치라고한 단점이 있는가? 있다면 고쳤는가?

- 높게 목표를 잡고 도전해서 성공 혹은 실패한 경험이 있는가?

- 팀 프로젝트를 성공 혹은 실패한 경험이 있는가? 프로젝트 과정에서 팀원간 문제는 없었는가?

- 가장 기억에 남는 전공과목은 무엇인가? 그 이유와 어떠한 것을 배웠는지 말해보시오.

(7) 롯데상사

• 입사 후 첫 출근해서 할 말은 무엇이며, 하루를 어떻게 보낼것인가.

• 자유무역협정(FTA)에 대한 본인의 생각을 이야기해 보시오.

• 여성지원자인데 롯데상사에서 육체적으로 힘든 분야로 발령이 난다면 어떻게 할 것인가?

• 해외영업 관련 업무를 해본 경험이 있는가?

• 자신의 성장과정과 장 · 단점에 대해 말해보시오.

(8) 롯데호텔

• 노력해서 싱공적으로 일을 수행한 경험이 있는가?

• 시간을 투자해서 나만의 경쟁력을 쌓은 경험에 대해 말해보시오.

• 아르바이트 경험이 있는가?

• 롯데호텔에 지원한 이유에 대해 말해보시오.

• 대인관계가 좋다는 것을 어떻게 증명할 수 있는가?

• 해외여행을 좋아하는가? 좋아한다면 가장 소개해주고 싶은 나라는 어디인가? 이유는?

(9) 롯데홈쇼핑

• 직장 내 상사나 학교 선배 등과 가깝게 지낼 수 있는 방법에 대해 말해보시오.

• 타 회사와 비교하여 우리 회사가 개선할 점이나 보완해야 할 점에 대해 이야기해 보시오

• 주도적으로 일을 진행한 적이 있나요?

• 실패를 예상했어도 일을 한 적이 있나요?

• 시간의 제약이 있을 땐 어떻게 일을 했나요?

• 아이디어 관리는 어떻게 하나요?

• 그룹으로 일을 진행한 경험은 없나요?

• 스마트 폰에서 카카오 톡 등의 SNS를 제외한 앱 중 자주 사용하는 앱이 있는가? 그 앱을 사용해 스마트 폰을 다른 사람과 차별화해서 사용할 수 있다면 어떻게 사용하는가?

- 인재개발원에 들어온 뒤로 다른 지원자들과 이야기를 해 보았는가? 몇 명과 주로 어떤 내용의 이야기를 하였는가?

(10) 롯데제과

- 롯데제과에서 요즘 밀고 있는 과자는 무엇인지 알고 있는가?

- 자신이 영업에 왜 맞는지 설명해 보시오.

- 최근 2년 내에 까다롭게 구는 사람을 잘 설득해서 일을 마무리한 적이 있는가?

- 최근 2년 내에 스스로 참신한 아이디어를 내어 성공하고 그 방안이 적극적으로 받아들여졌던 경험이 있는가?

- 최근 2년 내에 스스로 어떤 일에 매진했던 경험이 있는가?

- 최근 6개월 이내에 누군가에게 선물을 사 준 적이 있는가? 몇 명에게 줬으며 어떤 선물을 왜 주었는가?

- 타인과의 커뮤니케이션에서 가장 중요한 것 세 가지만 말해보라.

- 지금 부모님과 함께 사는가, 아니면 자취를 하는가? 그렇다면 역할분담은 어떻게 하는가?

(11) 롯데캐피탈

- 최근 이슈가 되고 있는 시리아 난민 문제에 대해 어떻게 생각하는가? 그리고 이에 대한 해결책은 무엇이라고 생각하는가?

- 일본의 우경화 정책에 대해 어떻게 생각하는가?

- 우리 회사는 중국에 대해 어떤 태도를 취해야 하는가?

(12) 롯데마트

- 타사와 롯데마트의 차이점은 무엇인가?

- 영업 관리가 정확히 어떤 업무인지 설명하시오.

- 입사 후 도전해 보고 싶은 일이 있는가? 있다면 무엇인지 말해보시오.

⑬ 코리아세븐

• 1분 자기소개를 해보시오.

• 자신이 유통에 적합한 인재라고 생각하는가?

• 만약 오랜기간 준비한 부모님 생신날에 회사에서 일이 생겼다면 어떻게 하겠는가?

• 편법을 사용하지 않고 정정당당하게 무언가를 해본 경험이 있는가? 편법을 사용하는 다른 사람을 보고 어떤 생각이 들었는가? 억울하지는 않았는가?

• 제한된 시간 내에 어떤 일을 해본 경험이 있는가?

• 자신이 리더로서 팀을 나눌 때 우선순위는 무엇인가?

• 자신이 조직의 경험을 부드럽게 만들어서 좋은 성과를 냈던 경험이 있는가? 그 방법은 무엇이었는가?

• 대외활동을 하며 아쉬운 점은 무엇이었는가?

• (토론면접) 현재 1인 가구 증가로 인해 여성의 사회 진출이 트렌드인데 이를 반영한 새로운 전략이나 기존 전략의 수정 방안에 대해 토의해보시오.

MEMO

MEMO

서원각이 취업을 찢었다!

봉투모의고사 <u>찐!5회</u> 횟수로 플렉스해 버렸지 뭐야 ~

국민건강보험공단 봉투모의고사(행정직/기술직)

국민건강보험공단 봉투모의고사(요양직)